JN293421

ビジョナリー・ピープル

SUCCESS BUILT TO LAST
Creating a Life that Matters

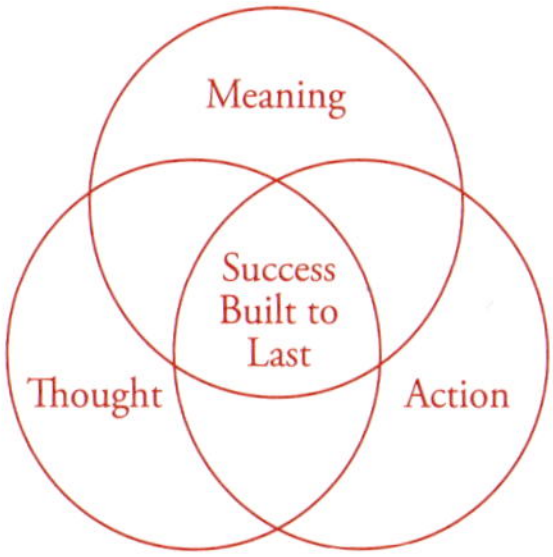

ジェリー・ポラス
スチュワート・エメリー
マーク・トンプソン
Jerry Porras
Stewart Emery
Mark Thompson

宮本喜一 訳
Yoshikazu Miyamoto

EIJI PRESS

Success Built to Last

Creating a Life that Matters

by

Jerry Porras

Stewart Emery

Mark Thompson

Copyright©2007 by Pearson Education, Inc.
Japanese translation rights arranged with
Pearson Education, Inc.,
publishing as Wharton School Publishing
through Japan UNI Agency, Inc., Tokyo.

ビジョナリー・ピープル

目次

PART 3
行動スタイル——生きがいのある人生を紡ぐ　253

chapter 0

ビジョナリー・カンパニーから ビジョナリー・ピープルへ

ネルソン・マンデラ　不屈の魂

世界経済フォーラムの会場で真夜中になろうというころ、私たちは椅子に身体を沈めたまま、その日最後の会合が始まるのをじっと待っていた。凍えるように冷たい雨がいつの間にか吹雪に変わってはいたけれど、フォーラム会場の中は、暖房の効き過ぎで白昼のサハラ砂漠にいるようだった。

著者のマーク・トンプソンが座ったままうとうとしていると、突然、ネルソン・マンデラが会場に姿を現す。汗ばんだ手を差し出すその笑顔には疲れも感じられた。長椅子にもたれて休もうとしているマンデラの姿を目で追いながら、トンプソンの身体は震えていた。

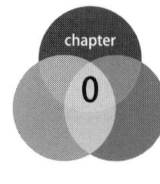

活動派の法律家マンデラは、死の収容所に送られる前、何年もの間、アパルトヘイトの撤廃という情熱を燃やし続けた。南アフリカは暴力と不穏な情勢に揺れ、手がつけられないような状態だった。マンデラは当初平和的な解決策を支持していたものの、時がたつにつれ平和の道が閉ざされると、武器を手にするようになった。そして一九六四年、国家反逆と破壊工作の罪で有罪となり、終身刑の判決を受ける。

被収容者としての時間の大半は、ケープタウン沖にあるロッベン島で過ごした。南アフリカ政府が思想改造の目的で反対派を収容していたところだ。重労働を強いられた何年もの間、政府は繰り返しマンデラに信念を曲げるよう圧力をかける。その見返りに釈放してやる、というのだ。しかしマンデラは聞く耳を持たなかった。

投獄生活が二七年目に入った一九九〇年、七一歳になってマンデラは釈放された。その後再びアフリカ大陸で最も危険な人物として活動を始めたとしても、何の不思議もなかっただろう。ところがマンデラは、祖国再建を目指した平和的な運動に一層力を注ぐようになる。

どのように憎しみの感情を抑え、非暴力革命の指導者となり、復讐ではなく和解の道を探ろうとしたのだろうか。疲れ切っていたものの、マンデラは希望に満ちていたのだ。〈祖国の平穏のために、昔と同じように力を尽くそう〉これ以降、マンデラに対する世の評判は、人によって分かれてしまう。とはいうものの、今日まで、本人は一貫して独自の道を歩んでいる。それが自分にとって生きがいそのものであるからこそ、自分の努力とは関係なくしばしば襲ってくる社会的あるいは政治的ななりゆきにも動じることなく、毎年毎年、あくまでも同じ針路を維持し続けているのだ。引退のことを考えてもいい時期になっても、このノーベル平和賞受賞者でもある大統領経験者は、自らの理想を多くの人に訴え続けた。南アフリカの収容所で何十年も苦しみを味わったあとでも、一か月、あるいは一年という短い期間ではなく生涯にわたって、まったく衰えを知らない情熱をかきたてて取り組んでいる。

本書の著者三人はこれまで、それぞれ個人的にそしてまた本書執筆のために協力して、永続的に成功をおさめている人たちや並はずれた組織がなぜ生き生きと活動しているのか、その理由をいつも意欲的に探り続けてきた。三人には長い間答えを求める共通の疑問があった。長期的に成果を上げ続ける人たちが、なぜ、マンデラと同じような選択をしたのか、という疑問だ。言いかえれば、なぜ、新たな意義を見つけ出し、その場しのぎや自分だけのためではなく、永続的に続く成果を生み出すために、苦労しながらあらゆる困難を克服してでも成長するという選択をしたのだろうか。歴史はマンデラの崇高な決意を評価してはいる。しかし本人はもともと、自由を追い求める長い長い戦いを始める以前、完璧な資質や謙虚さを備えた聖人だったわけではない。われわれ凡人はこの事実から多くのことを学び、意欲をわかせるのだ。永続的な成功をものにできるのは、自分が完璧な人間であったり幸運に恵まれた人間だからではなく、自分自身の生きがいだと信じることに取り組む勇気を忘れないからなのだ。

ビジョナリー・カンパニーからビジョナリー・ピープルへ

マンデラが経験したこの人生の変転こそ、生きがいのある人生を紡ぎだそうとする勇気をわれわれに与えてくれる格好の実例だろう。彼がなし遂げた成功とは他でもない、重要な意味があるからこそいつまでも色あせない、そんな成功のことだ。ビジネス書の定番となった、『ビジョナリー・カンパニー』のペーパーバック版に追加した「はじめに」のところで、ジム・コリンズとジェリー・ポラスは次のように書いた。

「相当な数の人たちが、自己確認と自己再生という人間の根源的課題を探求するうち、自分や家族の生活に役立つさまざまな中核的概念に行き着いた。つまり、自分とはいったい誰なのか。どんな意味を背負っているのか。目的は何か。この混沌とした先の見えない世界で、どのように自分なりの意識を維持していけばよいのか。自らの生活や仕事にどのようにして意味を与えればよいのか。どうすれば、常に新しい自分を生み出し、情熱を燃やし続け、懸命に生きる自分でいられるのだろうか」〔1〕

健全で持続可能な社会であるためには、健全で持続可能な組織の存在が不可欠であり、そうした偉大な組織や社会を築けるのは、創造と成長に意義を見出せる人類以外には、ない。もし読者がこれを信じるなら――われわれ著者はもちろん信じている――そのときは、並はずれた人生を送り、いつまでも衰えることのない影響を与え続けている人たちと話をすることが、ごく自然なことのように思われるだろう。

スラム街で活動している教育者マーバ・コリンズ（ジム・コリンズとは無関係）はこう語ってくれた。生きがいのある人生が、つまり生きることの価値を感じられる生活が送れるようになれば、そのとき、「あなたがいなくなったら、世界から光がひとつ消えてしまう」と。

それではわれわれ三人の共同作業、ビジョナリー・ピープルの議論を始めよう。

永続的に成功をおさめている人たちとの会話

本書は世界中の二〇〇人以上の人たちとのインタビューをもとに書かれている。彼らはみな、彼ら自身の活動の場、仕事の世界、あるいはコミュニティで、大なり小なり、独創的な成果を上げながら、その一方で自分なりに生きがいを感じる生活を送ってきた人たちだ。こうした人たちとの会話から、改めてある原則を発見した。それは組織の成果やリーダーシップに関する著作で最近語られるようになってきてはいるものの、いまだに解明し尽されていないように思える。

つまり、長期間にわたって続く成功と密接な因果関係があるのは、個人にとって重要な何かを発見することであって、企業にとっての最高のアイデア、組織構造、ビジネスモデルではない、という原則だ。というのも、思考と感情が互いに情報を交換し合い、創造性が生まれ、いつまでも続く組織が生まれ出る潜在的な可能性があるのは、まさにこの個人的なレベルだからだ。筆者は、これらを理解するための探索、つまり世界に対する衝撃がいつまでも続く、そんな衝撃を与えている個人の原理原則と実績を明らかにするための探索に乗り出した。

こうした人たちの広がりは、起業家、革命家あるいはよい意味での変人といった範囲にとどまらない。その中には、今日でも自分のことをリーダーや手本だとはあまり思っていない人たちが数多く見受けられる。大部分の人たちは、自分たちの文化をものさしにした従来型の成功を追い求めることから始めたわけでもないのだ。これから先大金に縁のなさそうな人もいれば、金持ちになる、大金持ちになる人もいるにしても、そもそも金に恵まれた境遇から何かを始めた人はほとんどいない。その出身は実に多種多様、ひどい環境だった人もいれば、恵まれていた人もいる。

性格という面でいえば、彼らはみな千差万別。生来声が大きく押しの強い人もいれば、反対に、自分が重要だと思うものを問い質されるまでほとんど無口なままの人もいる。一部には、いわゆるカリスマ性のある人もいるけれど、大半の人たちはそうではない。多くの人は成功の真っ只中にいてもそれをひけらかしたりはしない。彼らはみな、人生のあるポイントで、どう転んでもある種の必要性に行き当たってしまうコースを進んでいることに気がついていた。その必要性に行き当たったからこそ、社会が自分たちをどのように評価しようと関係なく、ものごとのありようを長期間にわたって変えるのだという断固とした熱い信念が生まれたのだ。

筆者はこれらの永続的に大きな成果を上げ続けている人というのを、どのように調査すればよいものか、大いに悩んだ。この文脈では、〈ビジョナリー・リーダー〉といったレッテルは必要以上におおげさだと感じられた。というのも、この表現では、われわれ凡人に彼らとの近づきがたい距離を感じさせてしまい、真剣に持って生まれた潜在能力をさらに引き出そうという気にならないからだ。ただし忘れてならないのは、対象となる人たちはみな、あれやこれや手段を使いながら優れたリーダーシップを発揮している、という事実だ。

そしてようやく、筆者は〈永続的に成功をおさめている人〉と〈ビジョナリーな人〉という言葉にたどりついた。後者はある部分、拙著『ビジョナリー・カンパニー』で提示した〈時計をつくる人〉という概念に基づいた表現だ。比喩を使いながら、コリンズとポラスは、今という〈時〉を告げる能力と、〈つくる人〉すなわち〈ビジョナリーな人〉本人が持っている、人生を超えて時を告げられる時計をつくる能力との違いを鮮明にした。そしてふたりは、実際に次のようなことを目の当たりにしている。いつまでも生き続けるビジョンや文化を生み出したリーダーは〈時計をつくる人〉であり、その組織は時の流れという試練に耐え、リーダー本人よりも長く生き続ける。そして最後には、〈時を告げる人〉として機能している人たちの経営する組織よりも、優れた実績を残すのだ。というのも、時を告げる人たちは、単に、ホットなアイデアを活かして成功をおさめたいという伝統的な流儀で経営をしているにすぎないからだ。

ビジョナリーな人とは、その創業当時の状況は恵まれなかったにしても、しだいに持ち前の独創力によって頭角を現した人たちのことだ。ビジョナリーな人は、人生のある時点で、その人生を通して生き続け、その先までも輝き続ける何か新しいもの、あるいは優れたものを生み出したい、という思いに駆られるものだ。彼らはしばしば自分のことを単に次のような人間だと考えることがある。つまり、自分が関わるかどうかに関係なく、実現する価値があると信じる何かに取り組んで大きな足跡を残そうとする人間だ。そしてそのために必要なチームを結成する、つまり組織を構築する。偉大な組織はこのプロセスの産物という場合もあるだろう。しかし永続する組織というものは、それ自体が目標というよりはむしろ、ビジョナリーな人の掲げるビジョンや理想を追求するプロセスの産物なのだ。

筆者が学んだのは、並はずれた人たちやチームそして組織というのは、たいていの場合、ごく普通の人たちが自分自身にとって大切だと思っていることが、結果的に並はずれているにすぎない、という事実だった。この事実は、われわれにも並はずれた人生を送る能力が備わっていることを教えてくれる。

読者には、自分の私生活と職業生活を統合しながら、個人として意義のある人生を謳歌する選択肢がある。それによって、いつまでも続く成功が期待できる。それを実行するとき、自分の死後も長い年月にわたって世界のためになる組織や遺産を生み出せるようになるのだ。

—— **筆者が学んだのは、並はずれた人たちやチームそして組織というのは、たいていの場合、ご**

く普通の人たちが自分自身にとって大切だと思っていることが、結果的に並はずれているにすぎない、という事実だった。**

どのようにして登場人物を選び出したのか

本書のために、筆者はあまり知られていない経営者や起業家、教師、オリンピック出場選手そしてノーベル賞受賞者にインタビューした。もちろん、ピューリッツァー賞、グラミー賞、ピーボディー賞、アカデミー賞の受賞者や、大小さまざまな企業のCEOにもインタビューしたのは言うまでもない。

さらにこうした人たち以外にもインタビューにふさわしい相手を具体的に探し出すために、実にさまざまな方面にわたる信頼性の高いリスト――タイム誌選定の最も影響力のある人物から、オプラ・ウィンフリーのユーズ・ユア・ライフ賞の受賞者まで多種多様なリストを片っ端から調査した。もちろん、おもにフォーブスやフォーチュン誌といった有力ビジネス誌などで掲載されたさまざまな賞の受賞者リストにも目を通した。また、非営利団体によって称えられた注目人物のリストにもあたっている。

この多種多様な人物の宇宙の中で、選定作業にあたっては、最低の時間を二〇年以上とし、経歴に目を見張るほどの成功が記録されていても、ごくまれな例外を除いて、経歴の足りない人は除外した。この結果、時の人や何世代かにわたって浮き沈みのあったカリスマ的なリーダーは、はずすことになり、その数が一〇〇〇人以下に絞り込まれた。

さらにこのグループを、興味、業界そして性別の違いによってふるいにかけた。一九九六年から二〇〇六年までの間に、何百人かの人たちにインタビューを依頼し、最終的に二〇〇人を超える人とインタビューを行なった[2]。当然のことながら、このグループは大半の人が四〇歳を超えており、平均年齢は五〇歳代、最年長は九五歳だった。

〈有名人〉のワナを避ける

テレビがリアリティ番組の時代になり、ある人がまったくの無名から数週間あるいは数か月のうちにスーパースターにまで駆け上がったかと思えば、あっと言う間に消え去って〈あの人は今どこに〉のファイルに載せられてしまう、あるいはもっと悲惨な結果になるという現実が日常茶飯になってしまった。だからこそ、長い期間にわたって実績を上げ続けている人たち、つまり何年たっても重要な功績を上げている人たちに注目した。「ジ・アプレンティス」あるいは「サバイバー」といった人気テレビ番組から生まれた現代の有名人として、たまたま、週刊誌の表紙を飾ったような人たちは対象からはずしている。

この二〇年という視点があったからこそ、次のような強烈な衝撃を与えた人たちの両方を対象に加えることができた。つまり、誰でも知っているような人たちと、そして、信じられないほど時代から取り残されてはいるものの、その活動分野で長期間にわたってすばらしい成果を上げ続けている（いた）という観点から、本書のためにインタビューする価値が十分にあると判断された人たちだ。

その一例をあげよう。ジミー・カーターは屈辱的な敗北に、つまり一九八〇年の大統領選挙での地滑り的敗北に打ちのめされた。ところが、大統領職よりも生きがいのある仕事を見つけ出し、新たに大統領職とはまるでかけ離れた夢を追い続けて二〇年、ついにノーベル平和賞を受賞する。価値観や反原理主義について書いた最新の著作と強固な信念が再び非難の的になっているにもかかわらず、カーターは世界中を飛び回って自分なりの使命を果たし続けている。

読者の見方によっては、ここで取り上げられた人物が、長く続いていく成功に注目するという本書の議論にはふさわしくない、と思われることもあるはずだ。ただし、そうした人物に対する好き嫌いとは関係なく、インタビューした人たちの中に、さまざまな視点からの厳しい批判から逃れようとする人はほとんどいない。なぜなら、彼らは自分の生きがいに取り組んで、世の中に衝撃を与え続けているからだ。それは誰の目にも明らかだ。事実、誰かを手本として理想化したとたん、そこに表れてくるのは宇宙のままならない法則だ。つまり、その人あるいはその組織がなすすべもなく立ち往生してしまったり、沸騰した論争の的になる可能性を増大させる、そんな法則だ。読者の手本として、インタビューした人たちを紹介しているのではないことを、ここで明確にしておきたい。手本にするかどうかは、あくまで読者の個人的な判断に委ねられている。われわれがインタビューのときに心がけたのはただ一点、成功の定義について読者が自分自身と自分にとって大切な人たちと交わすべき議論を提起するよう、相手に促すことだけだった。もし、膨大な数のインタビューのあとで明々白々になったことがあるとすれば、それは、いつまでも続く成功を評価する方法は、人によって異なる、という事実だろう。これについては第一章で議論する。

永続的な成功をおさめている立派な実績の持ち主の中には、われわれには納得できない教義や、それ以上にわれわれの考えに逆らうような信条を大切にしている人たちがたくさんいる。それが誰なのか読者にはわからなくてもよいと思う。もちろん長期間にわたって衝撃を与えている暴力的な犯罪者やテロリストは対象からはずしている。精神障害や犯罪病理に頼って永遠に続く衝撃の遺産を築き上げようとする人間などひとりもいないことを、われわれは願っているからだ。

話を聞く絶好の場所

多くの人たちがしばしば驚くのは、ビジョナリーな人にはとんでもない失敗や損失、そしてつらい失望の経験がある、という事実だ。本書が出版されるときにも、困難な状況に身を置いている人がいるだろう。何百回ものインタビューで、さまざまな経験の中で気持ちが動揺したり失敗したりした覚えなどないという人にはひとりもめぐり合ったことはない。並はずれた人は困難な課題に対してほぼ例外なく、一歩後退して二歩前進、ときには二歩後退して一歩前進を繰り返している。そして、思いどおりにいかないことから逆に役に立つ教訓や知識を手に入れ、そして驚くべき回復力を、つまり逆境から立ち直る能力を発揮する。

彼らはただ前向きに考えているだけではない。挫折が自分自身の失敗のせい、あるいは単なる不運のせいのどちらであっても、そのときどきの感情を乗り越えて、対処し前進する力を駆使する。また、自分のおかれた境遇を他人の責任にすることもない。逆に、自らの意識をさまざまな活動に集中させて、問題の解決や対処ができるようコントロールしようとするものだ。

この考え方はインタビューの初期の段階で特に必要なものだった。読者も想像するように、こうした立派な実績の持ち主は超人にも見えた。彼らはわれわれ凡人とは大いに違っている。中には、飛び抜けて頭がよく、才能豊か、あるいは運が強く、おかげですぐにそれとわかる人が何人かいる。ノーベル賞受賞者や巨匠の中で、願ってもないほどの非凡な才能を持ってこの世界に現れた人も数多い。もしヨー・ヨー・マにあこがれるなら、七歳までにチェロの神童に育つことだ。「世界中の小説家は誰ひとりとして、この人物の登場を思いつかなかっただろう。音楽的な知的な、そして人間的な美徳をひとりで備えているというこの事実は、とても信じられないという以外にない」と、スミソニアン・マガジンは書いている[3]。ヨー・ヨー・マは自分の価値観を生きがいにしている心の広い人道主義者で、誰と接していても、信じられないほど愛嬌のある温かい人物だ。これらは天賦の才だ。とはいえ、それ以外の彼の才能も、大半のわれわれには望むべくもないもので、したがって、他の人たちと同じような成功の参考にはならない。

本書が目指しているのは、決して、単に自分の能力を疑ってかかる理由や凡人に甘んじる理由をさらに与えてくれる人を今以上に見つけ出すことではない。幸いなことに、そしてありがたいことに、何百人もの目ざましい成功をおさめている人たちに会ってインタビューを繰り返すうち、幸運や単なる立派な遺伝子といったものを超越する強力な原理を見つけ出した。第一章で、これらの成功をおさめている人たちに共通する、さまざまな役に立つ特質を探求するための、単純で、しかも三つの部分からなる論理的な枠組みを紹介する。

こうした人たちの消息を調査するのは簡単な仕事ではなかった。ある人たちは世界の遠く離れた地域で仕事をし、たまに姿を現すだけ。と思えば、ある人物は有名人あるいはリーダーで、行動スケジュールは常に満杯といった具合だ。筆者が世界中の大学を飛び回る折に、現地で時間を見つけて会った人もいる。多く場合、こうした人たちとの初対面の場は、経営カンファレンス、コンサルタントとしての仕事中、そして証券取引所が主催するようなイベント会場だった。そのイベントの主催者には、ニューヨーク証券取引所、フィナンシャル・エグゼクティブ・インスティテュート、チャーチルクラブ、ミルケン・インスティテュート、ルネサンス・ウィークエンド、コモンウェルス・クラブそして共和民主両党のナショナルコンベンションの名前もある。インタビューを行なった場所は、仕事の現場、カンファレンス会場、公共のラジオ局、あるいは相手の自宅、オフィス、リムジンの中、そしてアメリカ、アジア、ヨーロッパの放送局などだった。

本書の中では、必要に応じてインタビューを行なった場所や状況について説明をつけている。こうした要素を加えるのは、インタビューの相手が口にした内容だけにとどまらず、実際の彼らのふるまいを、可能なかぎり、詳しく伝えることが重要だと信じているからだ。彼らが「している」と公言していることに実際に取り組んでいる（あるいは、いない）その現場で、彼ら自身をつかまえようと考えていた。たとえば、世界経済フォーラムにおけるマンデラの場合がそうだ。彼自身は、集まったあまたのコーヒー漬けのスーツ姿を喜ばせて、平和と自由についての世界的規模の対話を継続させようとしていた。

長年にわたって、筆者はこの経済フォーラムに参加している。スイスのチューリッヒから三時間、一月の雪の中にある会場で、四日間にわたって繰り広げられるマラソンのような集会だ。参加者は早朝のエスプレッソを皮切りに、真夜中おそくまで動き回る。しばしば、ＣＥＯや社会活動家、億万長者それにノーベル賞受賞者といった人たちが、セミナー会場に入ろうと誰彼となく集まって列をつくり、みなロックスターや国の首長に、そしてお互いに接触できる貴重な時間を逃すまいと必死なのだ。この様子はなかなか興味深い光景のように思えるし、実際にそんなときもある。この会場こそ、目下影響力を発揮し続けている人たちと直接話ができる絶好の場所なのだ。厳しい警備、長丁場、そしてまずい食事にもかかわらず、参加者が意欲を燃やし続けられるのは、他でもないこうした知的なごちそうがあるからだ。つまり、世界で最も永続的に成功をおさめている人たちの何人かが教えてくれる、さまざまな洞察や特異な言動をごちそうに、昼夜を分かたず食事している、というわけだ。

本書におけるインタビューの方法

インタビュー相手のビジョナリーな人を決めると、その次に必要になったのは、このインタビュー法を考えるための新しい発想だった。第三者が書いた伝記に完全に頼ったり、四角いマスに印をつけてくださいといった方式の調査票を大量に発送して新たに調査をしたりするつもりはなかった。そうした種類の調査に対して、それを送りつけられたリーダーが全面的に協力してくれるという確信など、もはやないからだ。ピーター・ドラッカーが二〇〇一年に警告しているように、「そんなもの、みな、過去のものだ」。ドラッカー（そして多数の人たち）はわれわれに、調査を違った角度から検討するべきだと言っている。つまり、基本的にビジネスリーダーやリーダーシップの概念にこだわることなく、成功の解釈の異なるさまざまな人たちと、枠をはめることなく自由に会話をしてみる、ということだ。自分個人にとっての、そして組織にとっての成功の意味を考え出さないうちは、リーダーシップはほとんど空虚な会話の域を出ないと、ドラッカーは警告した。筆者は、ある理論についての信念をこの調査によって確かめたいなどとは、決して望んでいなかった。筆者が望んだのは、学ぶことだった。

筆者は調査や第三者機関のデータにほとんど頼ることなく、圧倒的な数の情報源に実際に直接会ってインタビューした。そのおかげで、本書はこの分野における類書とは大きく異なる著作になっている。インタビューの冒頭でまず、相手に対して、個人の立場から、成功の定義と永続するリーダーシップの定義を問う質問を投げかけた。この自由な回答を引き出すような質問によって、永続的に成功をおさめている人、あるいはビジョナリーな人のほうから口々に活発な言葉を発し、進んでさまざまな知見を披露してくれた。これ以外の方法ではこうしたことは起きなかっただろう。そして相手が回答する流れに任せながら、さらにそれらの回答を確認するための質問をして、答えが意味するより深い内容や独自性を明らかにするように努めた。事前に準備したこちら側のシナリオや質問に固執することは努めて避けている。学術的な調査の場合、往々にして起こるのは、回答者が事前に用意された質問や話題から逸脱すると、それだけで対話がとぎれてしまうという現象だ。筆者の意図は、臨機応変にやりとりをして、本音の話を聞き出すことだった。

この種の探求的な対話をしながら人の内面に肉薄することによって、事前の期待や想像以上にさまざまなことが理解できた。事実、核心的な価値観や成功の定義といった普遍的で安定しているとわれわれが信じていたものを、立派な実績を上げている人が、多くの異なる視点や相いれない角度から改めて表現しているのを聞いていると、ときどき不安にかられるだけでなく、場合によっては恐怖すら感じていた。こうした人たちがこだわっている価値観は、彼らにとって生きがいについての直感的で納得のゆく解釈だ。彼らが頑なに守ろうとしていた信念は、人生のさまざまな事実ではなく、数々の大胆な決断なのだ。つまり、それは自分たちにとって何が正しいのかというさまざまな判断のことであり、他の人たちが口を挟むことではない。彼らの話に耳を傾けるとき、自らの信念の束縛から解き放たれていくように感じたものだ。

インタビューを終えたあと、その内容を決められた方法で分析し、会話の中に出てきた幅広い話題を二一のカテゴリーに分類しながら、行動と思考に関して最もよく表れるパターンを見つけ出そうとした[4]。その中の有効なパターンを本書で紹介する。

本書の執筆にあたって、筆者は多くのビジネス書が通ってきたのと同じ道をたどることはできなかった。なぜなら、そうした書籍ではさまざまな企業が相対的な成績を手がかりにして比較対照されているからだ。その手がかりとはたとえば、ビジネスモデル、成長率、創業時のデータ、おもな競合相手、業務効率、株式のデータ、あるいは関連する財務データなどだ。われわれのインタビューでは、証券取引所に上場している公開企業で働く人たちだけでなく、非公開企業、非営利団体、科学・教育機関、政府機関、そしてコミュニティで仕事をする人たちにも広く話を聞いた。現実的な観点からして、統計上のコントロール・グループにこれらと同じ方法で人間を比較させるのは、つまり、勝者敗者、そして次点というふうに分けてしまうのは、理に適っていないと考えたわけだ。

その代わり、独自の調査を一から実施することによって仮説を検証し、筆者の結論の妥当性を改めて見直した。

最も注目すべき結果の中に、成功する人は自分の信条や仕事をまっとうしようとして他人の同意を求めることはない、という確かな現実があった。彼らには社会的な圧力に屈せず、そうした圧力を跳ね返し、率先して取り組む大胆さがある。他の人から好かれようとするよりも、自分の好きなことに執念を燃やしている。彼らは、たった一度の挫折でうろたえたり落ち込んだりもしなければ、ものごとがうまく行かなくなったときに、他人に責任を押しつけるようなこともしない。逆に、自分たちが追い求める成果をあげるのに最も効果のある仕事に、あくまでも最優先で取り組むのだ。成功をおさめている人たちはまた、〈自分がしていることに愛情を持つ〉ことが、成功するための必要条件だと言っていた。

調査対象者が自分自身を〈成功している〉あるいは〈成功していない〉のどちらに評価しようと、すべての人々は、成功についての昔から変わっていない辞書の定義は——特に、富、名声、そして力は——もはや、彼らにとっての成功の意味を教えてくれてはいない、と述べていた。たとえば名声や財産を手に入れることというのは無難な定義ではあるけれども、調査によれば、成功を、〈独創的なことをする〉力、〈永続するような衝撃を生み出す〉力、そして〈自分であることをまっとうする人生にこだわる〉ことだと定義するようだ。ビジョナリーな人が特別なのは、これ以下のところでは妥協しないことなのだ（付録「ワールド・サクセス・サーベイ」を参照）。

もっと重要なのは、本書とワールド・サクセス・サーベイが国際的な情報発信をする、つまり、この重要なテーマのためにフォーラムを開催し、そこで初めて、あらゆる大陸で人々が自らの声で主張できるそんな可能性を与えることだ。このようにさらに一歩踏み出すことによって、つまり、世界全体を巻き込んで成功の再定義についての議論を交わすというステップを考慮することで、筆者がいきなり的はずれの結論に飛びつこうとするときは特に、常に慎重な姿勢を維持できるのだ。社会科学における科学は、仕事に取り組んでいる人の個人的な現実による影響から決して逃れられない。リーダーシップ関連の著作者は、つまり、成功を約束する秘密のソースがつくれる究極のレシピを考え出せる能力があると読者に信じこませようとする。ところが、そんなものを人に教えられる人は、ひとりもいない。

なぜ本書なのか

筆者は、変化のための筋書きをあえて事前に考えるようなことを避け、さまざまな知見を見つけ出し、互いに教え合うことにした。その意図は、成功についての議論を、そしてわれわれの生きがいとは何かという議論をさらに深めることだ。いまさら、すべての答えを用意しているふりをしながらリーダーシップについての講釈を語るつもりは、ない。

しかし、読者に向かってこれだけは言える。筆者が会った人たちの精神、原理原則、そして活動によってわれわれは心の奥深くまで感銘を受け、すっかり意識が変わってしまった。読者も、本書で取り上げられた人物の話を信じる、信じないという予断に拘泥することなく、ビジョナリー・ピープルの世界に足を踏み入れてほしい。拘泥するよりも、登場人物に触発されて自分なりの道を見つけ出していただきたいと願っている。読者が昔ながらの伝統的な知恵に疑いの眼を向け、自分の人生で、人間関係で、そして仕事の上で、いつまでも続く成功の新たな可能性を掘り起こすことを望みたい。

初めて本書を手にしたとき、読者自身には、本書で紹介されている永続的な成功をおさめている人たちと同じように、自分もビジョナリーな人だ、あるいは自分にもビジョナリーな人以上に大きな可能性があるはず、という事実を発見したり再確認したりするつもりなどなかったかもしれない。とはいえ、われわれ筆者は、読者にも可能性があるというこの事実が本書によって改めて明らかになり、読者が否応なく、最高に熱く燃えることを願っている。

chapter 1

改めて成功を定義する

「眠れない夜が明けるとまた悲惨な朝がやって来た。資金が底をつき始め、私のために働こうとわが身を投じてくれた人たちみんなのことが本当に気になって、かたときも頭を離れなかった。彼らは万難を排して私のために集まると、夜を徹して働き、自分たちの家族のためにも何とかやりくりをしようとした。この重圧からは逃れようもなかった――オフィスに向かう途中で足が動かなくなり、排水溝に吐いたこともある」

それまで生きてきた中で、あくまでも夢を追いかけるというのがこれほど困難なことはなかった。エド・ペンホートは生化学者として教授として何不自由のない生活を送ったあと、起業家に転身し、

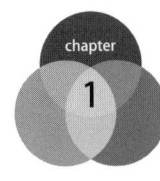

創業間もない企業を経営してなんとか黒字を維持してきた。ところが事態はよくなるどころか悪化しそうな勢いで、同じように苦しんでいる企業と合併するか、あるいは完全にあきらめるか、という策を真剣に考えるようになっていた。

「世の中の有名な経営者たちは本来、きれいごとを並べ立てるものだ。相手がこれから味わうことになるつらさについても、そのおぞましい真実を教えようとはしない。自分たちが聡明な人間で、そのつらさなどすべて初めからわかっていた、と相手に思ってほしいのだ。あとからものを言う人たちの話とはそんなものだ。彼らにはもともと手がかりがあったのかもしれない。けれどもそれだけのことだ」

ペンホートは、なんとかものにしようと一日二四時間三六五日働いた成果が、跡形もなく崩壊する屈辱を味わう寸前のところにいた。すべてを失いかねない。富や名声といった伝統的な意味での成功ですら、この時点では絵に描いた餅に過ぎなかった。ペンホートの目前に迫っているのは、成功とは文字どおり裏腹のものだった。辞書でいう「成功」の意味なら、彼は〇点だっただろう。

それでもなぜペンホートは頑張ったのだろうか。このとき実は成功よりも大切にしているものを失いかねない状態だったのだ。大好きだったおじがガンで亡くなってから、ペンホートは基礎的な研究を事業化するための新しい方法を見つけ出したい一心で、生化学の分野で長い経験を積み重ねていた。それが生涯にわたる大義、つまり他でもない、彼自身にとって意義のあるものだった。ペンホートが生きがいのある人生を紡ぎだす術そのものだったのだ。

★〈ビジョナリーな人〉と〈永続的に成功をおさめている人〉という言葉はともに、自分自身の成功を定義し、最低20年以上その分野で長く続く影響を与えられるようになった人のことを表している。本書では相互に置き換えて同じ意味で使っている。

世の中の有名な経営者たちは本来、きれいごとを並べ立てるものだ。相手がこれから味わうことになるつらさについても、そのおぞましい真実を教えようとはしない。

筆者が〈ビジョナリーな人〉★と呼んでいる人たちがさまざまなことに取り組むのは、意味のある人生を築きたいからだ。そして彼らの信念を試すまたとない機会がやって来るのは、エド・ペンホートが創業間もないころに苦しんだような暗黒の時間なのだ。暗黒の時間というのは、ビジョナリーな人自身が成功しているとは感じていないとき、つまり少なくとも昔から定義されている名声、富あるいは影響力という意味での成功を感じていないときのことだ。それでも彼らは、成功のためではなく、成功に背を向けても、あくまで自分の信じることを徹底的に追求する。そして自分にとって本当に大切だと思うものを見つけたとき、勇気を奮い起こして、最後までことにあたる。それが生きがいなのだから。

改めて成功を定義する

事実、大半のビジョナリーな人にとって、辞書にあるような従来から社会的に受け入れられている成功の基準は、決して彼らが追い求めているものではなかった。このことに筆者は最初に気がついた。基準についての説明は大昔の野心に燃えた連中のために書かれたに違いない。それは以下のように定義されている。

一　計画したもの、あるいは試みたものの成就
二　華やかな成果、なかでも富、名声、権力の獲得
三　計画されたとおりに完成したもの
四　特に富、名声、権力を獲得できた記録のある者〔1〕

注意しなければならないのは、辞書の定義のどこを見ても、意義や達成感、幸福、変わらない人間関係という意味の記述はない、ということだ。生きがいである天職に没頭しているとき全身に生命の躍動を感じること、という記述などまったく見あたらない。世界に貢献するための遺産を生み出すという考えも皆無だ。ところが、これらはみな、永続的な成功をおさめている人たちが人生や仕事で最も大切にしている、と主張する現実の姿なのだ。

ビジョナリーな人にとって、成功の本当の定義とは、個人的な充実感と変わらない人間関係を与えてくれる、そして自分たちが住んでいるこの世界で、自分にしかできない成果を上げさせてくれる、そんな生活や仕事のことだ。問題は、なぜビジョナリーな人以外の人たちが他の定義ばかりを受け入れているのかということだ。富、名声、そして権力に対する夢のようなしかしどうでもよい

望みを、それ自体を理由に追いかけている人は、たとえそれが実現できたとしても、結果的に惨めで情けない人になってしまうだけに終わるのではないか。サインフェルド★1が言うように、その望み自体に問題があるのではない。しかし筆者は、今日の成功の定義こそ、生活や仕事にとって潜在的に有害な処方箋だと考える。もし先ほどの成功についての記述が人生におけるあらゆる意義を測るための基準になっているのなら、人は、その記述のせいで、成功ではなくむしろ失敗だと感じてしまうのだ。

――今日の成功の定義こそ、生活や仕事にとって潜在的に有害な処方箋だ。

確かに、自分が計画、あるいは意図したものの目ざましい成果を喜ばなかったなら、その人は少しばかり変人なのかもしれない。しかし、ビジョナリーな人と話をしてみると、富や名声や権力は大半の人たちにとって、実際には目標でもなければ実績でもないという話を聞くだろう。金と評価は外的な要因だ。このふたつはまったく違った目的に向かって、つまりガンの治療法を見つけようとしたエド・ペンホートの必死の努力と同じように、個人的な大義や天職という目的に向かって、情熱的に働いた結果の産物なのだ。ペンホートは自らの情熱を、自分自身と世界に対して自分にしかできない成果をあげながら、具体的な形で示す、そんな生き方を選んでいる。

それは貢献か願望かのどちらかということではない、両方だ。ペンホートの情熱はまた、世界へ

★1 アメリカのテレビドラマ「となりのサインフェルド」の主人公。

の貢献でもあった。学究生活から起業家への転身の道のりで、そして現在の非営利団体を経営するというその役割の中で、ペンホートは情熱をほとばしらせ、それを医療研究の世界の現状を覆すビジネスに育て上げた。

念のために付け加えておこう。ペンホートとその仲間は時とともに、たとえば裕福になるといった伝統的な成功の証も数多く手に入れた。ただし、これらの証は本人の目標そのものではない。ペンホートの生涯をかけた大義のおかげで生まれた企業、それがケイロンだ。同社は一九八一年ペンホートが共同創業者となって設立した企業で、ここでCEOとしてバイオ業界の歴史上最長の在任期間を終えている。ケイロンは売上高一九億ドルのバイオテクノロジーのイノベーション企業であり、現在、ペンホートはその友人であるゴードン・ムーアの五〇億ドル規模の基金に参画し、そのディレクターとして第二のキャリア人生を送りながら、科学、教育、環境を支援する仕事に取り組んでいる。

まず、世の妄想を捨て去ろう

伝統的な成功というわけのわからない成果を追い求める、そんな重圧を感じてしまうとき、その原因になっているのは、生計を立てる、周りの人たちを喜ばせる、あるいは地位を獲得しようとするときにつきまとう苦しさだ。皮肉なことに、成功はしばしば、それ自体が本人の最優先課題であるかぎり、色あせ、消滅し、あるいは本人の魂の牢獄となってしまう。ペンホートのようなビジョナリーな人は、成功が単に富、名声、そして権力を意味するとき、それは長続きもしなければ満足のいくものにもならない、と主張する。もし、ペンホートが従来の常識的な成功の定義を自分の指針にしてしまっていたなら、生きがいだと信じられる成功をおさめられなかっただろうと、本人自身も考えている。さらに、自分自身の定義をもとに長期的な成功を築こうとしている人たちは、つまりビジョナリーな人たちは次のように強調する。

成功というものは、自分が大切にしているものへの個人的な強い思い入れがなければ、しかも富、名声、権力、あるいは結果としての周囲の支持、といったものに頼っても頼らなくても取り組もうとするだけの積極性がなければ、おぼつかないのだ、と。

現実には、ビジョナリーな人の大半は、天職に真剣に取り組んだあとで、あるいは彼らにとって特別な意味のある世界で独自の生き方を真剣に続けたあとで、長い時間がたってからその分野のリーダーとしてもてはやされるようになる。成功した人たちに関する有力なマスメディアの記事は、成功に対する即席の満足感や魔法の薬も盛り込んで、まるで彼らが一晩で成功したかのような印象を与えることもあるだろう。けれども、そんな魔法のような成功はほとんど見当たらない。

ビジョナリーな人はたいてい、自分のエネルギーを振り絞って粘り強さを発揮し、身も心も打ち込んで、人生をまっとうするために苦労を重ねている。

彼らは、ある発想に惚れ込むようになる。つまり、自分という人間には情熱があり、その情熱のおかげで、時間の経つのも忘れ、どんな些細なことにも絶えずこだわろうとする誘惑にかられるようなものを、何年も何年もの間、生み出し続けようとする存在なのだ。現実的な意味で言えば、それは、何の見返りも求めず、それ自体のために彼らが喜んで取り組もうとするものなのだ。クインシー・ジョーンズは音楽が大衆受けしなくてもあきらめはしなかっただろう。マンデラはアパルトヘイトが崩壊するその日まで、活動をやめるつもりはないだろう。ジャック・ウェルチがその経営の真髄を教えるのをやめることはないのと同じように、マヤ・アンジェロウが詩を書いたり教えたりするのをやめることはないだろう。というのも、それが生きがいになっているからだ。

あることに長年打ち込んでいると、そして〈あること〉が何であれそれが広く受け入れられる幸運に恵まれると、辞書の定義そのままの成功が訪れる人もいる。そうした人たちは世の人たちから称えられる従来型の成功を手にするのかもしれない。けれども、それはもともとの目標というよりは、偶然の産物なのだ。

本当の生きがいを知る

しごく当然の話だが、辞書が教える成功の定義と個人や組織が実際に目指そうとする成功の定義との間の食い違いを考慮に入れれば、立身出世をすることにあこがれても結局はその過程で満足しきれない違和感をおぼえてしまう。それは、本人の懸命に取り組んでいることが本当の生きがいではないからだ。事実、目標を設定してときには意気揚々とその達成に向かって突き進んでも、そのあげく、人生のある時点で、どういうわけか落胆し、虚脱感をおぼえ、不幸な気持ちになってしまうだけ、という人はあまりにも多い。

この事実こそ、二、三〇年前には夢にも思わなかった物質的な贅沢を手に入れたにもかかわらず、アメリカ、中国そして急速に発展している国々の最富裕層に、臨床的うつ病と自殺が流行している理由だとは言えないだろうか。世界保健機構は、二〇二〇年にはうつ病が心身障害の原因の第二位になると予測している。なんとも、聞くだけでうつ病になりそうな予測ではないか。

どうして世の中は、従来の成功の定義を現実の具体的な形にし、しかもつかのまに過ぎない幸せを追い求めるようなことをするのだろうか。ビジョナリーな人は、それは簡単な話だと言う。つまり今日だけでなくこれからの長い年月を過ごす自分の人生において、何が本当の生きがいなのかを知らないまま過ごすことによって、ごまかされているだけのことだ、と。これが、宝くじに当たった人がその二年後には不幸になったり、アルコール漬けになったりするという恐ろしい現実に陥る理由だ。またこれが、創業したての企業の一〇社に九社が、長期的な生き残りに失敗する、そして何十年もの間真っ当な実績を上げ続けるのが難しい、数ある理由のひとつなのだ。

これこそ、大半の政府にこけ威《おど》しと非効率が蔓延している理由だと指摘するのはラトビアの大統領、バイラ・ビチェ・フレイベルガだ。この元モントリオール大学の心理学教授は言う。

「立法者たちは、壮大な計画をぶちあげるとき、われわれがそれを達成したあかつきには何を基準にして計画の成功とするのか、あるいはそれに意義があるのかどうか、ということに対する共通の理解が存在するのか、という確認をおろそかにする場合が実に多い」

これはまた同時に、結婚をはじめとする多くの協力関係が喜ばしい結末に終わらない理由でもある。そして、これがハリウッドのセレブの線香花火的な人間関係やけじめのない生活と同義になっている理由かもしれない。

こうした人たちの記事は、つまり富豪の、有名人の、そして信じられないほど落ち込んでいる人たちのさまざまな人生模様の記事は、ピープル誌やウォールストリートジャーナル紙に毎号のように載っている。われわれ多くの大衆はこうした人たちにあこがれるが、これらのアイドルは、未来の可能性だけが財産だったときよりも、はるかに自分の情熱が冷めてしまっているのを感じ、不完全であることを思い知るものなのだ。

読者の誰かがこのような人物を知っているか、あるいは、読者自身がこのような人物かもしれない。

このやり切れないジレンマを避けるには、自分が目標としているものが何なのか、気をつけることだ。自分自身が上げた、あるいは自分の組織が上げた成果に意味がない場合、その成果は長続きしない。ビジョナリーな人は中途半端には終わらせない成功を経験している。その一方、中途半端に終わる人の場合には、例によって、いつまでも続く達成感についての自分自身の内なる定義に逆らって、物質的な富あるいは短期的な評価を追いかけているだけに過ぎないのだ。

ビジョナリー・ピープルの本質的な三要素

何百回もインタビューを重ねるうち、ビジョナリーな人がいつまでも続く成功を見出すのは、彼らの生活や仕事で少なくとも三つの本質的な要素の整合性がとれたときであることに気がついた。

本質的な要素の一つ目は、意義だ。取り組もうとする対象は、個人として意義を定義するという意味で、自分自身に深く関わってくるはずだ。その対象とは、あまりにも情熱を傾け没頭するため、取り組んでいるときには時間の過ぎるのを忘れてしまう、そうしたものだ。できれば周りの人たちも巻き込んでみたいものだけれど、たとえ内緒ででも、批判にめげず、場合によっては何の見返りも期待せずに取り組みたいと思うようになる。事実、それに手を着けなければ、何の報酬も得られない。

「成功とは、いつまでも続く人間関係を築き、相手に奉仕することだ」とインド企業ウィプロの会長アジム・プレムジーは言っている。二一歳で父親を亡くすと、バンガロール★を拠点にしている企業の経営をする立場になった。その後、創業間もないこの食用硬化油脂メーカーを売上高およそ二億ドルのＩＴサービス企業に育て上げている[2]。人生や仕事でいつまでも続く成功について、プレムジーは次のように問いかけてくる。

「自分の生きがいを追求するためには、自分自身との意義のある永続的な関係を構築することから

★インドの南部・カルナータカ州の州都。2006年11月、州政府は、都市名を「ベンガルール」に改名する方針を発表。2006年11月1日より発効。

始める、これが望ましい出発点ではないだろうか」

本書の第一部で、ビジョナリーな人が意義を構築するさまざまな方法について議論する。

本質的要素の二つ目は、思考スタイルだ。つまり、人一倍の責任感、大胆さ、情熱、そして責任を伴った楽観主義。これを思考スタイルと呼ぶことにする。スティーブ・ジョブズはその有名な広告キャンペーンが開始される前のインタビューで、永続的に成功をおさめている人たちは「違った考え方をする」と語ってくれた。彼らには才能がある。そうだ、中には、天賦の才の持ち主までいる。そのうえ彼らは、その特別な業績を達成する力になってくれる思考スタイルを持ち合わせている。

ジェラルド・クライスターリーは次のように語っている。

「本当の価値を創造するというテーマを軸に自分の考えをまとめ、そしてこれでもかと襲いかかってくる苦悩や危機そして混乱を乗り越えて、その価値の創造にとって重要なものだけに自分の考えを集中し続けられるとき、そのときは、本当に幸運だ。なぜなら、維持継続できるモデルが手に入っているからだ」

それはつまり、仕事と人生の両面での維持継続モデルのことだ。ちなみに、クライスターリーはオランダ企業、ロイヤル・フィリップス・エレクトロニクスの社長兼会長で、同社の従業員は六〇か国に一六万人以上、二〇〇五年の売上高は三七〇億ドルを突破している。

ビジョナリーな人の思考スタイルについては、本書の第二部で議論する。

本質的要素の三つ目は、行動スタイルだ。永続的に成功をおさめている人たちは、行動を起こすための効果的な方法を知っている。これは驚くことではないはずだ。とはいうものの、彼らの行動スタイルには目に見えるもの以上の何かがある。ビジョナリーな人たちの中には、人生を送るうち、意義をはっきりと意識したときの話を語ってくれた人がたくさんいる。けれどもそれを実行に移すのは、つまり意義や考えを行動に移すのは、不可能に近いことを思い知ったという。意義については深く考えているべきだ。しかしそのために、自分が金縛りになってはならない。

自分にとって意義のあることに、そして理想的あるいは完璧とも思えるようなことに思いをめぐらすとき、「それは見事なできばえのペストリー（パンの一種）のよう、口に入れて崩してしまうのがおしいほど愛らしい」ときもある、と言うのはアリス・ウォーターズ。レストランを経営する、オーガニック料理の先駆者だ。エディブル・スクールヤードという運動を通して、ひと口ひと口、食によってこの世界を変えていくという信念を貫いている[3]。「達成しなければならないことや生きがいのあることについて、頭の中にその完璧な絵」が描けている人なら誰でも、そうした考えに基づいて起こした行動の結果が「決して頭に描いたイメージのような完璧なものにはならない」ことを理解している、とウォーターズは言う。こんな現象が起こるのは、思考から行動に移す作業のとき、「ひょっとするとその過程で夢が大切な何かを失ってしまう」ために、理想や美点がないがしろにされるおそれがあるからだ。

結局、「根底にあるのは、仕事そのものの楽しさだ。われわれはすっかりそのことを忘れているのではないか。仕事を愛する姿勢の気高さこそ、われわれが人に伝えられる最も重要な価値観のひとつなのだ」

こう言いながらウォーターズの愛情にあふれた目は、自身が創業した高名なレストラン、シェ・パニーズの厨房で熱心に手を動かしてランチタイム用の料理をつくっている腕自慢のシェフたちに向けられていた。皿のひとつひとつに芸術的な盛りつけをしているのを目の当たりにすると、彼らはまるで彫刻家のようだ。

「それに取り組もう、それには取り組むだけの価値があるから。たとえ最初に思い描いた理想のような完璧な出来にまで到達できなくても」と語ってくれたのはジャック・ジア。中国四川省成都で、あふれんばかりの夢だけを頭一杯に詰め込んで育った人物だ。ジアは今では、押しも押されもしない起業家で、ＨＹＳＴＡ★の会長、そしてベイノートの創業者兼ＣＥＯを務めている。

「もし自分が信じていることへの取り組みを拒否すれば、そのことが決して頭から離れないだろう。そのために苦しむことになる。もしそれが本当に生きがいのあるものなら、別の課題に新たに取りかかるとき引き起こされるさまざまな問題はともかくとして、その取り組みをやめないほうがよいのではないか。新たに取りかかるどんな新しいことも、どんな独創的なものも、思ったようにはいかないこともある」と彼は言った。

「自分の目をしっかりと見開いて厳しい姿勢でそれに取り組んではじめて、力を入れれば入れるほ

★Hua Yuan Science and Technology Associationの略。

ど、よい成果が上がるようになるだろう」

それが当然のことだと、ビジョナリーな人は何回も繰り返し語っている。「だから、とにかく前進して、本当に関心のあることにどこまでも打ち込むことだ」

厳しい姿勢を忘れれば、一部の自意識過剰の人たちは、対称的な問題、つまり骨折り損のくたびれ儲けという問題にぶつかってしまう。こう警告するのは、シンガポールを拠点にする起業家で政府顧問を務めるペン・オンだ。行動そのもののためにいやおうなく行動している人は、自分が間違った山に登っていることに気がつく場合がよくあると語る。

「成功をおさめるためには何が必要なのかという考えを、自分自身と仲間みんなの間で一致させておかなければならない。何が生きがいなのか、自分がまず貢献する相手は誰なのかを考えるべきだ。そしてそれを軸にして、考えや創造力をまとめあげて、ことを起こす」

まず立ち止まって自分が意義を感じているものが何かを判断せずに、いきなり行動を起こしたりすれば、ものごとが長く続かない大きな原因になってしまう。ビジョナリーな人には、特別な目標設定のプロセスがあり、そうした目標を達成するために役立つような論議を促すこともある。

こうした行動スタイルについては、本書の第三章で議論する。

三つの輪を調和させる

ビジョナリー・ピープルの本質を探求する過程で、言い換えれば永続するだけの価値を持つ成功を探求する過程で、筆者は次のようなことを発見した。三つの要素、すなわち自分なりに定義した意義、創造力のある思考スタイル、そして効果的な行動スタイル、これらの三つの要素は、三者相互の調和がとれたときに、自分の足元を固める礎となり、ベストプラクティス（成功体験）を持続させてくれる、そうした事実の発見だった。従来から定義されている短期的な願望や成功を成就させるためには、必ずしも三者がすべて調和する必要はないかもしれない。とはいえ、調和をとろうとすればするほど、そのぶん、成功（この定義は自分のために自分でしなければならない）が何十年にもわたって続く可能性が大きくなるはずだ。

こうした発想を常に頭に置いておくためには、ビジョナリー・ピープルの三原色としてこれらの要素を考えてみるのも一法だろう。原色の赤、青、緑を重ね合わせれば、何色ができるか[4]。明るい白だ。もし追求すべき適切な目標があるとすれば、この白がそれだ。ビジョナリーな人は目標そのもののために目標を追いかけるようなことはない。彼らはまず、自分自身にとって大切な、意義のあるものを見出そうとする。つまり意義が一番先にくる。それによって残りのモデルが規定される。ビジョナリーな人は、適切な針路を維持し、生きがいとなるもの（意義）を追い求めるために真剣に行動しようとして、なんとしても自分の考えをまとめあげる。人生や仕事上での成功の可能性を大きくしたければ、これら三つの輪を互いに寄せ、重なり合う部分の面積を増やすことによって、真ん中にある的をできるだけ大きくすればよい、ということになる。

自分にとっての生きがいとは何か、ということを強く意識し、そしてその次に自らの考えと行動を一致させて自分なりの意義の定義を定着させる。これを筆者は調和と呼ぶ。これらの要素が寄り集まって白く輝く的ができあがれば、生きていてよかったと思える人生にし、いつまでも続く成功を簡単に経験できるはずだ。

自分にとっての生きがいとは何か、ということを強く意識し、そしてその次に自らの考えと行動を一致させて自分なりの意義の定義を定着させる。これを筆者は調和と呼ぶ。

もちろん、これは非常に複雑で困難なプロセスを単純化したモデルだ。今ではこれらの三つの輪が見境もなく遊離し、調和がとれなくなる傾向が著しい。職場や家庭にいる多くの人たちが日々の努力を怠っているため、輪の調和を保つことが困難になっている。ピーター・ドラッカーの不朽の名言を紹介しておこう。「(組織内の)彼ら自身によって進化するもの、それは無秩序、摩擦そして職務怠慢。それ以外には何もない」[5]

自分が愛しているものになる

金融コラムニストで『多忙な人のためのなるほど金融作戦（Smart and Simple Financial Strategies for Busy People）』の著者、ジェーン・ブライアント・クインは子ども時代、キャロリン・キーンの小説に登場して大活躍する少女探偵ナンシー・ドルーのようになることを夢見ていた。探偵というものが女性の職業として認められていない時代に、この愛らしい登場人物が、難事件を次々と解決していたからだ。

ところが、連載漫画の探偵ブレンダ・スターに偶然出会ったとき、クインはドルーからスターに鞍替えした。ザ・フラッシュ（特報）という厚かましい名前のついた日刊紙に記事を書いている魅力的な女性ジャーナリストとして、「ブレンダ・スターは難事件の解決のために世界中を旅し、スクープを嗅ぎつけ、会った男性の心をことごとく奪っていた」[6]

ブレンダ・スターはその言葉が定着する以前から、いわゆるキャリアウーマンだった。ファッショナブルであることはもちろん、頭がよく、負けず嫌い、そして魅力的な赤毛のこの女性は、デイル（ダリア）・メシックが一九四〇年、まだこの職業に女性がつけそうになかった時代に生み出した漫画の主人公だった。

「私が十代のとき、探偵が女性の私にも手の届く最高の職業のように感じた。冒険に満ちた男の子みたいな生活、そして独創性を発揮できる仕事、そうしたものを一度に全部叶えられるから」とクインは語っている。そこで、教養の学位をとって大学を卒業すると、ニューズウィークの門をくぐった。「当時はまだ、女性に対して記者の仕事を与えなくても、法的には許されていた」とクインは言う。まったく気落ちすることなく、郵便物の受付係として働いた。その願いはジャーナリズムの世界で仕事をすることだった。それこそがクインの生きがいだった。つまり、非日常的な生活に飛び込み、大衆に真実を伝えることだ。

「自分の夢にこだわった生き方をしたかった。たとえ世の中がまだそれを許してはくれなくてもね」と言いながらクインはウィンクした。数多くの部署でその裏方としての仕事ぶりが評判となり、記事を書く現場の人たちにとって、クインはなくてはならない存在になる。そうこうするうち、悪事や危機、投資の実態などを明らかにするブレンダ・スター的な正義感を武器にして、経営や財務に対して膨らんでいく関心を仕事に活かすようになっていた。それが今でも数十年前と変わらない情熱で（ときには怒りで）クインの目を輝かせているのだ。これこそが、ビジョナリー・ピープル、永続するだけの価値を持つ成功なのだ。

もしクインがニューズウィーク初出勤の日に、どうしてもブレンダ・スターにならなければ、という心の狭い望みだけが意義のあることだと信じ込んでしまったら、そしてそれが自分の夢を行動に移す唯一の道だと思っていたら、ブレンダ・スターへのあこがれは、とても命中しそうにない難しい標的になっていたことだろう。そうした心構えでいるうちは、三つの輪が重なり合う部分は最小になり、標的も小さくなってしまう。そうなれば、的をはずすのはおそろしいほど簡単で、そのために失望し、転職する羽目になっただろう。そしてクインは自分の使命を見失っていたかもしれない。

これは低いところで妥協すべきだという意味ではない。クインなら自分はまったく妥協などしなかったと言うだろう。ここがポイントだ。最も難しいのは人生が信じられないほど不公平に感じられたとしても、自分に与えられた本来の使命に邁進することだ。すばらしい人たちにとって、ものごとがうまく進むように思われるのは、意義と思考、そして行動が重なり合って、自分の夢を叶えるための標的が大きくなるときだ。クインは、ブレンダ・スターという人物が最終の目標ではなく、ひとつの生き方だということを認識していた。スターよりも大きく長期的な成果を上げるために一所懸命努力した。職場の肩書きよりもスターの目的意識に傾倒したからこそ、クインは入社して日の浅いうちから常に現場にはりつくことを心がけた。そして現場にいたおかげで、自らの能力を鍛え上げ、才能と創造力を発揮できたのだ。

だからといって、最初から人気者だったわけではない。お金についてアドバイスをするような女性が、三〇年も前に、大した支持を集められるわけはなかった。ところが、自分の頭と心を信頼するその毅然とした姿勢によって、つまり常にしっかりと目を見開き、外部からのおだてに乗ることなく、頭と心の調和を図るという姿勢を貫くことによって、ジェーン・ブライアント・クインは思う存分情熱を燃やしながら、それをそのまま自分の定義した成功に結びつけた。自分が愛されることよりも、自分が愛しているものになることを意識したおかげで、クインはいろいろな仕事に手を染めることになる。たとえば、悪事をあばく戦士、ベストセラー作家、妻、そして五人の子どもの母親。人生のあらゆる場面で、クインは意義と思考、そして行動それぞれの領域を常に集約し、その結果としていつまでも続く成功を手にし、アメリカにおける金融ジャーナリズムの様相を変える力になったのだ。

われわれの大半は、自分が愛されることよりも、自分が愛しているものになることを意識するものだ。

自分が愛しているものになる、ということは、仕事と仕事以外の両方で生きがいに打ち込む、という意味だ。ヘクター・デ・J・ルイズは、職業に就いて妻と一緒の生活を始めるのに余念のなかった若いころ、ロサンゼルス東部地区に住む若いヒスパニックという不利な境遇のせいで、自分自身が深刻な問題の渦中にいることに気がついた。本当に大切に思っていたことの中に、「自分には常に喜んで（自分を）助けてくれる人がいる。そこに大きな意味がある」という信念があった、とルイズは言う。「だから私はなんとか大人になれた」

これがルイズにとっては、一所懸命、不利な立場の人たちが大学に行けるよう手を差し伸べることへとつながっていく（ルイズが自力で大学を卒業したのはそれほど昔のことではない）。

「私が稼いでいたお金はほんのわずかだった」とルイズは言う。ところが、しだいに「私たち夫婦はふたりとも、努力すればするほど、稼ぐのが楽になるように感じられた。ロサンゼルスの東部地区に住む人たちの多くは、ヒスパニックのコミュニティには、今のテクノロジーの分野の仕事を、うまくこなしていくだけの能力がないようだ、と考えていた。ロサンゼルスの東部地区で調査をすれば、そこの住人は数学が苦手と答えるはずだ。だから私は、ゼロを発見した人はメキシコのマヤ・インディアンだという事実を、その地区の高校生に直接会って話すことにしている。

世界で最も洗練された建築物を建てたのは、アステカ族だ。すると突然、高校生たちに自尊心が芽生えてくるのがわかる。それこそ、こうした高校生たちが意識しなかったものなのだ」

こう語るルイズは、現在アドバンスト・マイクロ・デバイセズ（ＡＭＤ）のＣＥＯを務めている。ちなみに同社の二〇〇五年の年間売上高は五八億ドル（ルイズも数学が得意だ）。

「形はどうであれ（昔流の成功が確実になる前ですら）そうしたことに貢献できるということが、私たち夫婦にとっては信じられないほどの充実感につながった」

いつまでも続く成功へ

永続するだけの価値を持つ成功を目指す過程での原理原則を筆者が公開しはじめたとき、一部の人たちが恐れたのは、そしてその一方で期待もあったのは、それがどんなことを意味していても、著名人の人格を成功のための手本として自分たちに押しつけるのではないか、あるいは正反対に、無私無欲で完璧になれと期待するのではないかということだった。これはすばらしい向上心の表れかもしれないけれども、本書の目的は、とてもまねできそうにない、常に期待以上の成果をおさめるような伝説的な人たちの偉業を賛美することではない。それには何の意味もない。いつまでも続く成功というものは、他人のロードマップや目標、あるいは偉業のあとに続くことからは生まれてこない。それは、自分自身だけに許されたさまざまな決断を礎にして築かれるべきものだ。これから本書に登場する人たちの中に、読者が模倣すべき人物として紹介する人はひとりもいない。

彼らに共感してもしなくてもそれは自由だ。本書における筆者の責任は、会って話を聞いたビジョナリーな人が共通に持ち、しかも彼らの力になっている姿勢の一部を紹介することだ。もっと重要なことは、読者自身がいつまでも続く成功や生きがいのある人生を紡ぎだすような内省的な思考を呼び起こせるよう願っている、ということだ。

この過程で読者は、これまで決してはっきりと疑われたことのなかった成功の定義を同時に検証していることに気づくかもしれない。この検証作業が人生の中で意識されずに終わってしまうのは恥ずかしいことだ。自分にとっての本当の生きがいと、自分を悩ませる一般的な成功の概念とを比較するところまで行き着かないかぎり、目下読者の頭の中にとどまっているこの両方の考え方は、無意識のうちに怒りを覚える見えざる暴君を居座らせてしまうかもしれない。

もし本書の内容のどこかに読者が違和感を覚えるとすれば、その原因は、自分が心から生きがいにしていることと、自分が世の中から期待されていると思っていることとの間にあるまったく気づかない乖離であるのかもしれない。自分にとって重要なことと、成功を意味することとを注意深く検証しはじめれば、そのときはこの疑問に答えられる用意ができあがるだろう。

「なぜ今の今、私は自分の生きがいに打ち込んでいないのだろうか」

この質問を削除するのはあまりにも簡単だ。ところが、ビジョナリーな人が真実だと信じていると理解できるものがひとつあるとすれば、それはこれだろう。つまり、人生や仕事における多くのものは移ろいゆくものであり、長く続くものはひとつもないように思えていても、ビジョナリーな人はなんと実際に、意義は長続きするもの、永遠に続くものと信じている。彼らは生きている間に打ち込んでいることこそが生きがいだと言う。そして自分たちの人生が終わったあとも、それが大切な意味を持つと感じているのだ。

ビジョナリーな人たちは、このほかにいったい何を共通して持っているのか、考えてみたい。

PART

1

意義

彼らは、なぜ成功し続けられるのか

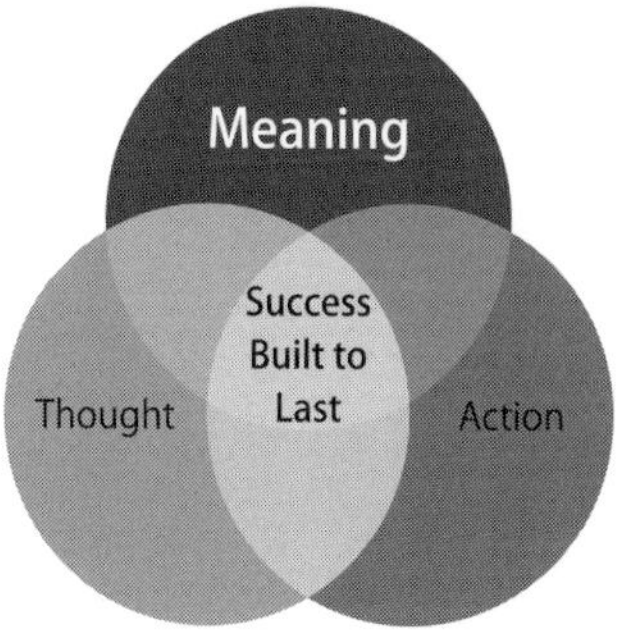

人生では長続きしないことがたくさんある、しかし意義はその例外だ。

chapter 2

情熱と意義を追求する

働くまえに成功を体験できる唯一のところ、それは辞書の中。

——メアリー・V・スミス

完璧さが最後の最後になって手に入るのは、何も付け加えるものがなくなったときではなく、何も取り去るものがなくなったとき。

——アントワーヌ・ド・サン・テグジュペリ

最近は、自分のしていることを好きになるのが大事、という議論が盛んになっている。しかし、大半の人はそれを鵜呑みにしているわけではいない。大好きなことをするのは、いいことに違いない。けれども、ほとんどの人は、現実の問題としてそうしたぜいたくをしている余裕はないと感じている。多くの人たちにとって、本当の生きがいというのは、そうあってほしいという感傷的な空想で終わってしまう。

実はこれが問題で、自分の大好きなことをしないのは危険なのだ。自分のしていることに愛情を感じない人は誰であれ、愛情を感じている人にことごとく負けてしまう、それが冷酷な真実だ。自分の仕事や人間関係に本気でない人がいる一方で、それらに愛情を注いでいる人が存在する。この人たちのほうが、懸命に長い時間働いているし、ずっとよい仕事をするだろう。昔からなじんだ役割にしがみついているほうが無難だと感じながらも、その反面、自分の中から活力がなくなり、レイオフの声が聞こえてくるときには、いつのまにかその候補の最前列にいる自分に気づく羽目になるのだ。

——実はこれが問題で、自分の大好きなことをしないのは危険なのだ。

愛情だけが道を切り拓く

われわれは安定雇用という言葉そのものが矛盾をはらむようなグローバル経済に生きている。これは周知の事実だろう。人的資本（personal capital）こそが個人の全財産であり、筆者の関心も個人の保有資金には向いていない。その人的資本とは、才能、能力、人間関係、そして意欲だ。成功を永続させるためにはそれ相応の粘り強さや情熱が不可欠であり、この両方を維持するための武器は愛情以外にない。愛情がなければ、先々必ず遭遇することになる艱難辛苦《かんなんしんく》やはてしなく続く逆境の重さに耐えきれなくなるだろう。

人生を設計することは、生計をたてることと同じように重要だ。これは二者択一の決断ではない。ビジョナリーな人は両方とも実践している。このことは、成功を長期間にわたって謳歌している人たちの口からも聞けるはずだ。つまり、起業家、政治家のリーダーや宗教家のリーダー、芸術家や教育者、ソーシャルワーカー、アカデミー賞受賞者、大工、店長、そして億万長者といった人たちから。

厳格な軍の将官やラリー・ボシディのような厳しい経営者の口からも聞けるだろう。ボシディは『経営は「実行」』（日本経済新聞出版社）という幸せな気分にさせてくれる書物の著者でもある。

ところはコネティカット州、寒さが厳しいものの快晴のある日、筆者は強固な意思を持った元CEOの自宅兼オフィスに集まっていた。それは納屋を改築した建物で、近くの池には一面氷が張っていた。そこでボシディとともに成功とリーダーシップについて何時間も話し合った。筆者がボシディに愛情という言葉を投げかけたとき、鋼鉄の目をしたこの元CEOは身じろぎもしなかった。「それは競争に勝つためには絶対に必要だ」とボシディは断言した。「自分のしていることに愛情を注いで初めて、隣に座っている人よりも実際によい仕事をより多くこなせるのだ。もし愛情がないなら、そのときは、愛情のある別の人を探すことになる」

恐怖も大きな動機づけになるのは確かだ。とはいえ、長続きするのは愛情のほうだということにいずれは気がつく。ピストルの合図でマラソンのレースに飛び出していったところで、おそらくそのレースには勝てないだろう。

「愛情を注がなくても、生き延びていける。ただし、二流で終わる」と元准将クララ・アダムス・エンダーは言っている。

「自分のキャリアのどんな場面であろうと、それに取り組む理由を理解しないまま経験を重ねていけば、力がそがれていってしまうだろう」

中途半端な姿勢で取り組むのは危険だ。もし、自分が打ち込んでいるどんな仕事よりも長く続いてくれる成功をおさめたいというなら、その道を切り開いてくれるのは愛情だけなのだ。

最初から大好きなことをする

ウォーレン・バフェットは所持金二セントでなんとか暮らすようになるずっと前から、自分の仕事が大好きだった。今では世界有数の大富豪だ。

バフェットは言う。「世の中では、成功とは自分の欲しいものを手に入れること、幸福とはすでに自分が手にしているものを欲しがることだと言っている。さて、どちらがこの場合によくあてはまるのか私にはわからない。けれども私自身、他のことは一切するつもりはない。私は常々、こんなことを口にする人たちのことを心配している。つまり『今後一〇年間これに取り組むつもりだ。正直、それほど好きではないけれども、さらに一〇年間続けて……』。私が言いたいのは、これは歳をとったときのためにセックスを控えるようなもの、ということだ。ぞっとしないアイデアだ」

バフェットは笑った。

「私はタップダンスのように足どりも軽くオフィスに向かう。仰向けに横たわって天井か何かに絵を描かなければというような気分になる。まるでミケランジェロのように。つまり、これが仕事に臨む気分なのだ。この気分がしぼむようなことはない。何ものにも代えがたい楽しさだ」

さまざまな研究所の書庫の中は、愛情とは単なる温かくてあいまいなテーマではない、との確証を抱かせる研究でぎっしり埋まっている。しかし筆者が議論しているのは、競争の激しい市場において個人が生き残ることについてだ。というのも、そんな市場には、他人の仕事をその本人よりも熱心に欲しがっている人たちがいくらでも存在しているからだ。

熱心な人たちは、自分が達成した成果はどうか、目の前にある責務がどの程度達成可能か、そしてそれをどこまでなし遂げられるかということを考えるのに、二倍の時間をかける[1]。仕事が大好きな仕事仲間や競争相手は、生活のためだけに働いているような人たちよりも、もっと真剣に働き、もっと多くのことに取り組み、もっと機敏に動き、もっと優れたアイデアを考え出す[2]。そして、はっきり言えば、出世するためのチャンスに恵まれ、大きな貢献を果たす。

「今日におけるリーダーシップの仕事は、ただの金儲けではない、それは意義を考え出す仕事だ」とジョン・シーリー・ブラウンは言う。ゼロックス・パークで二〇年間にわたって研究を統括してきた人物だ。

「才能に恵まれた人たちが探し求めているのは、次のような組織だ。つまり、金だけではなく、活力を与えてくれる精神的な目標、そこで働いている人たちの個人的な価値観と共鳴し合うような目標、独創性を発揮できる仕事のチャンスを与えてくれるようなミッション、といったものを用意してくれる、そんな組織だ」

ひとつ次のような警告をしておこう。「自分のしていることが好きではないという、どうしようもないいらだちは、それに携わっている本人を苦しめ、そしてまた健康を害することも医学的に証明されている」

「われわれは健康を代償に富を築いている」と作家でフィナンシャル・アドバイザーのロバート・T・キヨサキは古い格言を引用しながら語っている。「そして、残された健康にしがみつこうとして、健康を代償にする羽目に陥っている」

関連性のない起業家的な仕事をいくつか成功させたあとキヨサキは、五〇歳近くになって、また仕事の方向転換を図り、初めて本を著した。その著書『金持ち父さん貧乏父さん』（筑摩書房）は一七〇〇万部以上売れている。自分の自由な人生に与えられた時間や努力を無駄にしないためには、最初から自分の大好きなことをするほうがよい、そうすれば幸せで健康な生活が破綻することはない。

奉仕こそ最大の喜び

自分の人生に何かが欠けていると感じる――言い換えれば、絶えず意義というものを探し求めている――、そしてやっとひとつの単純な答えにたどりつく、というのはよくあることだ。その間の不安な気持ちが、はてしない高貴な探求を続ける間、ずっとつきまとうこともある。これは誰かの役に立とうと努力するまで続く。世界のすみずみにいるビジョナリーな人は、筆者とともに、この永遠に繰り返すテーマをよく認識していた。

リーダー・トゥ・リーダー・インスティテュート（もとピーター・F・ドラッカー財団）の会長兼創業社長、フランシス・ハッセルバインは、大企業や大学、アメリカ陸軍とのリーダーシップ関連の仕事で有名な人物だ。全米ガールスカウトのCEOを一三年間務めた実績でもよく知られている。彼が大改革を指揮したこの非営利組織は、現在、傘下の団が約二三万六〇〇〇、そしてほぼ百万人のボランティアが活動している[3]。一九九八年には大統領自由勲章つまりアメリカ最高の市民栄誉賞を受賞、そして二〇〇二年にはドワイト・D・アイゼンハワー国家安全保障賞の初の受賞者となった[4]。

ハッセルバインは、大半のビジョナリーな人と同様に「他の人への奉仕と、自分自身の使命や仕事に対する情熱とを融合させれば、そこに強力な相乗効果が生まれる」と信じている。

「われわれは、自分の強い意欲に突き動かされて今与えられた仕事をしている。その強い意欲に応えようとするとき、それは決して仕事などではない。奉仕をしようという意欲にかきたてられ、その意欲に応えるとき、それは喜びであり、充足感だ」と語る。

「充足へのカギは奉仕であり、リーダーシップへのカギはどのようにするかではなく、どのような存在になるか、ということだ。他の人たちに対する奉仕は、偉大なリーダーの〈どのような存在になるか〉という人格の一部なのだ」

リーダーシップに関する書物を著しているケン・ブランチャードはこれをサーバント・リーダーシップと呼んでいる。この意味からして、リーダーの目標というのは、自分自身の出世を図ることではなく、組織や部下のキャリアのために目標達成を図ることだ。この考えの根底にあるのは、自分の心にあるものと世界が要求しているものとの調整であり、それ以外にはない。それは、自分の大好きなことを見つけ出し、それを実践して他の人たちに奉仕することなのだ。

無心で全力が出せる——フロー経験

『フロー体験 喜びの現象学』（世界思想社）という書物を著すための研究にあたって、ミハイ・チクセントミハイ博士（別名マイク博士）が指導するシカゴ大学の研究チームは、世界中にちらばっている多種多様な人たちのグループにポケットベルを持たせた[5]。グループのメンバーは、農業従事者、化学者、教育者、起業家、芸術家、僧侶、尼僧、そして政府の官僚などだ。彼らは無作為にポケベルで呼び出され、日誌に目下何をしているところか、その体験の質も合わせて書き込むよう求められた。

参加者全員から集めた日誌の記述を編集する過程で、さまざまなパターンが表れ、そこからフロー体験というものの原理が生み出された。つまり、自分がしていることに、それが何であれ、どっぷりと浸かりきり、時と場所を完全に忘れ去っているとき、フロー体験をしている、ということになる。

自分がしていることに、それが何であれ、どっぷりと浸かりきり、時と場所を完全に忘れ去っているとき、フロー体験をしている、ということになる。

運動選手が「無心で全力が出せる」ということを口にする、これも一種のフロー体験だ。後世に残る偉業をなし遂げるには、与えられた仕事で最大限の力が発揮できる能力を身に着けなければならない。そして、ジェームズ・クーゼスとバリー・ポスナーがその著書『信頼のリーダーシップ』（生産性出版）に書いているように、自分の価値観と情熱を周りの人たちに強く訴えかけなければならない。

ビジョナリーな人というのは、エレガントさを演出するビジネスに携わっている何人かの例外はあるにしても、スーパーモデルというよりもむしろ流行に無頓着な人物のようだ。大好きなことをしているとき、いつのまにか社会的なたしなみを忘れてしまっていれば、おそらくそれが人生の天職だという証拠になる。少なくとも、情熱を傾けられるものを見つけたことになるのではないか。情熱というのは、本来一方的なもので、その持ち主特有の情熱に関心がない人たちにとっては、何の魅力も感じられず癇に障る対象になることもある。もし読者がロック音楽のスターなら、世界的に高名な化学者の人生に魅力を感じることはないだろう。

ポイントはこうだ。あまりにのめり込んで社会的な感覚が鈍くなってしまう危険を冒しながらも、ひとつのことに無我夢中で取り組んでいるオタクのように、ごく自然に大好きなことに没頭している、そんなときこそ、自分が正しい方向に向いているのがわかるということだ。それは、疲れはてて他に何もできないときでさえ、自分をその気にさせてくれる。そうなると、他のことには一切関心がなくなり、挙げ句のはてに、それが何であれ、座視できない人たちの間では社会的に不適切な存在にまでなってしまう。

大好きなことを見出し、それに取り組むことによって、まるで違った仕事の経験ができる。実際のところ、それはまったく仕事のようには感じられないかもしれない。ビジョナリーな人は一般的に、自分の仕事のことを〈とびきり面白い〉というように表現する。つまりこれは義務感だけで与えられた仕事をしているときに得られる経験とは、一八〇度違った経験なのだ。

人生をかけるにふさわしい夢

カリフォルニア州シリコンバレーにあるスタンフォード大学は、未開拓のマーケットで勝負するためのわくわくするようなベンチャー事業を起こそうという、起業家的なアイデアであふれかえっている。ビジネススクールの学生は頭が切れ、驚くようなビジネスプランを生み出す術をすぐ身に着けてしまう。ところが、ときにはパワーポイントによる死に至るときもある。学生の多くは、才能豊かで、そのビジネスプランを投資家に売り、生まれて初めて従業員を雇い入れる。立派なスタートのように聞こえるけれども、現実は違う。それどころか、これこそが、うまくいくはずの企業のうち一〇社に九社が長続きしないのでは、と疑ってかかる理由なのだ。

何十年にもわたって創業しようという企業に投資をしてきたベンチャーキャピタリストのアン・ウィンブラッドはこう述べている。創業者がそのビジネスプランについてもっともらしい説明をしても、その中身が創業者自身の独自性あるいは深い関心のあることと何のつながりも認められないとき、「われわれはそうした投資には手を出さない。これから創業という企業が成功するためには、どんな企業でも、文字どおり彼らの心、魂、そして頭脳のすべてをそのベンチャー事業に注ぎ込む必要がある」。自分を突き動かしているものを認識するための手順を省くと、そのときは、いつまでも続く成功をおさめるための礎となるはずの何かを自分のものにできない、という大きなリスクを冒していることになる。

テクノロジーの専門家で作家のエスター・ダイソンは、岩場にぶちあたらずに、ドットコムの波を上手に乗りこなしてきた。その著作だけにとどまらず、ダイソンは事業展開の初期段階からベンチャー事業に投資し、同時にそこのコーチ役も果たしている。この人物に言わせると、起業家は「事業に対する何らかの感覚を持っていなければならない。音痴の人の場合、それは音楽を認識できないということであり、音楽の世界で育たなければ、音楽を認識できないということになる」

「ある日、私のところに男性がやって来た。（抱えていたのは）ある種の（インターネット上のバーチャルな）家族向けコミュニティを構築するという本当によくできたビジネスプランだった。この男性はそこからどのようにして利益を出すかなど、本当によく理解していた。たぶん二五歳だったろう。MBAであることは確かだったけれど、明らかに、三年間ほど母親に電話をかけたことがなかった。家族を思う感覚はないに等しい。だから私は断った。この男性は結局融資を受けられなかった。それから半年くらい経って、私はこの人物が大学の同窓生向けの新規事業を始めているという噂を耳にした。それならまったく問題はない」

「そのような男性が家族を相手に何かをしても、それは相手に共感を持たれない。その人にふさわしい仕事ではないからだ。立派な計画だったかもしれないけれど、彼自身が本当にのめり込むようなものではなかった」

あまりにもよく目にするのは、自分自身の個人的意義との血の通ったつながりがないままに、壮大な計画を打ち上げる人たちだ。自分の人生にとって大切な個人的な好奇心や情熱といったものとのつながりを明確に理解していなければ、ベンチャー事業にとっては、結局失敗に終わってしまうというリスクが、目に見えて大きくなる。まして、その創業者の命を何年も縮めてしまうような余計なストレスについては、触れるまでもないだろう。

『ビジョナリー・カンパニー』では、中核的なイデオロギー、言い換えれば一連の中核的な価値観と永続する目的は、ビジョナリー・カンパニーを構築するためのどんな立派なアイデアにも勝るということを明らかにした。コリンズとポラス両者の研究によって、イデオロギー面での明解さを持って創業することは、もともとの製品やサービスの善し悪しよりも大切だということが確認されている。

これと同じことが、読者のキャリアや人生についても言える。もしこれがとてつもなく高い基準のように思えるなら、その前に、大半の新興ベンチャー事業は失敗し、人生は公平でないということを思い起こすべきだろう。ビジョナリーな人にはとてつもなく高い基準があり、それが永続して繁栄するための強みを与えているのだ。

「意欲を燃やして向かう目標、それは何らかの成果をあげることだ。どんな成果があなたの人生にふさわしいのだろうか」と、『コンピュータの魂（The Soul in the Computer）』の著者バーバラ・ウォーは言う。

この言葉はおおげさに聞こえるかもしれない。おそらくそうだろう。とはいっても、読者は残された人生の中で、これ以上どれだけの時間を無駄にしようと考えているのだろうか。経営している対象が家庭であろうと、企業あるいは国であっても、ビジョナリーな人は、自分の生きがいに打ち込むことこそが人生をかけるにふさわしい夢だ、という結論にたどりついているのだ。

非合理的な情熱を燃やし尽くす

誰かや何かに愛情を注ぐといった、自分の人生をかけるにふさわしいことを見つけると、そのときわれわれは一体何をするだろう。その答えは、愚かなことをあまた、だろう。とはいっても、その中で最も生産的な衝動のひとつに、ひたすら愛する人やもののことだけを考える、ということがある。

情熱を抑え込もうとするのは、自分自身に対して皮肉屋になれと教えていることになる。なぜ皮肉屋かと言えば、そうした人は心配性で、自分が傷つくようなリスクを冒そうとしないからだ。これとは反対に、愛情を注ごうとする人たちは勝ち組になる。なぜなら、それなりの理由があって積極的にそうしたリスクをとろうとするからだ。彼らは、自分が望む経験を積ませてくれるような環境に対して楽観的であり、同時にそれに対して感謝の念を抱いていることを隠そうとしない。

もちろん、こうした話がはやりの雑誌に数多く載っているわけではない。この世界にとって正しいことを賛美するのは、このうえなくダサくてカッコ悪い行為なのだ。われわれは、安全を気にする両親、親戚、高等教育機関、そして夜のテレビのニュース番組によって、楽観的な人たちを無視したりあざけったりするよう、実に巧妙に教育されている。暴力が蔓延し、一般に闘争と逃避に明け暮れ疲弊しているような世界にあっては、言い換えれば、世の人々の大半は取り乱してしまうか怒るかの寸前にあるような世界にあっては、多くの人にとって、何かにおびえたり心配したりせずにいるときに、真っ当な判断をするのは難しいことなのだ。

この世界にとって正しいことを賛美するのは、このうえなくダサくてカッコ悪い行為なのだ。われわれは、安全を気にする両親、親戚、高等教育機関、そして夜のテレビのニュース番組によって、楽観的な人たちを無視したりあざけったりするよう、実に巧妙に教育されている。

楽観主義は飲み下すのがつらい薬だ。しかも、つまらない気休めのにせ薬のようだ。非現実的な言いようのないむなしさを抱かせる。今日のような環境のもとでは、際限のない楽観主義にとって、安全な場所など社会のどこにも存在しないようだ。

学校でいじめっ子がよく言っていたように、楽観主義者は愚か者だ。楽観主義者は特に癇に障る存在だ。なぜなら、よくない話や後ろ向きの動きに対して過剰な反応をすることがないからだ。彼らは恐れを抱きながら、とにもかくにも最後までものごとに取り組み、大胆にもその自分の仕事がうまくいけばよいと思っている。なんと実際に、次のようにも信じている。ものごとは好転するものだ、たとえ最初のうちそうはいかなくても、時間がたてばそのうちにうまくいく、そしてそれがどんなものであっても、その恩恵にあずかる善意の人たちが存在しているものだ。

彼らには、夢を現実にする作業に参加したがっている人たちがいる、という確信がある。それを信念と呼ぶ人もいるが、それよりも、これらをすべて極端な楽天的思考として退け、どれもいかに世間知らずで見当違いかという強い警告を出すほうが安全だ。

詩人のマヤ・アンジェロウは、若いときにこの姿勢を見透かした。「文句を言う客が店に入ってくると、祖母は私がどこにいてもおかまいなしに呼びつけて、こう言ったものだわ。『こっちに来てカウンターの後ろに立っていなさい』。次にその客のほうを向いて『今朝はご機嫌いかが、シェパードさん』。すると客は『いえね、ヘンダーソンさん、冬は苦手でね。ごめんだよ。肌はかさかさになるし、身体はあったかくならないしね』と答える。『うぅん』と生返事をしながら私のほうを向いた祖母の鋭い目が、こう言っていた『お前も聞いたかい』」

「夏には、また別の人がやって来ると、祖母がこう尋ねる。『ご機嫌いかが、ウィリアムズさん』。

すると『夏は嫌いですよ、ヘンダーソンさん。頭が焼けるし、かゆくなるし、そのうえ肌は……』という答えが返ってくる。そしてこの人が店を出て行くとき、祖母は私を呼んでこう言ったものだ。『いいかい、たった五分の間に、その中身はともかくとして、文句を並べ立てる人が世界中にいるんだよ』」

マヤの祖母のように、ビジョナリーな人は後ろ向きのことに拘泥するよりも、ある状況から得られる恩恵を理解しようとする。しかしここで、永続的に成功をおさめている人たちについての逆説を紹介しよう。いわく「彼らは楽観的で、悲観的で、そしてとにもかくにも熱狂的だ」。これはドットコム・バブルと不動産市場が監視すべきだと考えられるレベルに到達したとき、連邦準備委員会の前議長アラン・グリーンスパンが彼らのことを表現するために好んで口にしていたセリフだ。

ビジョナリーな人の意気込みは実に大きい、無限大ではないけれど。その意気込みは自分がつくりたいものに集中している。もしわれわれが楽観主義と悲観主義を秤《はかり》にかければ、その針が彼らにとって建設的な方向に振れるのは明らかだろう。とはいえ、ことはそれほど単純ではない。

「私は死に物狂いで緊張感を保ち、あくまで楽観的な姿勢を貫こうと努力した。あの九月一一日の忌まわしいできごとの直後は、本当に悲惨な状況だった」と、ウォルドーフ・アストリア・ホテルでコーヒーを飲みながら語ってくれたのは、前ニューヨーク市長、ルディー・ジュリアーニだ。「もし私に自分の足で市内を歩きまわるだけの積極性がなければ、市民に向かって『勇気を持て』とは言えなかった。リーダーは楽観的でなければならない。その理由は簡単、もしそうでなければ、他に楽観的になる者は誰ひとりいないからだ」

楽観主義者は自分の成功を、自分のおかげだと解釈する傾向がある。というのも、彼らは思いがけない幸運という特別な要因も含め、才能や努力という観点から成功を説明しようとするからだ。彼らは、成功のひとつひとつを、その後も長く続き、人生におけるあらゆることに影響を与えるものだと考えているのだ。

〈ポジティブ心理学〉の父のひとり、マーティン・セリグマンはこれを〈楽観的帰属（思考）傾向〉と呼んでいる。セリグマンの著書『オプティミストはなぜ成功するか』（講談社）によれば、悲観主義者は、どんな失敗も楽観主義者が成功を捉えるのと同じ三つの視点を基準に解釈する傾向があるという。つまり〈普及しているか、不変であるか、そして個人的であるか〉の三点だ。成功、あるいは失敗だと考えるものに向き合う次の機会には、これらの三つの視点で、自分はどのような考え方をするのかよく注意してみることだ。

「悲観主義者はどんなチャンスにもそこに内在している難題を見つけるものだ」と言ったのはアブラハム・リンカーンだ。「楽観主義者はどんな難題にもそこに内在しているチャンスを見つけるものだ」ということをリンカーンは理解すべきではないか。セリグマンに言わせれば、リンカーンはうつ的な人間ではあったが、その暗黒きわまりない日々を苦労しながら乗りきった。その日々はあまりにも長く、その経歴の中で失敗に次ぐ失敗を重ねる辛酸を舐めたものの、ついにアメリカ史上最悪の時代を指揮する大統領に就任する。

「私は楽観主義者だ」というウィンストン・チャーチルの言葉は有名だ。「楽観主義以外のものはどれも大して役に立ちそうにない」。チャーチルはうつ病とも戦った。永続的に成功をおさめている人たちの中には、この暗黒の側面に苦しめられている人が数多く見受けられる。一部の人はこれを〈影の自分〉と呼んでいる。中には、一生これに苦しめられる人もいるようだ。とはいえ、ここで重要なことは、筆者が話を聞いた人たちは、目の前の危険が大きくなったとき、必要に応じて悲観的な姿勢をとるという選択をしていた、という事実だ。

悲観主義にとって最も重要なときは言うまでもなく、失敗の代償が死につながるときだ。ビジョナリーな人は悲観的な姿勢をうまく利用する。たとえば、冷静になって「もう一度、飛行機につい た氷を落とす」とサウスウエスト航空のCEO、ハーブ・ケレハーは言う。「われわれは、楽しさを演出することが大好きだ。事実、それが必要なのだから」。とはいえ、それは責任を伴った楽観主義だ。なぜなら、その報いは命にかかわるからだ。あくまで安全第一、なのだ。

けれどもこの方程式から死と税金を、つまり人生で唯一確かなことと言われているこのふたつをはずしてしまうと、リスクを冒すことと無限の情熱という両方の観点からして、何が合理的かを判断するのはもっと難しくなる。成功をおさめている人たちにとって、リスクをとることは、起業家がそのすべてを賭けるというものから、万が一のための実験をしてみるというものまでさまざまだ。われわれは、誰の人生であれ、キャリアあるいは企業の発展過程であれ、そうした場面では何が合理的なリスクなのか（結末として死には至らないまでも）本当のところはわかっていない、という率直な本音の話に出会うことはまずないだろう。

たとえば、フィナンシャルプランナーはたいてい、投資の分散化を勧める。この発想の目的は、長い年月をかければ、一部の投資の成績が落ち込んでも、よい成績を残す投資も現れ、結果としてよりよい引退生活に結びつくようにすることだ。

こうした方法をとった百万長者は数多くいる。その反面、大半の億万長者は巨万の富を築く過程でその資産を分散化しなかった。財産をすべてひとつのものに賭けるという危険な選択をしている人はたくさんいる。彼らの成功を、当時それでうまくいったことを根拠に、合理的な選択だったと評価することもよくある話だ。

マーク・トウェインが言ったように、「どんな人もみな、その突飛な目論見が実際にうまくいくまでは、変人だ」。同じリスク因子やよく似た戦略を抱えた起業家の中で、実際に破産の憂き目にあった人が何人いるのか、われわれには知るよしもない。

いずれにしても、われわれにはっきりと言えるのは、ことの途中にはおそらく懐疑派や否定論者がたくさんいる（彼らはたいていの場合正しい）ということだ。けれども、絶望の淵から富豪へというオプラ・ウィンフリーあるいはハリー・ポッター・シリーズの著者J・K・ローリングのような億万長者の場合は、例外だろう。いずれにしても、リスクを分散化した百万長者のほうが、億万長者の数よりも多い、ということだ。大きなリスクを冒す人たちの圧倒的多数が、時がたつにつれ破綻し丸焼けになり、新聞の見出しから消え去って初めて、非合理的な楽観主義者と言われるようになる、とわれわれには想像する以外にない。

筆者はどちらの道にしても、よしとしているわけではない。誰も相手に向かってその人がどんなリスクをとるべきか言えるはずはない。ここで強調したいのは、自分が大好きな道をその結果の善し悪しにかかわらず選択するべき、ということだ。なぜなら、この選択をするときにだけ、持てる力を最大限に活かす前向きの頑固さを持って、その思いきった取り組みの過程で飛んでくる矢玉や鉄砲から生き延びられるからだ。

誰も相手に向かってその人がどんなリスクをとるべきか言えるはずはない。ここで強調したいのは、自分が大好きな道をその結果の善し悪しにかかわらず選択するべき、ということだ。

自分のしていることに愛情を注がなければならない。そうしなければ、誰か他の人が現れて、それに取り組む姿を目の当たりにする羽目になる。愛情を注ぐ、そのために必要な合理的かつ非合理的な情熱を燃やし尽くす、これこそが後世に残る偉業をなし遂げるためのわずかなチャンスをものにする、ただひとつの道なのだ。

chapter 3

情熱はひとつだけではない

日一日と成長していく子どもたちを見ていると心が弾む。私は子どもの成長をそれほど心配はしない。わざとルールに逆らう子ども、言われたことに従おうとしない子どもの場合は特にそうだ。つまり、こうした子どもたちは、自分自身にとって大切なことがよく見えているからこそ、見事に成長を遂げていくものなのだ。

――マイケル・デル

人生における自らの使命を見出すということは、心の奥底からの喜びと、世の中の大いなる期待とが一致したところを発見することだ。

――フレデリック・ビークナー

赤ん坊の泣き声が耳に突き刺さったとき、一緒に泣きたい心境になった。哀れな境遇の一六歳のシングルマザーに一体何ができるというのだ。けれども、絶望的な気持ちとないまぜになりながらも、立派な人生への道を切り開こうという、忍耐、希望、そして意欲を自分の中に感じていた。

マヤ・アンジェロウはその後、アフリカ系アメリカ人初のベストセラー作家（『歌え、翔べない鳥たちよ』立風書房）、最も人気のある現代の詩人、エミー賞受賞の女優兼プロデューサー、大学教授、オプラ・ウィンフリーの育ての親のひとり、公民権運動家であると同時に、マーティン・ルーサー・キング・ジュニアの愛弟子、そして全米ディレクターズ協会初のアフリカ系アメリカ人会員などとして活躍するようになる[1][2][3]。

一九九三年のビル・クリントン大統領就任式に臨んで、アンジェロウが自作の詩を朗読しているのを聞いた人たちは、その芸術家としての業績を知ってはいても、わずか八歳のとき母親の愛人に性的暴行を受け、その後の四年間は弟以外とまったく口を利かなかった、という事実は知らなかったかもしれない。なんとか生計を立てて幼い息子ガイを育てるために、サンフランシスコでケーブルカーの運転士をしたり、ナイトクラブでダンサーをしたり、クレオール人のカフェで料理人をしたり、車体工場で塗料をはがしたり、サンディエゴの売春宿で女将をしていたことさえある。

アンジェロウはアーカンソー州にある差別の残る町スタンプスで育ってからずっと苦労を重ね、現在の地位を手にするまでになった。もしアンジェロウに成功の秘密があるとすれば、それは、魂を豊かにするために実にさまざまな方法を見出してきた、ということではないか。

「傍観者になって他人の見捨てられた境遇を嘆くだけではいられないはず、それで許されるわけはない」とウェイクフォレストにある自宅の居間でくつろぎながら、こう語っている。

「この経験、この人生は、自分自身であるために与えられた、たった一度のチャンスなのだから」

これは自分勝手な解釈ではない。勝手な解釈をすれば自分の望みのものをつくりだすという責任を放棄することになる。アンジェロウは自分の夢に対する抵抗に遭遇すると、永続的に成功をおさめている多くの人たちと同じ対処法を試みる。つまり、突きつけられた問題をまったく新しい視点からながめるのだ。「もし目にしたものが気に入らなければ、それを変えようと努力する。変えられなければ、それを見つめる視点を変えてみる。違った角度から見ることで、それを変えられるかもしれない。あるいは、その中に自分が活用できる何か好ましいものが見つかるかもしれない。というのも、その好ましいもの自体が内部からそれ自体を変えるかもしれないからだ。もし、世界は自分の望むように動いてくれないことがわかったとき、もし、どんなに努力を重ねても思いどおりにことを進められないとき、そのときは、自分の見方を変えるべきだ」


もし目にしたものが気に入らなければ、それを変えようと努力する。変えられなければ、それを見つめる視点を変えてみる。違った角度から見ることで、それを変えられるかもしれない。あるいは、その中に自分が活用できる何か好ましいものが見つかるかもしれない。というのも、

――その好ましいものが内部からそれ自体を変えるかもしれないからだ。

独創的な仕事で報いる

世間的な成功をおさめることを意識して視点を変えることもあるのか、と聞かれたとき、アンジェロウは、そうした考え方は健康的でない、と諭すように答えた。「そんなことをしてはならない。独創的な仕事はそれに続く独創的な仕事で報いなければならない」

自分の仕事を評価してくれる人たちに対して、アンジェロウはひと言こう答えるだけだ。「ありがとうございます」。そして「ウソつき、俗物、ひどいやつ、など、私にぶつけられてきたあらゆる罵詈雑言に対しても、『ありがとうございます』と答えるようにしている」と言う。もしアンジェロウがお世辞をよしとするなら、第三者の意見をいたずらに気にするようになる、そうなれば、厳しい批判を耳にしたときにも、お世辞と同じように気にすることになるだろう。

名士という境遇のもたらす有害な影響あるいは陶酔的な影響のどちらも、自分の目標を達成するための役には立たない。アンジェロウは、両方とも、創造的な仕事から足を踏みはずす原因になりそうだと感じている。

「アフリカのことわざにもあるように、私は何かをことさら大切にしない、そして排斥もしない。なぜなら、もし片方（誉め言葉）を大切にするのなら、もう片方（辛辣な言葉）も大切にしなければばならないからだ。しかも取り組むべき仕事は相変わらず残されたままだ」[4]

もし、成功したから自分は正しいことをしていると思ってしまうと、成功がわが身に降りかかる最悪の事態に変わることもある。アンジェロウに言わせれば「正しいと思い込めば、そこには、自分が人より優れていると過信する危うさが待っている」。そしてどのようにすれば今以上に成長できるのかという話に耳を貸さなくなることがしばしば起こるのだ。

伝統的な成功の定義には、自分が正しい、という意味はない。それは、どんなことであれ、たまたま有名になったことと定義するに過ぎないのだ。もし世の中の人たちを頼って、自分自身をどのように考えるべきか教えてもらおうとすれば、その人には人生を楽しむというよりは、人生に苦しめられる運命が待っている。

アンジェロウは並はずれたキャリアを積み上げ、周りの人たちがくだす評価の善し悪しに関わりなく、自分自身にとって立派な意義のある人生を創造した。そして同時に、世界にいつまでも続くような衝撃を与えてきた。とはいえ、そのどれもが好循環になったとは限らない。大胆に自己流の成功の様相を定義したことによって、咎《とが》を受けたこともある。現在七〇歳代になっているアンジェロウは、依然として論争と称賛の両方の的になっている。いずれにしても、非常に有名な人物であることに変わりはない。

どうして、マヤ・アンジェロウは豊かな人間性を保ち、永続的な成功をおさめているのだろうか。それは自分自身が抱くさまざまな顔を持つ情熱のおかげだ、とアンジェロウは言う。アンジェロウほど多種多様な分野で抜きん出た存在はほとんど見当たらない。ところが本人は、もし自分がそうした多くの分野に打ち込まなかったなら、ひとつとしてものになっていなかったかもしれない、と考えている。アンジェロウが打ち込んだものは、ダンス、歌、演劇、執筆、教師、文学、夕日、花、おいしい食事、よき友人、しかもこのリストは、互いに脈絡のないまま、延々と続く。

あるひとつの情熱が、ビジョナリーな人の人生を支配し、世の中の目から見た成功の定義に結びつく。だからといって、他のものを全部犠牲にしてまでも追いかけなければならない情熱はたったひとつしかない、と信じるのは間違っているのだ。

答えはただひとつではない

アメリカ映画「シティスリッカーズ」の中で、ジャック・パランス（カーリー）はビリー・クリスタル（ミッチ・ロビンス）に人生の秘密を教える。人指し指を立てて、あたかも時代を超えた賢人の言葉であるかのようにこう言った。「たったひとつだ」
観客はその答えを聞き、感激しながら映画館を後にした。ところがこれはファストフードだった。つまり、物語の終わりは「めでたしめでたし」と感じさせてくれる魔法の薬が一粒欲しいという、われわれの衝動的な欲求を満たしてくれる幻想に過ぎない。ところが、もし自分の生活の中で取り組んでいる他のものをどれもこれも我慢してかかると、この種の思考はとんでもない欲求不満の源にもなるのだ。

さまざまな組織の中では、あるひとつの能力に集中することが必要、という場合がよくある。つまり自分のチームは他のチームよりも優れていることに専念すべき、という意味だ。そして個人のキャリアの場合には、本人が積極的に深く関わろうとする集中もまた、重要だ。この点については本書で改めて触れる。

ただし、この集中を偏狭な人生と混同すべきではないだろう。ビジョナリーな人の姿は目隠し革をつけた競走馬のように見えるかもしれないが、大半の人たちは、多くの異なった個人的な情熱、職業的な情熱にあふれた広大で複雑な人生を送っている。自分の人生との関わりで、打ち込むべきことはただひとつしかないという神話は、多くの人たちに信じ込ませられるような類の発想ではない。

バランスなど意味がない

皮肉なことに、人生ではただひとつのことに専念しろと社会が働きかけてくるのと同時に、そうした社会での一般的な常識が、整然と小さな断片に切り分けられたバランスのとれた人生を送れと圧力をかけてくる。これは、時間と心に対する神業《かみわざ》のように均整のとれたコミットメント、という意味だ。ここでまたしても生じてくる問題は、正しい答えがあると考えてしまうことだ。つまり、バランスとは、時間配分を表した保証つきの円グラフで定義できるという考えだ。そのグラフには仕事、家族、コミュニティが記されており、もし運がよければ、読者もそのグラフのどこかに入れられていることだろう。

皮肉なことに、人生ではただひとつのことに専念しろと社会が働きかけてくるのと同時に、そうした社会での一般的な常識が、整然と小さな断片に切り分けられたバランスのとれた人生を送れと圧力をかけてくる。

人生のバランスについての考えを尋ねられたとき、『一生モノの人脈力』（ランダムハウス講談社）著者のキース・フェラッジは遠慮せず、「バランスなど意味がない」と断言した。読者は頭の中で「その答えは間違っている」と反駁するかもしれない。

ビジョナリーな人はこの問題に何と言って答えればよいのだろうか。基本的にはこうだろう。「一般的に考えられているほど、バランスには実際のところ意味がない。というのも、よく見受けられる考え方にあるように、バランスは、〈個人の人生に対する情熱はただひとつであり、それが何であるかがわかったときその人は幸福になる〉という発想によく似ているからだ。そんなふうになるのはごくまれな話だ」

もし、バランスというものを、四つか五つのごく常識的な部分に均一に分けられた人生が不可欠という意味で定義するなら、そのときは、世の中のＣＥＯや社長という立場の人たちにはバランスが欠落していることになる。ノーベル賞受賞者にしても同じことだ。ダライ・ラマにも、ネルソン・マンデラ、ボノもまたそうだ。マーティン・ルーサー・キング・ジュニアやマザー・テレサもバランスに欠けている。その気になればいくらでも例はあげられる。しかしこの辺でいいだろう。

永続的に成功をおさめている人たちの中には、文字どおり世界への貢献そのものの人生を送っている人が数多くいる。こうした人たちはバランスを大切な課題として提起することはない。それは、彼らがそれを巧みにさばいてきたからではなく、自分の生きがいに取り組むことに余念がなかったからだ。

それはある時点で、誰にとっても苦闘になる。もしバランスに対して罪の呵責を感じる人がいれば、その人は、それ以上のバランスは望んでいない。ただし実は、自分から欲しいと明かせないけれども必要なものがある、という可能性があるからだ。探し求めているバランスとは、さまざまな有意義なものの組み合わせであって、バランスのとれた組み合わせではない。バランスというものがこれほどまでに難しく捉えどころがないのは、それが本当に個人の望んでいるものではないからだ。人が本当に切に望んでいるのは、自らの情熱のすべてを注ぎ込める場所であって、一般的に定義されたようなバランスではない。

なんとしてもバランスが必要という感覚は、バランスそれ自体とは何の関わりもないのかもしれない。それは、インテルの共同創業者で〈ムーアの法則〉の父として有名なゴードン・ムーアの言葉「人は、自分にとって本当に大切なことに取り組むために膨大な時間を費やしているわけではない」というのと同じ意味ではないか。

シリコンバレーでの数学的分析作業とテクノロジー投資への愛情は言うに及ばず、この心の広い現実的な考え方の億万長者には、他にもたくさんの情熱にあふれている。慈善事業やスポーツフィッシング、教育、そして地球環境保全活動といったものにも情熱を傾けているのだ。

バランスを調整するというのは、なんと実際には、自分の仕事に八〇%、子どもに八〇%、あるいはスポーツフィッシングに八〇%という状態なのかもしれない。とはいっても、それが心地よい割合になることはめったにない。バランスをとるというのは、家で過ごす両親でいる、家族そっちのけでフォードT型を磨きあげる、友人と中世の城郭を見て回る、あるいはハビタット・フォー・ヒューマニティーの活動で住宅にペンキを塗るといったことで時間をつかう、という意味なのかもしれない。

肝心なのは、それがある種の理想的なバランス感覚に対する社会的な義務ではなく、渇望の原動力になる意識されない情熱であるかどうかを確かめることだ。自分にはもっとバランスが必要だと思うときには、こう自問してみることだ。「もし自分にバランスが備わっているなら、今自分がしていることを除けば、他にどんなことをしているだろうか」

意識されない情熱がこう要求しているのかもしれない。よく気をつけるべきだ。本当に自分にとって必要なのは、さまざまな顔を持つ情熱のバランスをとることだ。

次のような事実を理解しておこう。つまり、実際にバランスとして経験することは、時間の経過とともに変化し、他のどんな情熱ともバランスがとれていないように見えるかもしれない、という事実だ。

自分にとって有意義なことのすべてにキャリアを積む必要はない。ただし、自分にとって有意義なことのすべてに適したところを見つける必要はある。それこそが探し求めているバランスなのだ。

自分にとって有意義なことのすべてにキャリアを積む必要はない。ただし、自分にとって有意義なことのすべてに適したところを見つける必要はある。それこそが探し求めているバランスなのだ。

さまざまな情熱を周りに分け与える

いつまでも続く成功を目指して生きがいのある人生を送る過程で、ビジョナリーな人はひとつではなく複数の情熱を大切にしている。そして、ときにはその情熱を周りの人たちに分け与えるようになる。ピッツバーグのスラム街に住んでいた高校一年生のとき、ビル・ストリックランドは毎日さまざまな夢が壊されていくのを目の当たりにしながら、まったく望みのないところだからこそ、望みをつなぐために、とにもかくにも何かをする必要があると感じていた。

ある日、教室の前を通り過ぎようとしたとき、何かが目に映ってその場で足を止めた。するとたまたま美術教室のドアが開いて、偶然、中の様子が目に入ったというわけだ。そこにはフランク・ロスという名の先生がいて、大きくて立派な昔風の陶器の鉢を制作しているのが見えた。

「――時間が止まった。それはある水曜日の午後のこと、ビジネスのことで頭がいっぱいだった。私はその場に釘付けになってしまった」

その光景はまさに魔法を見ているようだった。ストリックランドは陶器に魅せられたが、陶器を形作る作業と人生を形作る作業のイメージとが重なり合い、その人生と、そして救済が必要な何万人もの子どもや大人をも変えることになる。

マンチェスター・ビッドウェル・コーポレーションとビッドウェル・トレーニングセンターのCEOとして、ストリックランドは豊富なトレーニングプログラムを生み出した。この世界一流の施設では、ストリックランドの芸術への情熱が、一層強い絆のコミュニティを構築しようとするその意欲をさらにかきたてているのだ。

「親たちは、芸術こそ精神の健康維持と立派な知性の発達の基礎であることを本能的に理解している。子どもが生まれてくると、彼らは子どもにリズムをとらせ、手をたたかせ、歌を歌わせ、そしてクレヨンを使わせる。こうした創造的なことはすべて、人間の健全な成長の基礎であることを、われわれは本能的に知っている。ところが子どもが五歳になると、こうした創造的なことをとり上げてしまい、その二〇年後にはなぜ自分たちの子どもがバカなのかを思い悩むのだ。われわれには精神的健康を構成する要素として芸術が必要だ、というのが私の理論だ」

言うまでもなく、芸術は生活を豊かにするために活かせる唯一の情熱、というわけではない。とはいえ、こうした情熱は、ストリックランドならではの流儀として役に立ってきた。つまり、この流儀によって、経済的に恵まれない人たちに対して、自分自身やさまざまな顔を持つ自身の情熱を信じる機会を与えてきたのだ。

「平々凡々な生活を送る義理などない。建設的な成果が得られないような生活を送る必要はない」、とストリックランドは言う。もし何かバランスというようなことがあるとすれば、「芸術こそが人生でバランスを生み出すのに不可欠なものだ。芸術は人間であるための要素を育ててくれる。だからこそ、それをとり上げてしまうと、とり上げられた人たちは病んでしまうのだ」

ひらめきが生まれる瞬間

ひと息入れて、自分の意識をストレスのたまるさまざまなことから、ストレスとは何の縁もないようなウキウキさせてくれる対象に移すと、精神状態はよい方向に向かう。その対象が自分の情熱の一環であるときには特にそうだ。永続的な成功をおさめている人たちは、先を見通したさまざまな考えがいつ浮かんでくるのか、わかっている。それは、何か他のもので遊んでいるとき、あるいは、問題と直接格闘していないときだ。週のなかばになって関心の対象を意識的に変えてみることによって生まれる神秘的な力を、軽く考えてはならない。

　それは、辺縁視力のようなものだ。つまり、目の前の発想や問題からしばし視線をそらせると、そうした発想に対する視野が広がったり、やっかいな問題の新たな側面を見させてくれる、そうしたマインド・セットのことだ。これは非直観的で奇妙なものに思えるかもしれないが、われわれはみな、こうした経験をしたことがあるはずだ。

　たとえば、シャワーを浴びているときや、ブランコに乗った子どもを後ろから押してやっているとき、好きなゲームに興じているとき、あるいは長距離ドライブの道中でぼおっと空想にふけっているときに、さまざまなアイデアが浮かんだことがあるだろう。さまざまな顔を持つ情熱とどこかでつながっているかぎり、いわば〈辺縁思考〉を自分の武器にできるはずだ。それは一途な義務感、あるいは希望的観測へ逃避するための努力にも勝る。辺縁思考には個人を思いがけない高みへと押し上げてくれる潜在的な力がある。多くの人たちは、祈りのとき、瞑想のとき、あるいは野球をしているときでさえ、創造的大発見（「そうだ！」というひらめきの瞬間）に恵まれるものだ。

「私はスポーツの試合が大好きですよ」と語るのは、細身で運動選手のような容姿のリチャード・コバセビッチだ。右に述べた原理を心から信じ自分の生活と仕事に活かそうとしている。コバセビッチに言わせれば、自分がバスケットボールのコートで身に着けたことを、現在のウェルズ・ファーゴ・アンド・カンパニー社長・会長兼ＣＥＯとしての仕事に応用するとき、例外なく最高の力を発揮できる、という。コバセビッチは世界で最も成功している金融サービス企業で経営の腕をふるっている、最も尊敬されるリーダーのひとりだ。

コバセビッチはこう語っている。「マネジャーとしての人生で待ち受けている、あらゆるミスというミスをおかした。私にはエンジニアの血が流れている。MBAを持ってはいるが、工学修士でもある。エンジニアとして、メジャー片手に部屋にこもって線型計画を検討してさえいれば、その答えが浮かび上がってくるものと思っていた。次にその答えを実行部隊に送って指示を伝えれば、それが達成されるはずだった。最初の仕事では、現実にこうしたことをすべて実行し、そのあげく、何も起こらなかった」。これを何度か試みたという。

「彼らは頷いて、『そうですね』という。それでもやはり実行されない。そこで私は言った。『何と言うことだ。うまくいっていないじゃないか』。このようにして学習していく。そして本当に思い知らされたのは、すべては人に尽きる、ということだった。私がこのとおりのオタク、このとおりのエンジニアであっても、二一年間の人生で毎日かかさず四時間は、スポーツを楽しんでいた。スポーツを楽しむとすぐにわかるのは、すべてはチームに尽きる、ということだ。バスケットボールの試合で勝利をおさめるのは、五人のプレーヤーで構成された最高のチームであって、五人の最高のプレーヤーで構成されたチームではない。私は数学のクラスで身に着けたことよりも、スポーツのフィールドで身に着けたことのほうがたくさんある。こうした種類の経験を、ビジネスの知識と組み合わせて応用すれば、こんな言葉を口にするはずだ。〈なんということだ、すべてはこれに尽きるじゃないか〉」

目に見えない情熱の化学反応

辺縁思考の実験から期待できそうなもうひとつの成果は、それがある種の情熱を解き放つかもしれないことだ。その情熱とは、自分の隠れた才能であり、持っているあらゆる情熱のすべてがぶつかり合うまでわからなかった、そうでなければ明らかにする気持ちにならなかった、そんな資質のことだ。この情熱は、世の中が自分に目を向けず、見返りも請求してこないときに、一体自分は何をするつもりなのかをかいま見せてくれるのだ。

もし、最初にそうした情熱をあまり真剣に理解しようと考え込まなければ——いずれにしても結局は理解する——、さまざまな顔を持つ情熱によって、自分の生きがいを決める、あるいは排除するための厳格無比な自らの批評眼から解放されて、関心のある対象を素直に見つめられる、そんな願ってもない機会が巡ってくるかもしれない。

具体的な目標を達成するためにはそれに専念することが必要、というのが世の中の常識だ。ところが、分別なくひとつのことを追いかけるのは、伝説の黄金都市エルドラドを探すようなものだ。人生でただひとつ専念していること以外をすべて排除してしまうと、そこには本当の宝物の位置を探り当てるのは不可能だと思い知らされる落とし穴が待ち構えている。一途な気持ちによって、さまざまな情熱が空回りしてしまう。そうした情熱は、もっと育んでやりさえすれば、才能として花開く、あるいは、やがて組織の核心的な要素になるかもしれないのだ。

手もとにあるすべての計画を捨て去ろう、努力の対象をあちこちに求めよう、そしてさまよえる哲学者になろうというのが、筆者の提言ではない。提言したいのは、情熱をもとに創造的になることが、人生や仕事の中である種の位置を占めている、そこにはその気になっても手にできないあるいは予見できない恩恵が待っていてくれる、ということだ。

辺縁思考には、自分の内側で出番を待っている化学反応を触媒となって引き起こすだけの潜在的な力がある。つまり、われわれが共有している世界を、善の方向へと動かせる一連の情熱があるということだ。自分自身のそうした部分を称えよう。毎週少しだけ時間をやりくりし、仕事中、あるいは仕事のあと、なんらかの方法で持っている他の情熱を試してみることだ。

毎週少しだけ時間をやりくりし、仕事中あるいは仕事のあと、なんらかの方法で自分が持っている他の情熱を試してみることだ。

ビル・ナイのキャリアはまさにその方法で開花した。シアトルにある高層ビル、スペースニードル近くのオフィスにナイを訪ねたとき、所狭しと散らばっている、目を見張るような科学おもちゃをかきわけながら、腰を下ろす場所を探すのにひと苦労した。明るく輝いているボールをすくい上げ、精巧にできた背の高いタワー状の迷路のてっぺんにちょこんとのせようとしているとき、ナイの目は、いきいきとしていた。そのボールは迷路の中をカチン、ドスンとあちこちにぶつかりながら下まで落ちていく。「これがなくても生活はできる。でも、どうしてほしいと思うのだろう」と皮肉まじりに言った。これは開発中の自作のおもちゃについて語るときの口グセだ。まるで学校の教室で興味津々の話をするような雰囲気ではないか。

こうしたおもちゃは、ナイの三つの情熱、つまり教育、科学、そしてユーモアに対する情熱の巧みな組み合わせの産物だ。ナイはものの動く仕組みに魅せられる類の子どもだった。その気になれば、毎週、手当たり次第に自転車を分解しているナイの姿を目の当たりにできた。しかも、たいていの場合、分解した自転車を組み立て直してもとの状態に戻せるという噂が広まっていた。ナイはまた、人の学習法にも関心を持っていたという。母親は教育学の博士号を持ち、ナイもいつのまにか、学校で他の生徒を教えるようになり、数学と科学に対する自らの愛情を彼らに分け与えていた。コーネル大学での専攻は機械工学で、就職先は、飛行機の設計を業務としているボーイング・インターナショナルだった。

次に、ナイは当時オフィスでは受け入れられなかったナイ自身のコア・コンピタンス、つまりコメディーの腕前を試そうと決心する。スティーブ・マーティン〈そっくりさん〉コンテストに出場し、マーティン本人には似ても似つかない容姿であったにもかかわらず、そこで優勝してしまった。ナイに言わせれば、優勝できたのは、マーティンの病的なユーモアを科学的に理解し尽くしたからだという。そしてまた、コメディークラブで漫談の仕事を始め、さらにシアトルをキー局にしたテレビ番組、「オールモスト・アライブ」で夜のアルバイトをしていた。

暇な時間には、数学や科学が苦手な子どもたちをボランティアで指導し、パシフィック・サイエンス・センターでは子どもたちの案内をして、科学の基礎原理を教えていた。「液体窒素の煙を鼻から吹き出す方法、というような内容」であるそうだ。また「家では試すなよ」としつこく注意していた。「この物質を安全に取り除くには何時間もかかるから」

長年、教育、科学、そしてユーモアに対する自らの愛情を融合したようなテレビ番組を手がけるのが念願だった。ところがそのために、周りの友人からもバカ呼ばわりされていた。ナイ本人でさえ、それはバカな話だったと打ち明ける。そんな番組は過去に成功した試しがなかったとはいえ、試してみようという気持ちをあきらめる理由もないと思った。そこで自分の情熱の優先順位を一から考え直してみることにした。「あえて言うなら、『世界を変えよう』だ」と、ナイは笑いながら大声で言った。定職から離れ、技術者としてパートタイムの仕事についた。この仕事が後に、コメディーを書くという新たな定職を手に入れるために役立つことになる。

ナイはアメリカのエネルギー省と国立科学財団から助成金を受けながら、友人を集めて制作グループをつくった。それはごく親しい仲間の集まりで、このおかげでお互いの大好きなおもちゃを宝物の望遠鏡のように共有できた。こうして、「科学野郎ビル・ナイ」というテレビ番組が誕生した。

ふたを開けてみると一〇〇回シリーズとなり、二八のエミー賞を獲得、何千何万という子どもに影響を与え、今でもディズニーによってその番組は販売されている。ナイが三つの情熱をひとつのキャリアに結集することに成功した現在、何がこの人物にとって究極の成果になるのだろうか。「もし、番組を見ていた子どものひとりが、ガンの治療法を見つけたら」と言ってしばらく考えたあと、ナイはこう言った。「それこそ、本当にクールじゃないか」

空想を実際に試す

グーグルのような企業はなんと実際、それがどれほどやっかいであっても、従業員に対して、自分の時間の一五〜二〇%をとりとめもない開発研究に使うよう奨励している。自宅でこっそり副業に精を出すような社員をつくってしまうと、組織から無視されたことによってそのアイデアが死んでしまうか、あるいは反対に、見事に完成して起業の決意をするところまでいってしまうかもしれない。だからこそ、この二〇%ルールは組織が画期的なアイデアを奨励し支援する方法のひとつになるのだ。社員は一週間のうち一日を費やして思いどおりの仕事ができる、あるいはそのために何日かためて数週間の休暇をとることもできる。

有給の時間を使うことによって、従業員本人は、創業したての企業のように、自前のプロジェクトを立ち上げる起業家ＣＥＯであるかのような気分にひたれる。そうした時間は、アイデアが十分に熟成され、経営者に初めて報告する日まで続くのだ。グーグルの首席科学者クリシュナ・バラットは、まさにこの方法でグーグル・ニュースを思いついた。

バラットのメディアに対する個人的な興味と、祖国のインドで祖父と一緒にBBCを聞いていた思い出とが、九一一事件のときに刺激されたのだ。つまり、当日のさまざまな出来事を伝えるニュースを急いで探し出そうとして、はっきりとわかったことがひとつある。それはニュースを見つけ出して選別するのがいかに骨の折れる作業か、ということだった。CEOのエリック・シュミットがバラットのところに立ち寄り、親指を立ててOKのサインを出してくれ、創業者のラリー・ページとサージェイ・ブリンが承認してくれたとき、そのバラットの夢は、グーグルの正式な業務になった。

不幸なことに、ほとんどの人は、目立たないように職務にまつわる仕事をこなさなければならないのが現実だと理解している。現実的な問題として、自分には十分な資金がない、あるいは時間やエネルギーもない、したがって、寄り道をして眠っている情熱を掘り起こすようなことはとても無理、そのうえ組織がサポートしてくれないなら、ますます無理だ、と考えているかもしれない。もし読者も世の大半の人と同じなら、住居費を賄い、愛する人たちとの生活を守るために働かなければならない。そしてそれ以外の情熱は、他の重要な要求や目標が達成される日まで、棚上げしてしまうことになる。もちろん、読者もすでに気づいているように、まさにこうしたことと同じ心配や限界は、圧倒的大多数の起業家や永続的な成功をおさめている人たちにとってもまた、現実であり脅威になっているのだ。

彼らは恐れを感じながらも、ひたすら前進してきた。自分の夢が簡単に実現することなどほとんどない。したがって、汗を流せるときにはいつでも、その夢を実現するために必死に汗をかかなければならない。

「われわれは自分の空想を実際に試さなければならない。でなければ、ただの空想に終わってしまう」とハーミニア・イバーラは言う。さらに続けて「現実世界の給料を稼ぐ仕事との接点がまったく見出せないか、とっくに遠のいている空想的なキャリアに感情的に隷属したままになってしまうかの、どちらかになる恐れがある。まばゆいばかりの頭脳のひらめきを待っている間に、チャンスはどんどん通り過ぎてゆく。自分自身を生まれ変わらせたいなら、われわれは頭の中から抜け出す必要がある。必要なのは行動だ。われわれは内側を見ることによってではなく、空想や現実を試すことによって、理論上ではなく実際に、自分が成長して何者になっているのかということを学ぶ。自己を知るのは決定的に重要なことだ。ただしそれは、生まれ変わるためのプロセスの産物であって、そのプロセスで最初にすることではない。非教科書的なベンチャー企業や週末プロジェクトに参加する経験をしたおかげで、気がついたことがある。それは、ほとんどの人たちが最初は本命からはずれたところで、その人ならではの存在感のある仕事をつくりだす、という事実だ。これこそ、実際に試すことによって、われわれの本当にしたいことを確認する唯一の方法だ」[5]

ユヌスの夢

一九三〇〜四〇年代にかけて、バングラデシュのチタゴングでイスラム教の装飾品を売っている小さな店のオーナーのもとに、一四人の子どもが次々に誕生した。この地域で広く見られる例にもれず、一四人のうち五人の子どもが五歳にならないうちに死んでしまった。

残された九人の子どもの三番目、ムハマド・ユヌスは、一〇代になったばかりのとき、バングラデシュから何千マイルもの巡礼の旅に出て、インドを抜け、最終目的の第一回パキスタン・ナショナル・ボーイスカウト・ジャンボリーに参加した。これが一三歳の少年の人生を変え、当時はそれぞれ何の脈絡もないアイデアだった三つの情熱の芽となった（というよりも、その存在を明らかにした）。その三つの情熱によって、ユヌスは人生をかけてすべきことを見つけることになる。つまり、社会事業、教育、そして経済学だ。ユヌスは経済学が大好きで、フルブライト奨学金を与えられてその勉強にのめり込む。そして数年もたたないうちに博士号をとり、アメリカの地で教授となった。

三二歳のとき、バングラデシュに戻る。そして国がパキスタンから独立してまもなく、政府の仕事に就いた[6]。ひどく退屈な日々を過ごしたのち、ある大規模な悲劇がまたしても人生を変えてしまうことになる。

一九七四年、破壊的な洪水が押し寄せ、バングラデシュでは、二〇〇四年の津波による犠牲者数の一〇倍以上、一五〇万人を超える人たちが犠牲になった。貧しい国々の中でも最も貧しい人たちが立ち直ろうと苦しんでいたこの時期、ユヌスは「マイクロクレジット」の構想を思いつく。この構想が従来の銀行業務のルールを覆すことになる。

「一日中苦労して竹を編んでスツール（椅子）をつくっても、それでも子どもと飢えるしかない母親をそのままにしておくことがどういうことか、考えてみるべきだ」と、熱いお茶をすすりながら、ユヌスは語ってくれた。その母親はその両親がそうであったように、悪徳業者や仲介屋にあたかも農奴のごとく借金の返済をしなければならず、手もとに残るのはスツール一脚あたり数セント。これでやっと命をつないでいる状態だった。

ユヌスはジョブラの村でこうした生活を余儀なくされている人をひとり残らず洗い出し、「極貧にあえいでいる」四二所帯の家族と会った。そして一九七六年、彼らに対して無保証融資、つまり担保なし、信用履歴照会なしの融資を行なった。融資した金額は一所帯あたり総計でも二七ドル程度だ。というのも、六四セントあれば、各家庭は飢餓から救われ、生活状態改善への第一歩が踏み出せたからだった。少額ローンでも十分で、それを元手に村の住人たちはささやかな仕事を始め、自分のつくったものを販売できた。

二〇〇五年までに、グラミン銀行は何百万という家庭におよそ五〇億ドルの資金を投入した。ユヌスの夢、つまり「夢は托鉢の椀を現金の箱に変えることだ」は、今ではよく知られている。ユヌスは自らの多彩な情熱を総動員し、同様の融資方法をハーレムからスリランカまで世界中に普及させるという、立派な使命に集約したのだ。

情熱を持つ人が繁栄する

論争に明け暮れていたポール・ヒューソンは、自分のさまざまな情熱から選んだふたつを二重のキャリアに育て上げた。これが名声と、そしてある種の悪名をもたらすことになる。

まず、白状しておく。初めてこのビジョナリーな人に会ったとき、その人だとは気がつかなかった。また、ニューヨークで偶然出会ったとき、その音楽や社会活動のことを知らなかった。ニューヨークで開催されていた世界経済フォーラムの会場で、自分たちの配偶者を話題に立ち話をしていたとき、その会話に、背の低い粗野でアイルランド訛りの男性が割って入ってきた。かけていたサングラスはロックスターに憧れる連中がかけているような代物だった。この男性は、高校時代の恋人、アリソン・アリ・スチュアートと結婚し、今ではふたりの間に子どもが四人いる、と自慢げに話しかけてきた。

一瞬の沈黙のあと、われわれはからかわれているのだとわかった。この人物は、あのポール・ヒューソンとして人望を集めている、ボノだった。周りを圧倒するような意気込みを発散し、面白い冗談をふりまいていた。そのまま互いに立ち話を続けていたそのときはなんと、ビル・ゲイツと同席する予定の記者会見の直前だったのだ。やがてその理由は明らかになった。この新しい世紀の、そして奇妙な組み合わせの慈善活動家ふたり、ゲイツとボノが会場に現れたのは、彼らが提唱するＨＩＶ撲滅運動の最新の活動内容を発表するためだったのだ。

三〇年前、ボノはバンドのメンバーを募集するという広告を目にした。このバンドはお決まりの芸術的な成功や失敗を繰り返したあと、やがて超人気者のＵ２へと発展していく。その音楽活動と社会活動を通して、ボノはさまざまな問題における最大の問題に取り組んでいる。つまりそれは、愛と憎しみ、生と死、力と政治、という問題だ。

今日、ボノは批判の矢面に立っている。最愛の音楽と、二番目の情熱、すなわち社会事業、この両方とも、進歩的な鋭さが失われてはいないかという批判だ。その原因は、ますます大きくなる裕福で有名で権力のある友人たちの言葉にしたがって、自己宣伝、あるいは世の常識をおもんばかっているからではないのか。

「敵と寝ているのか」と、ある傍観者が軽薄な批判をぶつけてきた。それはちょうどわれわれが遅刻している別の会合に出席しようと、廊下を歩いているときのことだった。このセリフは、ボノが経営者らと派手な交際をし、ビル・ゲイツのカウチで昼寝をし、大統領のブッシュ、クリントンらと法廷闘争をしていることを指していた。

ボノはこの挑発には乗らなかった。すると彼は、われわれが議論を仕掛けたかのように攻撃してきた。

「本当にこのアイデアが実現しないほうがいいと思うか？」と、つっかかってきた。「それは、毎日繰り返されている大虐殺だ。つまり、ＨＩＶに感染した二五〇〇万人のアフリカ人が二〇一〇年末までに四〇〇〇万人のエイズ孤児を生み出すことになるのだから」[7]。ボノはしばし廊下で立ち止まった。ため息をつくとその熱が下がり、反論する人から呼びかける人へと変身した。「われわれはみな、この問題と真剣に格闘すべきだ、そうじゃないか。本当にかわいそうで、しのびない。こんなありさまでいいわけがない。われわれには何かができるはずだ」

ボノはその友だち、ビル・ゲイツ夫妻とともに、タイム誌の二〇〇五年度の〈時の人〉に選ばれた。理由は、三人が見事に手を組み、ややもすれば敵対的になる経済と政治の力を結集して、世界的な社会事業問題の現実に、本物の影響力を与えるよう仕向けたからだ。

あらゆる情熱が貴重

裕福な人たちは何世代にもわたって、好ましい大義のために大金を寄付してきた。そうした金には、世の中に大きな影響を与えたものもあれば、そうでないものもある。とはいえ、ゲイツやボノと同じ席に座れば、影響を与えることが彼らにとって常に大きな情熱であるのと同じように、慈善事業も大きな情熱になっている、ということがはっきりとわかる。たとえ、アフリカにあるあばら家の泥の床に腰を下ろしていても、あるいはワシントンＤＣで富豪や著名人とシャンペンを口にしていても、ゲイツとボノのふたりには、政府や産業界のシステムへの働きかけの方法が頭の中にできあがっている。

「われわれが悲惨きわまりない貧困を本当に終わらせるだけの力がある最初の世代だということを思うと、驚きだ。……しかしわれわれは、社会を現実に変えることがいかに難しいかという手前勝手でお粗末な言い訳をして、自分の不作為を正当化しようとする」

ボノは世界記者協会に対してこのように語り、メディアや大衆にこの問題をよく理解してほしいと訴えた。「正直になるべきだ。われわれには科学、技術、そして富がある。ないのは意志であり、意志がないから貧困を阻止できないという言い訳は、歴史的には通用しないだろう」[8]

歴史はやがて、医師で作家のレイチェル・ナオミ・リーメンが発揮した数多くの情熱を称えるようになるだろう。「小学校に上がる前から医学生になるつもりでした」とリーメンは言う。自分の職業を人生の早いうちから悟る能力に恵まれた人物であり、医学や治療に対する発想は既成の枠を完全に越えていた。こうした人にはほとんどお目にかかったことがない。

「慢性的な病を治療してきた経験のおかげで、身体そのものの治療よりも、病気の症状緩和のほうが重要だということがわかっています。心と身体の関係こそが問題で、しかもこれがバカげた考えだと思われているのもわかっています」

一九七二年、スタンフォード大学メディカル・スクールの若い医者として、リーメンはカリフォルニア州のエサレン研究所で修行を積んだ。ここは人間の潜在力を重視する新しい動きの中心であり、ここで生まれている多くのアイデアが病気に対するリーメンの考え方を形作ってきた。

リーメン博士の講座、ヒーラーズ・アートは、四六か所のメディカル・スクールで、二〇〇〇人以上の教員が教えている。その著書は健康管理の専門家や一般の人たちに広く読まれており、一三か国語に翻訳されている。国際的にも有名な存在で、教授、医師、そして他の医師とそのガン患者の両方に対するカウンセラーでもある。その仕事は啓発的なビル・モイヤーのPBSの番組「ヒーリング・ザ・マインド」で紹介された。リーメンの著書『失われた物語を求めて』(中央公論新社)と『わが祖父の恵み(My Grandfather's Blessings: Stories of Strength, Refuge, and Belonging)』は、ともにベストセラーを続けている。何千人もの人が、リーメンの著作や例証を、治療に活かしているのだ。

ところが、何十年も前には、博士はその医療に対する見識によってバカにされていた。「初めての症例検討会で、病気と付き合う健全な方法と、たとえ楽ではない人生であっても、よりよい生活を送れる可能性について語りました。苦しみに耐える経験を通して、より深く、大きく、賢い人間になっていった患者の症例を紹介し、これこそが医師としてのわれわれの目標になるのではないかといった話です。会場には四〇〇人ほどの医師が座っていました。話を終えるころには、そのうちの四分の三が席から消えていました」

リーメンはこの仕打ちをどのように感じたのだろうか。

「どういうわけか、どうということはありませんでした」と静かに振り返った。「大切なのは、四分の一の医師が、会場に残ってくれていた、ということです。ビジョンというものは、決して多数決で決められるものではありません」

リーメンはコモンウィール・キャンサー・ヘルプ・プログラムの共同設立者になっている。これはガンを抱える人たちのために設立した、初の滞在型支援施設だ。「私がガンを抱えている人たちとともに過ごした仕事から学んだ、最も大切な教訓をひとつ。それは、人は人生で最もつらい経験をきっかけに、よりよい生き方を学び、周りの人たちがよりよい生き方をするための力にもなれる、ということです」

本物のリーダーとは

自分自身の持っているリーダーシップの可能性に気がつかない、特に若いときに気づかないでいるリーダーをよく見かける、とリーメンは言う。彼らの持つさまざまな顔をした情熱が、総合的な力になるところまでうまくまとまっていないのかもしれない。

「彼らは、次のような経験をしています。つまり、自分にふさわしいところを得ていない、どういうわけか自分は丸い穴に入る四角い杭、あるいはうまくなじめない、という状態で、これは大変な苦痛や孤独感の原因になります。折にふれ、医学生が私にこう訴えてきます、自分はうまくなじめないし、現代医学からの疎外感を強く感じるために、勉強をあきらめようかと考えている、と。そんなとき私はこう言って彼らを励ますことにしています。つまり、なじもうとする努力などやめてしまってもよい、なぜなら、あなたがこれからなじむことになる医学は、まだ出現していないのだから。そんな医学が出現するのは将来のこと。彼らは決して、自分にとって相性のよい医学を見つけ出すことはないでしょう。というのも、彼ら自身がそれをつくり上げなければならないからです。自分自身のためにそれをつくり上げたとき、それは、われわれみんなのためにつくり上げたことにもなるのです」

「世界の偉大なリーダーの中には、その現役時代に偉大だという評価も受けなければ、リーダーとさえ思われなかった人たちが数多くいます。情熱があるからこそ、リーダーは社会的な圧力を跳ね返して自らの誠実さを貫き通せるのではないでしょうか」とリーメンは言う。「本物のリーダーは、今現在、彼らがしていることに打ち込むために生まれてきたのです。彼らは若いときにはその自覚がなかったかもしれない。それでも時代に合わせて、そして満たされていない文化の要求に合わせて、自分自身を完璧にしてくれる指導システムがその内面には存在しています」

「リーダーとは、自らの価値観をゆがめてまで相手に認めてもらおうとはしない人のこと、そして自分の内面にあるものごとに対する独自の感覚に忠実に生きている人のことです。だから、リーダーの立場になることと成功とが一致しない場合がしばしば見られます。成功とは、一般的な観点から定義されるものなのです。企業の文化に対して、それ自体が期待するものを与えれば、企業の文化は報いてくれる。一方、企業の文化に対して、それ自体が期待しているものではなく、必要としているものを与える人、それこそがリーダーです」と、リーメンは語気を荒らげた。「本物のリーダーとは、企業の文化におけるさまざまな傷をいやす人のことです」

「世界的なリーダーの中には、その現役時代、尊敬されず成功者だとも評価されなかった人が大勢います。ただし、振り返ってみれば、彼らはみな、われわれの奉仕者でした」。リーメン、ゲイツそしてボノといったビジョナリーな人は、自分自身の生きがいにあくまでも忠実な姿勢を貫き通している。そしてもし、追求している課題が、何世紀にもわたって伝承されてきた伝統的な知恵と相いれないものがあるなら、そのときは間違いなく、ますますその意欲をかきたてるのだ。

この種の信念が支援者を惹きつける様子には目を見張るものがある。世界二番目の大富豪、ウォーレン・バフェットは、その財産を世界一の大富豪夫婦に託した。バフェットの妻が生きていたらきっとしてくれたはずのことを、この夫婦が代わってしてくれると期待してのことだ。つまりそれは、自分の何十億ドルという財産で社会に役立つ独創的なことをする、そしてその行為を世の中に知らしめるということだ。バフェットにとって、投資家であるということは「あまりにも楽しく、とても引退する気にはなれない」ものなのだ。ただし同時に、自分にまつわる伝説は、自分の子どもの心を狂わせるよりも、社会の福祉のために活かされるべきだと主張する。バフェットはメリンダとビルのゲイツ夫妻が、その仕事を完成してくれると確信しているのだ。

ビル・ゲイツとボノが社会活動家として力を持つようになったとき、そのさまざまな顔をした情熱がメリンダ・ゲイツとアリソン・アリ・スチュワートを引き込んだという事実は、はたして驚きだろうか。このふたりの女性は、自己陶酔的な特権階級ではなく信念を貫く慈善家であり、先行きを決めるような重要な場面で、配偶者に進むべき道筋を指し示してきている。多くのビジョナリーな人の場合、さまざまな顔を持つ情熱を持っていることから、巨人のような彼らにその最初の段階とはまったくかけ離れた歴史的な使命が託されるようになった。その使命とは、世界のさまざまな地域で、確実にことをなし遂げるというものだった。というのも、そうした世界では、何世代にもわたってものごとが少しも進歩しなかったからだ。

ビジョナリーな人にとって、人生の目的はひとつだけとは限らない。どの情熱もみな大切なのだ。

chapter 4

誠実な姿勢をつらぬく

人生の目的は幸福な人間になることではない。それは、役に立つ人間、高潔な人間、思いやりのある人間となり、自分だけがなしえる生活を送る、それも立派に送る、そういうことだ。

――ラフル・ウォルド・エマソン

ラグビーはときに残酷な競技になることがある。背筋が凍りつくような悲鳴が耳に響いたそのほんの一瞬、他の誰かがケガをしたのかと思った。気がつけばそれは彼本人だった。膝関節がばらばらに砕けているように感じた。足全体を耐えがたい痛みが襲い、苦しみもがきながらゆっくりとフィールドに倒れ込む。もう動けなかった。その将来の計画もすべて砕け散った。

何年もの間、読書障害に苦しみながら、リッキーは、高校を卒業できるだけでも幸運だという厳然たる事実をはっきりと自覚するようになった。というのも、教育が受けられず屈辱感にさいなまれている多くの子どもたちと同じように、リッキーはかねてからスポーツ奨学金で大学に通いたいと願っていたからだ。ところが、それはもう、見はてぬ夢だ。この事実が自分の膝よりも痛く感じられた。

なんとか自分の足で立とうと必死に努力したものの、大学に行ける見込みはまったくなかった。高校卒業を目指して格闘しているとき、校長がこう言った。「君は将来、監獄行きになるか、百万長者になるか、そのどちらかだと思う」（事実、リッキーはレコードの不正輸入で短期間投獄されたことがある）

リッキーは改めて、何が自分にとって本当に大切かを考え、自分を取り巻く環境の捉え方を変えることにした。ロックミュージックとパーティーが大好きだったことから、それからの二〇年間、全身全霊を傾けて両方の専門家になろうと決心した。あまり上手に書く術を身に着けられなかったにもかかわらず、この読書障害を持つ一六歳の少年は、一九六八年に学校を中退、皮肉にも「スチューデント（学生）」という雑誌をイギリスで創刊する。インタビューの依頼を続け、ボランティアの記者を集めた。そうした記者は当然、ロックのスターと付き合って、うまくすれば一緒にドラッグで盛り上がろうと、ありとあらゆる口実を探していた。

このごった煮集団を収容するオフィスを賄う金がないため、リッキーはついに一計を案じて賃料無料の地下聖堂に落ち着くことにした。墓石が間に合わせのデスクになった。その場所の気味悪さにもすぐに慣れ、エンターテイメントに対する情熱、自由奔放なパーティー、そして音楽を核にした人との触れ合いといったものによって、リッキーのチームはポップカルチャーの最前線に躍り出ていった。高校では問題行動であったものが、破天荒な興行主としての才能に変わったのだ。

リッキーは読書障害をある種の財産として活かす術を身につけていた。つまり、とにかくどんな新しいアイデアも徹底的に単純化して、読み解けるようにしていた。昔ながらの思考の退屈きわまりない世界に切り込んで、魅力のあるマーケティングのミーム★や世の中の常識にそぐわない宣伝を繰り返しながら、その特殊な才能に磨きをかけた。

二〇歳のとき、レコードの通信販売会社を設立すると、その後レコード店、さらには録音スタジオにも手を広げる。そのどれにもヴァージンという名称をつけた。リチャード・ブランソンはその名前が流行の先端をいくコンサートと同義語の人物となった。伝統的な保守派メディアに衝撃を与え、その結果イギリスの若者からの膨大な需要を掘り起こした、そんなコンサートだ。これは当局

★1976年、リチャード・ドーキンスが作り出した言葉。文化の伝播を生物の進化になぞらえた場合の「遺伝子」に相当する、仮想の主体のことを指す。文化的遺伝子。

によって完全に禁止される寸前だったけれども、ブランソンのヴァージンブランドは、たちまち世界を虜にしてしまう。

マーク・トンプソンが最近、ブランソンと話をしたときのことだ。トンプソンがサンフランシスコ湾のベルベディア島をめぐるという大好きなジョギングを終わろうとしていたちょうどそのとき、携帯電話のベルが鳴った。

「恐れ入ります、そのままお待ちいただけますか」と聞き慣れない声が耳に飛び込んできた。「ブランソンがヨットからあなたとお話がしたいと申しております」。トンプソンはゲータレード（スポーツ飲料）を一気に喉に流し込んだ。

「ブランソンです。以前、ロサンゼルスでお会いしましたね」というのが第一声だった。以前に会ったのは、コンベンションセンターでの講演の前に、控室となる楽屋で壊れかけた古い長椅子に腰掛けていたときのことだった。

「今お話ししてもよろしいですか」とブランソンは電話のむこうから続けた。トンプソンはジョギングの息がまだおさまっていなかった。「どうやら私よりもずっとお楽しみのようですね」

ブランソンは妻や子どもと一緒にヨットを操り、カリブ海の航海を楽しんでいた。一九八〇年代当時、ブランソンは泣く泣くお騒がせのヴァージン・ミュージックを売却し、ヴァージン・アトランティック航空を筆頭にした新たな野望と、そのブランディングの才能とを原動力にして、成長を続ける企業グループのための資金調達をしていた。ブランソンは自分自身を、堅固で独占的な支配を誇るゴリアテのブランドに立ち向かう、ある種大衆受けのするダビデだと思い続けている。このゴリアテというのは、ブランソンに言わせれば、消費者に対する約束を果たさないでいる存在だ。英国航空であろうと、コカ・コーラ、あるいはＮＡＳＡであろうと、そうした旧来の大企業が、ほぼあらゆるカテゴリーで得た賞にあぐらをかいて、新しいアイデアを受け入れようとしないとき、そんなときは必ず、大衆に対して、こうした巨大なやつの足下に放火するという道徳的義務があると感じている。契約していたセックス・ピストルズははるか以前に解散してしまったが、昔ながらの知恵に切り込むその常識はずれの危険な行動や、破壊者的なタイトルに対するその感覚は、必ず生き続けていくだろう。それがホテルの部屋で目にするヴァージン・アトランティックの少しばかりきわどい広告であっても、新たな宇宙開発競争であっても、同じことだ。

とはいえ、これがその日電話をした理由ではなかった。ブランソンが気合を入れて話したかったのは、若者向けの奇抜な仕掛けの新しいヴァージンブランドの携帯電話のことだった。奇抜な仕掛けとは、通話時間のプリペイド化のことだ。勢いよくまくし立てる宣伝マンの姿が目に浮かんでくるかもしれないが、実際のところはその反対で、静かで温かいその物腰はすぐに相手の心を解きほぐしてしまう。以前に交わした楽屋での会話を振り返って、トンプソンには小売業界で手広くコンサルタントをしていた経験があることを思い出した。ブランソンは小売店に携帯電話を扱ってもらうため、あらゆる個人的なつてを探していたのだ。

ブランソンという人物は、金輪際、一日たりとも仕事をする必要などないはずだ。ところがこの場面では仕事をしていた。つまり人脈を掘り返し、次のアイデアを世の中に打ち出そうとしていた。ブランソンは家族と一緒に休暇を楽しんでいるときでも仕事をしている。本人にとってそうした仕事をしなければならない時代はとっくに過去のものだと思われるのに、わざわざ電話をかけて自分の製品を一所懸命に売り込んでいる。

このような姿勢の億万長者は称賛されるべきだ。本書のためにインタビューを試みた何百という人たちのうち、億万長者は一〇人以上。この人たちはみな現在でも、以前と変わらない集中力を武器に、現役として仕事をしている。こうした人たちは、上がりからすでに長い時間がたち、もはや汗水流して働く必要などないと周りから思われていてもなお、ますます情熱的に仕事に取り組んでいる。われわれはその本質的な意味を考えてみなければならない。

到達点は存在しない

億万長者の何人かにとって、富は働くための十分な理由であり、成功を測るまた別の方法のようでもあった。そうだとしても、富は彼らのおもな関心事ではなかった。富のせいで、自分の関心事のために断固として何かを築き上げるという決心が萎えていくようなことは、決してなかった。努力というのは、彼らのような並はずれた人たちが完全に縁を切ってしまえるような代物ではない。だからこそ、彼らは長期間にわたって成功者の地位を維持できているのだ。彼らに向かって、なぜまだ働いているのかと尋ねることは、彼らの情熱を片手間仕事として片づけてしまうのと同じことだ。筆者は本書のためのインタビューで何回かこの間違いをおかしている。罪のない質問のように聞こえるが、結局は、筆者には理解できていないということを暴露してしまった。

彼らに向かって、なぜまだ働いているのかと尋ねることは、彼らの情熱を片手間仕事として片づけてしまうのと同じことだ。筆者は本書のためのインタビューで何回かこの間違いをおかしている。罪のない質問のように聞こえるが、結局は、筆者には理解できていないということを暴露してしまった。

その人に向かって、なぜ現役でいたいのかと尋ねてもよいだろうアマゾンの創業者ジェフ・ベゾスは答えてくれたが、どうしてわれわれにつかまったあげく、そのとなりに座らされる羽目になったのだろう、そう考えながら悩んでいる様子だった。それはダボスでの、参加者との会話が楽しめる二時間のディナーの席上でのことだ。「君は私の生活をバックミラーでながめている」と、トレードマークとなった派手な笑い声をあげながら、まくしたてた。そのユーモアあふれる外見は、あくまでも腰の座った分析好きな内面とよく釣り合っている。ベゾスは引退の計画をはじめとした撤退のための戦略を用意して、ベンチャー事業に飛び込んだわけではないと言っている。小売業の経営手法に革命を起こすことを望んでいた。

ベゾスの財産は一九九九年に急増して、一〇〇億ドルを軽く突破、その年いつのまにか、〈ときの人〉としてタイム誌の表紙を飾っていた。当時ベゾスは、新しいビジネスの手法を確立しようと努力しているけれども「われわれ（アマゾン）の先行きはまだまだ遠い」と言うのが常だった。ドットコムのヒステリー状態が壊れると、ベゾスの財産もその道づれになるかのように考えられていた。それでもどこまでもしぶといベゾスの楽観主義は壊れなかった。自分が信じているビジネスを構築するという決意が揺らぐこともなく、失敗した周りの多くの人たちと枕を並べてあきらめる、などというつもりもなかった。

今日、ベゾスの夢が立派に生きているのは明らかで、その何十億ドルもの財産は今まで以上に確かなものになっている。とはいえ、本当に大切なのは、財産ではなく夢のほうだ。そして自分のビジョンを実現するためには取り組まなければならない仕事がまだまだ山のようにある、と考えている。

なぜビジョナリーな人が本来の仕事を続け、その年月が終わったあとも意欲的な姿勢を保ち続けているのかと尋ねると、それは人生の核心からはずれた愚かな質問だ、と解釈されてしまう。というのも、それは、彼ら自身が真剣に打ち込んでいることに対する思い入れの深さを真摯にとらえていない、侮辱的とも言える質問だからだ。もちろん、億万長者のことはこれっぽっちも心配することはない。彼らは自分で自分の面倒を見られるのだから。

問題はこうだ。つまり、もし彼らのなし遂げたことがまるでおとぎの国に到達したかのように見えるのなら、彼らの宝物の地図を盗もうとする努力は、自滅に至る行動であることがわかる、ということだ。なかなか消えてくれない自分の夢をもっと真剣に考えるべき、というのが本当のメッセージなのだ。ビジョナリーな人は、最後には浜辺に行って腰を下ろし、自分の生きがいへの取り組みから解放されるという褒美を得ようとして、それほど一所懸命、それほど長い年月働いてきたわけではない。彼らにとって到達点は存在しない。彼ら自身の情熱によって、逃げ道のない、生涯にわたるこだわりそのものという、人生の意義が生み出されているのだ。

生きがいに対する誠実さ

世の人たちは裕福で有名な人のライフスタイルに魅力を感じる。そうした生活の中での、甘い言葉、華やかさ、そして陶酔感に憧れることだろう。こうした著名人の物語を研究し、彼らがしたことはどれも、まねのできるロードマップだと解釈することによって、自分でも成功をおさめられるとつい思い込んでしまうものだ。ところが、そうした道の先は行き止まりだ。億万長者や最高のCEOはそんなことはしない。マザー・テレサやマハトマ・ガンディーなどの英雄がしたことでもない。世界の永続的な成功をおさめている人たちがしていることでもない。

彼らがみな絶えず取り組んでいることがひとつあるとすれば、つまり、彼らが共通に持っている価値観があるとすれば、それは、自分の生きがいに対する誠実さだ。独創的な仕事をさせてくれると信じている、その原動力に対する誠実さだ。ある決断を迫られたときは決まって、彼らは、そのチャンスの中にある、自分にとって非常に個人的な意義に目を向けようとする。もしそれが大切なことでなければ、自分の時間を無駄にはしない。

彼らがみな絶えず取り組んでいることがひとつあるとすれば、つまり、彼らが共通に持っている価値観があるとすれば、それは、自分の生きがいに対する誠実さだ。

この文脈の中でブランソンのことをあれこれ考えるのは奇妙なことかもしれない。とはいえ、ブランソンが実際にさまざまな価値観を持っているという注目すべき証拠が存在している。個人的な意義にまつわる、その独特な感覚に対する不動の誠実さは、どんなときにもその価値観からはずれたことがない。ブランソンの価値観や情熱には他に、リスクをとる、そして「新しいことを試すのを恐れない」ということもある。これは、人生で何度かぎりぎりの生活を送った経験のある人にしては控えめな表現だ。ブランソンは自分が知っている、そして信頼している人に対する忠実な姿勢に価値があると信じている。「世の中の人を食い物にしている」とブランソンが断罪する大手ブランドの独占状態を揺るがすことに情熱を傾けている。そして折に触れて、あまり自分のことを深刻に考えない、ものごとを常に単純にしておく、そして楽しむことが、自分自身のコア・コンピタンスにすべき中核的な価値観だと訴えている。

多くの人たちは、そのさまざまな業績を認めてブランソンを称えている。ただその一方で、非常識あるいはそれ以下の人物だと考えている人もいる。自分には、ブランソンの特異な才能や人生経験との共通項がたくさんある、という人が数多くいるとは思えない。ところが、意義を見出し、そして創造的な考えや効果的な行動をもとにして大切なことを積み上げることに関しては、ブランソンからよい教訓をひとつやふたつは学べるのではないだろうか。

かつて、一〇代のころのブランソンは、夢を打ち砕かれ将来の希望がほとんど持てないような少年だった。それでも、選択肢をできるだけ広く捉え続け、自分にとって大切な未来をつくるのは、自分自身の責務だと考えていた。もしブランソンがこの二一世紀に生まれ、世の中のゆがんだ常識の標的になったとしたら、特殊学級の子どもという烙印を押されることだろう。善意の人たちはごく普通の（つまり普通に読み書きできる）人たちの世界に彼を速く順応させようとする。ブランソンの読書障害と身体的な傷は、ブランソン自身が実際にそうだったように、人並みはずれた人生をつくることよりむしろ、成績が平均にまで届かない理由としてうまく通用していた。

単純で、ときには非常識なアイデアに対するリチャード・ブランソンのこだわりによって、そのマーケティングには、競争の混乱に切り込む力が、さらには、ものごとを納得のいく印象深いものにするだけの力がついている。「私が他の人に読書障害になってほしいと言えるわけがない。読書障害者であることのよい点は、理解するためにどんなこともすべて単純にしなければならない、ということだ。あらゆることを単純化して、自分（のような者）にとってうまく機能させられれば、そのときは、他の人にもはっきりと理解してもらえるようになるはずだ」

彼らの環境がどんなに変わっても、ビジョナリーな人はひたすら、ひとつのことに首尾一貫した姿勢を貫く、つまり、常に自分の生活や仕事の上で独創的なことを生み出すための意義に向かって、邁進している。ブランソンの情熱や苦痛でさえ、そのひとつの好例ではないか。そうでなければ、ブランソンを手本として取り上げる気にはならないだろう。

核となる価値観を明確にする

さまざまな組織のチームに協力して業績を改善させるために働いた三〇年間、筆者は、決まってたいていのエグゼクティブ・コーチが取り入れていることをしてきた。具体的には、自分の核となる価値観を明確にする訓練だ。これは、自分の言っていることとしていることとを比較しようという発想だ。この訓練によって大きな乖離が明らかになることもある。しかし問題は、最初に見当をつけた状態以上に、答えを出すのがはるかにやっかい、ということだ。こうした訓練の場で、たいていの人たちは、職務をまっとうし明るい顔でいられるための価値観のリストを思いつくようだ。それよりもっとよくないこともある。同じような訓練をさまざまな経営者のチーム相手に行なうと、彼らはそうした価値観を自分の組織に対して、金科玉条のように押しつけるのだ。

ビジョンを持ち合わせていない経営者のチームは、もっぱら従業員向けのミッションステートメント、つまり任務遂行計画書に金をかけようとする。すると従業員は、当たり前のさまざまな〈無駄口を叩くな〉式の現実を目の前にしながら、そうした言葉はむなしく響く陳腐な文句にすぎないと決めつけると、懐疑的になってしまう[1]。『ビジョナリー・カンパニー』執筆のための研究から明らかになったのは、次のような事実だった。つまり、ビジョナリー・カンパニー自体に決断や行動を促す一連の核となる価値観が備わっているはずだ、とはいえ、どの企業にもあてはまる適切な価値観の組み合わせがたったひとつだけというわけではない、という事実だ[2]。

『ビジョナリー・カンパニー』で議論したように、個人にしても、組織にしても、両者とも、「中核的イデオロギーをつくる力、あるいは設定するだけの力はない。それは外部の環境に目を向けることによって紡ぎだされるのではなく、内部に目を向けることによって、できあがるものだ。それは本物でなければならない。イデオロギーをでっち上げるのはできない相談で、〈合理的〉に説明することも不可能だ。『どんな中核的な価値観を持っていればよいのか』と尋ねるのは、的はずれというものだ。的に当てたいのなら、『実際のところ、われわれはどんな中核的な価値観を持っているのか』と聞くべきだろう。中核的な価値観や目的は本音のレベルで、情熱を注ぎながら保持していなければならない。でなければ、中核的とは言えないのだ。組織が持っているべきではあるけれども、確かに持っているとはどうも素直に口にできない、そんな価値観は、本物の中核的な価値観と混同されるべきではない★」[3]。混同などしてしまえば、個人にしても組織にしても同じように反動が返ってくる。

★この部分は、1997年刊の同書ペーパーバック版に追加された11章「Building the Vision」からの抜粋。ただし、日本語訳『ビジョナリー・カンパニー』（日経BP社、1995年）には原書の21ページにわたるこの章の追加はない。

おそらく、さまざまな価値観を昼と夜との違い並みにはっきり解釈できる方法を明らかにするには、政治以上に誇張された人生の舞台は存在しないだろう。ひとつ例をあげよう。アメリカ国民は、絶えず、自分と共通の価値観を持っているかどうかを判断して候補者に投票する。ビジョナリーな人が本当に大切にしている価値観、つまり、自分の生きがいに対する誠実さも、そこに含まれている。ところが、共和党と民主党のリーダーがいかにこの誠実さを活かすのかということよりも、両者にとって誠実さの定義がどれほど違っているのかを想像することのほうが難しい。

価値観を評価するという作業は、ありがたいことに、本書の守備範囲を超えている。著者のメッセージは、永続的な影響と、中核的な価値観としての（個人的な意義に対する）誠実さをあくまで追求する姿勢とは、互いに密接につながっている、ということだ。この中核的な価値観をとるかとらないかの決断は、読者の場合も、ケネディ、カーター、レーガン、クリントン、そしてブッシュ親子の場合と変わらない。ここにあげたのは最近アメリカ合衆国大統領を務めた人物の名前ばかりだ。われわれがこうした人物の遺産をどのように評価しようと、彼らは自分自身のキャリアの中で何年かにわたって、明らかに政治的な成功をおさめてきた。アメリカの全国民は、彼らが好きか嫌いかのどちらかだ。これらの大統領はあれこれさまざまな時点で、お互いの上演台本からさまざまな戦術を拝借したかもしれない。とはいっても、こうしたリーダーの中で、他人のロードマップをそのまま真似した人物はひとりもいない。しかも、前任者とまったく同じ観点で自分の価値観や生きがいを定義しようともしなかった。父と息子の間でさえそうだ。

ここにあげた六人の大統領が互いに大きく違っているという議論を展開するのは、それが価値観であれ、人格、個性、あるいは優先事項であれ、難しいことではない。驚かされるのは、大統領という職責につけるような魅力を彼らが共通に持っていたという事実だ。彼らは目的、そして使命に対する深遠な感覚の持ち主だった。ただし、細かいところでは互いに違っていたことは間違いない。

それぞれの中核的イデオロギーは異なってはいたものの、彼らがそれを変えることはほとんどなかった。それも、彼らのたどった道が当然変遷しているにもかかわらず。カーターとレーガンはそれぞれ、人並みはずれた生涯を生きるうち、二度にわたって二〇年のキャリアを経験した。両者は成功に対する独自の定義を確立し、人生におけるふたつのキャリアの時代を過ごしながら、それを新しい定義に変えていった。

カリフォルニア州知事として過ごした人生の第二期に、ロナルド・レーガンはサクラメントまで校外見学に来ていた高校生の一団と会ったことがある。レーガンは彼らに、高校時代の自分は頭脳よりも容姿のほうが評価されていたと語った。「二流の俳優になろうと必死に努力する三流の学生だった」と自分を皮肉った。一〇代の少年時代、レーガンは果たして映画の台本を記憶できるものかどうか、自信がなかった。政治に対する理解も同じことだった。

映画と政治の両方のキャリアにおけるレーガンの力量は、長い間、大きな称賛と嘲笑の対象になってきた。とはいえ、二〇数年の間に五三本の映画に出演したあとには、最も影響力を発揮することになる政治生活でのキャリアが待っていた。レーガンはビジョナリーな人共通の価値観に対する明快な姿勢に欠けることは決してなかった。その価値観とは、自分の生きがいに対する誠実さだ。そして、成功についての独自の定義を主張し、長期間にわたって充足感に満ちたキャリアをふたつ経験している。この両方による衝撃は、互いに差はあっても、衰えることなく続いた。

レーガンの前任者、ジミー・カーターは、一九八〇年の大統領選挙で地滑り的な大敗北を喫し、レーガンにその地位をかっさらわれる。それは、国民の見ている前で味わった耐えがたい屈辱だった。そしてレーガンと同じように、カーターも、自分自身の価値観と自分がしなければならないと信じていることに対するきわめて明快な姿勢を持っていた。この姿勢があったからこそ、最初のキャリアで二〇年間にわたって成功をおさめられたのだ。ここで、もうひとつ、伝説になったありえないような話を紹介しよう。

カーターの決心

ジミー・カーターはジョージア州、プレーンズ郊外のかなり人里はなれたところで育った。「そこは完全な人種差別のある地域で、友だちは黒人ばかり、五〇〇人ほどのコミュニティだった。大恐慌時代、貧乏だった自分たちの周りに住んでいた裕福な人たちの年収は、七五ドルだった」

カーター・センターでのインタビューで、カーター本人はこう話してくれた。家族は、それまで誰も高校を卒業したことがなかった。そしてカーター自身は大学に入学して原子物理を勉強すると政治の世界に身を投じ、やがて第三九代の合衆国大統領に就任する。ところが、この最初の時代が終わると、その成功の定義を書き換えなければならなくなったのだ。

カーターは言う。「ホワイトハウスを離れることになったとき、私は絶望のどん底だった。大統領の最初の任期を終えたところで負けるとは思ってもいなかった。所有財産のすべてを、つまり非常にうまく行っていた事業を白紙委任信託に委ねておいた。ところが、ホワイトハウスにいた四年の間に、百万ドルの負債を抱え込んでしまっていたことに気がついた。その返済の術はまったく見当たらなかった」。ジョージア州に戻ることにしてはいたものの、「そこで職にありつける見込みはまるでなかった」

最初の任期が終わったところで放り出されてしまったとき、カーターはひどいうつに苦しんだ。「どんな人でも、人生で経験することになる失敗や、落胆、満たされない夢などに対する心構えを備えていなければならない。できることなら、それらを飲み込むだけの度量を備える必要がある。時代の変化を吸収しながら、不変の原理原則をどこまでも守らなければならないのだ。自分の人生で一八〇度の大転換を経験し、しかもそれがまったく意に添わないものだとしても、それでも変わることのない原理原則とは何だろうか。つまり、それをよりどころにして、新たな人生、より豊かな人生、よりよい人生、もっと冒険的な人生を築き上げられる、そんな原理原則とは一体何だろうか。

私の場合、それはどんなときにも変わらない家族であり、育ててくれたコミュニティだった。けれども、その根底にあるのは神を信じる心だ。毎週日曜日、小さな教会で教えていた。教会の何ものにも代えがたい特質は、無私無欲の愛、思いやり、寛大さ、正義、謙虚さ、奉仕だ。これこそ、神の目から見た成功をおさめる人の完璧な定義ではないか。そうした完璧さに到達できる人間は、われわれの中にはひとりもいない。ただし、これは人生でどん底のときに、創造的な刺激となって、絶望や失望、そして失敗を乗り越える力になってくれる可能性があるだろう。われわれはひとりひとり、ある成功の基準に到達するために自分なりの方法を模索しなければならない」

――われわれはひとりひとり、ある成功の基準に到達するために自分なりの方法を模索しなければならない。

カーターは決心した。「妻と一緒に、大統領時代を通じて手に入れたどんな才能でも、能力でも、影響力でも何でもよい、あらゆるものを動員して今まで知らなかった世界を理解しよう。そして大統領の椅子にあったときに自分にとって本当の意味で最優先ではなかった人たち、あるいは中間的な優先度でもなかった人たちが抱えている問題に取り組もう。大統領の立場にいると、さまざまな危機に対処するだけの仕事になってしまう」。カーターはソ連との交渉、そして中東との交渉に明け暮れていた。ところが、ホワイトハウスを去って以降カーターは、自分の関心を、病気や住宅不足、世界中の開発途上国の民主的選挙に向けることにした。「その対象は、大統領時代には気にもとめていなかったことばかりだ」

第二のキャリアを過ごして二〇年、カーターはその人道的な活動が認められてノーベル賞平和賞を授与される。大統領としてのカーターが好きでも嫌いでも、あるいは現在、その確固として譲らない価値観と原理主義に対してわれわれが怒っても支持しても、この人物は何百万人もの人生にいつまでも続く強烈な影響力を発揮し続けている。大統領選の大敗北のあと、カーターは自分なりのまったく新しい成功の定義を考え出した。その定義はそれ以前に本人が考えていたどんな定義よりもはるかに意義のあるもので、カーターに会いさえすればその事実がはっきりと理解できる。カーターが見出したのは、それまでよりもはるかにすばらしい仕事だった。その仕事をすでに四半世紀以上続けている。これからも一生続けることだろう。

「この世に生まれ出た生きとし生ける者は誰でも、成功をおさめられるのではないだろうか。知的障害の子どもであっても、極貧生活を送っていても、あるいは人生でなんらかの障害を抱えていても、神の目から見た成功のさまざまな基準を受け入れられるはずだ。つまりそれは、正義であり、平和、謙虚さ、奉仕、寛大さ、思いやり、そして愛だ。金持ちになる必要はない。強くなることも、有名、健康、あるいはこうした人生のさまざまな特質を説明する知性も、必要ではない」

カーターの第二のキャリアは、アメリカの元大統領としての立場にどんな意味があるのか、その新しい定義を示す先駆けとなった。ジョージ・H・W・ブッシュ・シニアもまた、その大統領第一期が終わると落選し、その座を明け渡した。ところが、ブッシュとその新しい友人ビル・クリントンのふたりは、二〇〇五年のハリケーン・カトリーナと二〇〇四年の津波被害の復旧活動で協力するという前代未聞の行動をとる。両者は、それぞれの政党を支える敵対者として昔から続く非常に華やかな役割を演じるのではなく、国際的な舞台での新しい仕事に積極的に取り組むというまったく新しい献身的活動をしてみせた。このふたりの大統領は、任期が終わったあと何年もの間、比較的静かな生活を送ったのち、改めてさまざまな課題に誰にでも見えるような形で意欲的に取り組んだのだ。ところが、実際に行動を起こしてみると、ふたりが応用していたのは、永続的な成功をおさめている人たちにとって決して色あせることのない中核的な価値観だった。つまり、自分の人生に大きな変化をもたらす意義に対する誠実さだったのだ。

クリントンは、なんとホワイトハウスを去る前から、誰よりもカーターの仕事を称賛していた、そしてそのうち自分も同じような道をたどることになるだろうと考えてきた、と語ってくれていた。華やかで著名人が鈴なりのクリントン・グローバル・イニシアチブが無私無欲の奉仕であろうと、あるいは、舞台中央に立つカリスマ的なリーダーシップのスタイルが再び本格的に動き出そうと、そんなことはどうでもよい。もし、クリントンが抱えている寄付者からの巨額の預託金――なんと二〇〇件の社会的プロジェクト向けに二〇億ドル以上――によって、クリントン本人にとって純粋に何らかの意味のある新たな公共サービスが見事に立ち上がり、そしてそれが今後二〇年あるいは三〇年と続くようなら、そのときクリントンは、その新たなキャリアにおける永続的な影響力の伝説と相まって、いつまでも続く成功を積み上げることになるだろう。世界的なリーダーは、成功をいつまでも続けようとする場合には、そうした重荷を負っているのだ。

大統領の座を退いてから約六年、ジョージ・ブッシュ・シニアは社会奉仕の貢献者に与えるジョージ・ブッシュ賞を創設、意義に対する誠実さ、あるいは世の中を変えるための献身的な取り組みといった、自分と共通の中核的な価値観を反映しているような仕事をした人物を選んで、その業績を称えることにした。この賞を贈られた人たちの中には、ドイツの首相ヘルムート・コール、元ソ連最高指導者ミハイル・ゴルバチョフ、共和党上院議員エドワード・ケネディ、伝道師ビリー・グラハムといった人物の名前もある。ブッシュは最初にあげた三人と同様、心の底からの信念をどこまでも貫くその姿勢を高く評価してグラハムを称えている。

事実、グラハムの仕事は半世紀以上続いている。タイム誌は、グラハムを選んだ二〇世紀における最重要人物一〇〇人のリストの中で、『この二〇〇〇年の間、宗教が人々にとって鎮静剤ではなく詩に変容してしまった国に欠かせない偶像』になってきた、と書いている[4]。「その真摯な姿勢、実直で説得力にあふれた言動には圧倒される」。多くの合衆国大統領が学んできたように、「彼らは大統領選挙を戦うのに、アメリカ国民の前で自分の無神論を公言したり、ビリー・グラハムに異議を唱えるようなことはしないものだ」

決断できるのは自分以外にはない

ビジョナリーな人が個人的な意義に高い価値を認めることによって、自分の人生やキャリアにおける適切な針路を維持している反面、その個々人の生きがいの解釈とその表現は、まさに千差万別だ。起業家リチャード・ブランソンの場合には、混乱に乗じてある特定のタイプの顧客に強い印象を与えることを狙っている。そうすれば顧客にもっとよい買い物をしてもらえるからだ。世界ユダヤ人会議のラビ・シンガーや、高僧ダライ・ラマ一四世テンジン・ギャツォのような精神的指導者にとっての生きがいとは、単に自分自身の精神性のブランドを売ることだけではなく、それと同時に、世界に平和と融和をもたらし、世の人々が自分自身の宗教を心から信じ、信仰心の厚い人たちの間に架け橋をつくれるようにすることだ。

ブランソンとダライ・ラマがこの地球上で同じ瞬間にそれぞれの持ち場にいる姿を想像してみよう。国家元首でチベット国民の精神的リーダーは静かに祈りの場所に歩を進めている。その地球の裏側、オックスフォードシャーはまさに夏、蒸し暑い天気だ。ブランソンは大いに盛り上がっている群衆に対してますます声を張り上げ、きわどいセリフを投げつけている。その一方、禁欲主義者のダライ・ラマは、ぬるくなったお茶を脇に置いて明るい橙色の袈裟をまとい、あぐらをかいて静かに読経をしている。マーク・トンプソンは、自分では〈普通の僧侶〉と呼んでいるこの僧侶にこのように聞いた。今までの人生で意識しなかったのはどんな情熱か。ダライ・ラマはちらりと視線を落とし、ヘソの下のほうを凝視した、それから視線を上げるときらきら光る眼差しでこう言った。

「しかし、これがなければ私の人生はもっと単調なものになっていただろう」

多くの精神的指導者と同じように、ダライ・ラマがニューヨークのセントラルパークに現れると（そして世界旅行の行く先々で）、少しの隙間もないほどの群衆が集まってくる。その〈ゲート〉の数は、ブランソンをはじめ、どんなロックコンサートのプロモーターにとっても垂涎の的だ。ここで重要なのは、ブランソンとダライ・ラマのふたりには水と油ほどの違いがあり、仕事の手法がまるで正反対であるにもかかわらず、彼らの衣装や鮮やかな袈裟を取り去れば、その核心部分ではふたりともポピュリストだという事実だ。この点で、ふたりの価値観は重なり合っているのだ。

ふたりはそれぞれに、原理主義の巨大な独占状態から逃れる道を切り開こうとしながら、勝ち目の薄い、しかも困難を意に介さないような筋書きを追求している。自分が信じる、一般大衆にとって、そして世界にとって、よりよい道を切り開きたいと思っている。ふたりともこう信じている、創造的な表現や幸福といった個人的な価値観は、個人のためのものではあるけれども、世の人々の人生における意義をもたらすはずだ。たとえそれがどれほどひらめきに欠け、非現実的で、危険だと思われても、そうした意義には誰もが触発されるのではないか。

結局のところ、永続的な成功をおさめている人たちの筋書きにはすべて、簡単には信じられそうにない資質があるものだ。成功者をずっと成功者にしつづけている力は、他の誰でも忠実にたどれるような魔法の筋道ではなく、自分自身の価値観をよりどころにした、自分自身の人生の戦いから一歩も退かない不屈の姿勢から生まれる。ここでの教訓は、誰か他の人の価値体系は乗っ取れないし、乗っ取るべきではない、ということだ。そんなことをすれば、自分の生きがいに対する誠実さを裏切ることになる。自分にとって意義がどんな意味を持つのかを悟ろうとすることほど、個人的な決断はない。その決断ができるのは、自分以外にはないのだ。

自分にとって意義がどんな意味を持つのかを悟ろうとすることほど、個人的な決断はない。その決断ができるのは、自分以外にはないのだ。

PART

2

思考スタイル

究極の変身は頭の中から始まる

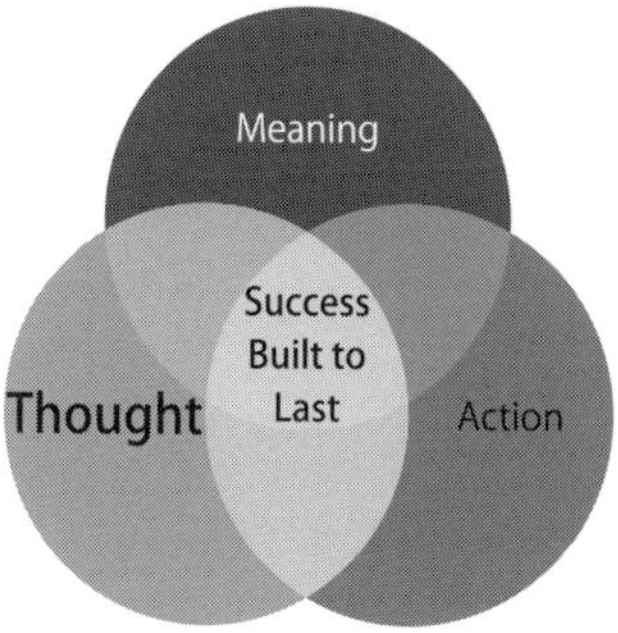

さあ、ここで結論を出そう。

いつまでも続く成功をめざす思考スタイルの第一、

それは、〈成功は、必ずしも外部から左右されるものではない〉ということだ。

chapter 5

静かな叫びに耳を傾ける

心の底から泣くことができない人は、同じように、笑うこともできない。

——ゴルダ・メイア

まるで映画のオズの魔法使いさながらだ。われわれは、心、頭、そして勇気を追い求めている魔法使いを見つけようとしている。しかしその魔法使いは、われわれはすでに持ち合わせているじゃないか、と言う。それを使いこなせばよいだけの話だ。自分の不屈の自己を信じるなら、どんなことでもできるはずだ。

——マーバ・コリンズ

自分の望む人生を築くにはほど遠い、押さえつけられている、違う方向に向いている、と人が感じる理由は、少なくとも四つある（もっともらしい理由はどんなときにもあるものだ）。成功をおさめている人たちに言わせれば、夢を追い続ける理由はごく限られている、それよりも夢を捨て去る理由のほうがはるかに多いという。

「ときどき、最初から、相手のほうが人数も使える武器も勝っているように感じることがある」とオグルビィ・アンド・メイザーのＣＥＯ、シェリー・ラザルスは嘆く。広告業界で世界最強の人物のひとりだ。世界中のどこでも（ラザルスは世界七〇か国以上で事業を展開している）、そこにいる人たちと話をすれば、彼らの山あり谷ありの人生について同じセリフを聞かされることになる、という。成功している人は誰でも、内面の葛藤に苦しんだ経験があるといってよいだろう。北京でも、ボストン、ブリュッセル、バンガロールでもそれは同じことだ。

自分のことを〈自分が制作する連続番組のヒーロー〉だと考えればよい、とラザルスは言う（もちろん、とにもかくにもわれわれにはこう考える傾向がある）。敵対している勢力に打ち負かされるにしても、反対に自分の作戦にこだわって大胆に攻め込む決断をするにしても、苦しいことに変わりはない。しかし戦うだけの価値はある。ラザルスは言う。「これだけは忘れないでおこう、自分の生きがいに向かって突き進むと、最後には期待以上の幸せな結結末が待っているということを」

生きがいを語る小さな声

幸せな結末は、頭の中で自分の生きがいについて語る小さな声――これをささやきと呼ぶ人もいる――に耳を傾けることから生まれる。その声は、体中の細胞のひとつひとつにまで共鳴し、耳を澄ませばある種の静かな叫びのように聞こえてくる。それは、答えを出せとしつこく迫る、ときには癇に障るような要求だ。

幸せな結末は、頭の中で自分の生きがいについて語る小さな声――これをささやきと呼ぶ人もいる――に耳を傾けることから生まれる。

大半の人々にとっての悲劇は、そのささやきが周りのやかましい声でかき消されてしまうことだ。それが実は自己不信をわめいている声であっても、あるいは愛する人たちや仕事仲間を心配する声であっても、その本人の変化を妨げようとする力が数多く存在している。これらの力は、自分の情熱に従うという危険な考え方が魂の奥底に押し込められ静かにさせられていれば、ますます安泰になるだろう。夢が階下で縛りつけられ声を上げられないとしても、真夜中になれば、遠くから届く絶望的なその叫び声を耳にし、感じ取れるはずだ。理性的な声が大きく階上で叫んでいると、自分の魂のささやき声に耳を傾けられる見込みは薄い。夢に対するこの箝口令は、うまくはまってしまうと、夢の主を惨めにする。ビジョナリーな人は、自己不信、勘違いばかりのボス、どうしようもない配偶者、そして手のかかる親戚縁者をものともせずに突き進む。もちろん、攻め込んでくる敵対者はどんなときにも存在している。たとえば、適切な材料を使わなければ成功しない、あるいは幸福になれないと主張するメディアのメッセージが、それにあてはまる。

夢をあきらめさせる四つのワナ

静かな叫びに応答する力をそいでしまうワナが少なくとも四つある。永続的な成功をおさめている人たちはそうした問題と無縁だ、という印象があるかもしれない。しかしビジョナリーな人は実際には、平均的な人たちよりも多くの問題に直面していると言う。また、読者もすでにこの四つには非常になじみがあるかもしれない。

●ワナその1　キャリアへの固執

君のアイデアは立派なキャリアにはならない、という主張は、ある種の煙幕になって安定した雇用や雇用機会に対するさまざまな懸念（道理に適っていてもいなくても）を見えなくしてしまうことがしばしばある。永続的な成功をおさめている人たちに言わせれば、この問題が表面化するのは、単に個人的に好きだからという理由で何かに打ち込む計画を発表したときだ。「とにかく、そんなことをしても金にはならない」と反論される。「何を考えているのか」という声もあがるだろう。ビジョナリーな人はそうした雑音を乗り越える。

子ども時代、トムは戦争のおもちゃと宇宙が大好きで、一〇代のときには海軍の歴史に対する情熱を燃やしていた。視力が弱かったために、軍人になりたいという願いは叶いそうになかった。英語の学位をとると、現実的な考え方をするようになる。保険の仲介業を始めたあと、妻の祖父が営む証券会社に入社する。その後結局はその会社を買収した。それは〈よい生活〉だった。この儲かっている小さな会社を辞めて小説家の道を目指そうとすれば、それは文字どおりの愚行になってしまうだろう。

一二年あまりの間、トムは自分の夢を思い描きながら、その静かな叫びを耳にしていた。調査の名目で軍事小説を読みあさった。それでも、著者として名前を出したのは、ある投書とMXミサイルに関する簡単な記事を書いたときだけだった[1]。

自作の小説が世に出るまでにおよそ二〇年かかった。四〇歳代前半、トーマス・レオ・クランシー・ジュニアの処女作、『レッドオクトーバーを追え』（文藝春秋）が出版される[2]。文芸評論家は今日でも、クランシーの文章はうまくないと言ってはいるが、読者をワクワクさせるその小説は、書籍、ビデオゲーム、そして映画化にまでなり、飛ぶように売れている。

五〇歳の誕生日が来るころには、ベストセラーを立て続けに連発し、ピアソン・カスタム出版そしてペンギン・パットナム・インクと版権契約を交わす。契約金は五〇〇〇万ドル。その対象は数あるその著書のうちからわずかに二冊の国際的（英語圏のみ）版権だ。さらにもう一件、書籍およびマルチメディアに関する四年契約（契約金は二五〇〇万ドル）に署名した。クランシーはやっとウォームアップを追えたばかりだ。

確かに、毎日のようにトム・クランシーの作品に出会うわけではない。けれどもここが重要な点だ。つまり、永続的な成功をおさめている人たちは、やがて、こうした静かな叫びに答える。周りの人たちによって価値があると評価されても、されなくても、人生のある時点で彼らは自分の夢をよきにつけ悪しきにつけ、大切にしようとする。永続する成功への道はこれ以外にない。

●ワナその2　BSOへの憧れ

もし大衆文化に身をまかせると、われわれの生活は、それなしで生活できないと言われているさまざまなものを、どこまでも追い求めることに費やされてしまうだろう。つまり、コカ・コーラや二〇〇ドルのスニーカー、流行の最先端の洋服、そして人格改造ができればものごとがうまくいくというのは、本当に事実であるかのように。さらに加えて、新しくて今までとは違う、もっと好ましい、妻、夫、恋人、友人、そして仕事仲間がいればもっとうまくいくものらしい。

われわれは、自分のなし遂げたことを材料にして、それが相手からうらやましがられると信じているだけに、仲間に強い印象を与え、愛する人たちを満足させたいと思っている。そして同時に、自分自身をねたむ苦痛から逃れる道を探している。自分を受け入れてもらおうとして、自分の進路や履歴書、そして薬指を、明るく輝いているもの（Bright Shiney Objects、以下ＢＳＯ）で一杯にしようとする。そのＢＳＯを具体的にあげれば、高級車、クラブの会員権、デザイナーズブランドの高級服、高学歴、高額の不動産、そしてその他、富豪、洗練された人、そして有名人のライフスタイルを連想させるあらゆるもの、ということになる。

これは、物質的な財産や教育を捨て去れという、ある種高潔で欺瞞《ぎまん》的な説得ではない（ビジョナリーな人たちの中には、自分の持っている財産は大好きだという人がたくさんいた）。自分は反物質主義者だと公言する人たちの中には、何かを隠し持っている人や、もっと大きなＢＳＯ、たとえば、名声、権力、そして精神的エリート意識を手に入れようとする人があまりにも多く存在している。彼らの目的は、どこまでも貪欲な自己という怪物を飼い馴らすことなのだ。

ほとんどの場合、どんなものでも本来的にはＢＳＯが悪い、という話を聞いたことはない。ただし、その一方で、ビジョナリーな人の場合には、これらのＢＳＯに対して、自分たちを幸福にしてくれる期待をかけていると言った人はひとりもいなかった。

■ものに持たれてはいけない

ものを持っているのは本来的によくないということはないにしても、それがあればうまくいくと信じるものを手当たり次第に手に入れたい、という循環にはまってしまう人があまりにも多い。問題は、幸せになるためとはいえ、必ずしも必要のないものをいくら手に入れたところで、どこまでいっても満足は得られないということだ。そうすればするほど、落ち込んでしまうのもしごく当然の話だ。ローリング・ストーンズが絶叫するように、「俺は満足なんかできない」のだ。満足するためには、友人の口から、あるいは敵や家族の口から出てくる大声ではなく、自分の生きがいにこそ耳を傾けなければならない。

皮肉なことに、たとえば裕福になればなるほど、そして物欲が増せば増すほど、この世で満足のいくものに出会える機会が極端に少なくなる。趣味や物欲の程度が高いという目で他人に判断されるという自意識が強くなればなるほど、我慢できる世界はどんどんと縮小していく。しかももっと悪いことに、実際に自分の楽しみも少なくなっていくかもしれない。何の苦労もなしにもっと多種多様な楽しみを経験しようとすれば、格好をつけて人前に出なければというストレスや独りよがりの思い込みがますます強くなっていくものだ。

デビッド・スターンは四〇年間、スーパースターの地位やBSOの危うさを経験してきた。この全米バスケットボール協会（NBA）のコミッショナーは、異論もあるにせよ、職務に体を張ってきたことで世の中から高く評価されている。ところが、実際に会ってみてわかるのは、きわめて現実的で魅力のある人物だということだ。選手のことについて、こう述べている。「ゲームから得られる気晴らしよりも、難しい課題に挑めるゲームそのもののほうが好きだという選手は、よい人間関係をつくり、抱える問題も少なく、そして楽しみが長い年月にわたって続いているようだ。これは何も驚くような話ではない」

スターンは四〇年前に自分自身の静かな叫びを聞いた。それはコロンビア・ロー・スクールを卒業し、NBAが外部委託している法律の仕事を始めたときのことだった。当時まだよちよち歩きのNBAの将来が何となく不透明だったものの、その仕事が気に入っていた。正式な職員として二年間の期限付きでNBAに採用される。本人によれば、一九七八年にNBA内部の法律部門で働き始めたという。一九八四年にコミッショナーに選出される。ちなみにこの同じ年、バスケットボールの伝説的人物、マイケル・ジョーダンがプロ入りをしている。スターンは当時破綻寸前だったNBAを立ち直らせるための舵取りをし、見事に成功、急速に発展させると、その後二〇年間以上にわたってNBAを世界的なブランドに育て上げた。

「就任当時の役割は危機管理のマネジャーだった。オーナー連中とリーグとの間に、そして選手とリーグの間にも法律的な争いがあったため、リーグ全体としての交渉ごとに専念すると同時にその日一日を無難にこなすために、実に多くの時間を費やしてしまった。頭を痛めたのは、チームの合併問題、給料の支払い不能、そしてそれをどう支払うかということから、なんと実際にはドラッグのスキャンダルまであった。就任早々、われわれはドラッグを使用した選手を見つけ出し、そうした事実が発覚した初めてのリーグとして、その問題に対処しなければならなかった」

こうした難しい時期にあって、NBAには、スターンの体を張った仕事ぶりを続けさせるような魅力もBSOも、一切なかった。それでもスターンが一歩も退かなかったのは、自分自身の意義、つまり静かな叫びに対する忠実な姿勢、情熱があったからだ。

「その昔、われわれはグルーチョ・マルクスとは正反対の人間だった。受け入れてくれるチームならどこにでも、喜んでいった。そして苦しんでいるときは、それがそのまま自分の生きざまだった」。感謝の気持ちを忘れなければ、つまり、自分がどこから来たのか、そしてかつてはほとんど何も持っていなかったことを決して忘れなければ、豊かになれる、とスターンは言っている。

■本当に大切なものは何か

BSOが自分自身を所有しているのか、あるいは自分がBSOを所有しているのか、そのどちらなのかを見きわめる簡単な方法は、自分自身に問い質してみることだ。もし自分が大切だと思っている人たちがどのみち関心を寄せなかったとしても、それでもそのものを手に入れたいと思うだろうか。もしそうした人たちがそれを嫌っていたとしたらどうか。つまりここでの発想は、それが誰のBSOか、ということの見きわめだ。究極的には、獲得（持つこと）、あるいは行動（すること）の形はどれひとつとっても、われわれが切望しているもの、つまり人生を精一杯生きるという本物の経験を、どこまでいっても与えてくれはしないのだ。

究極的には、獲得（持つこと）、あるいは行動（すること）の形はどれひとつとっても、われわれが切望しているもの、つまり人生を精一杯生きるという本物の経験を、どこまでいっても与えてくれはしないのだ。

リーダーシップ研修で広く行われている演習は、自分に対する賛辞を書くことだ。この場合の問題点は、参加者には、同席している他の参加者に対して印象的、あるいは心温まると受け取られるような高邁なリストをつくる傾向がある、ということだ。それも、この演習がさながら最も人気のある空っぽの人間に投票するためのコンテストであるかのように（もっといえば、アメリカのアイドルだ）。本当の葬儀の場になったら、愛する人たちは故人の生前の話を得意気に語り、その話で盛り上がるだろう。人的ネットワークの王様でもあるキース・フェラッジは言う。「もし真実を知りたければ、そのあとのカクテルパーティーに行って、その人が本当はどんな人物だったのか聞き耳を立ててみることだ」

ブラジルの精神分析医ティナ・デ・スーザはこんなことを思い出してくれた。「私が相談を受けたひとりの患者が、自分の持ち物を人に触られたくないと言った。『私のクルマにさわらないで。衣装ダンスを開けないで。これもしないで、あれもだめ、なぜってそれは私のものだから、私のもの、私の』。このかわいそうな女性は、とても苦しんでいた。私は言った。『いいですか、もし今の今自分が死んだら、という想像をしてみてください。そうです、あなたは死んだのです。自分の持ち物はどうなるのか、衣装ダンスにあるきれいなドレスはどうなると思いますか。たぶん、今、愛する人たち、家族、近所の人などは、あなたの宝物を整理している真っ最中。この醜いものを誰がほしがるのか。それは誰が。なぜ彼女は彼と結婚したのか』」

遺したものはどれもこれも、手にとって眺めまわされ、誤解され、勝手な想像をめぐらされるものだ、とスーザは言う。こうした環境になっても、それでもあなたにとって大切なものとは一体何なのか。

死んでいるという視点から、自分の財産や人間関係を視覚化すると、うまくすれば自分が本当に大切にした人やものが見えてくるだろう。これはそうしたことを考えるためのある種乱暴な方法ではあるけれども、実際に考えたとき、それでも大切なものが何なのかを理解できるのは興味深いことだ。その中に、本当に何らかの意味を持つものがあるのだろうか。あるものが単なるものであるというそれだけの理由で、本当に大切なものではないと思い込むのは禁物だ。何がよくて、何が悪いのかという予断を捨て、それらを謙虚に、そして正直に検証してみることだ。自分の想像力を働かせて、死後に遺す持ち物と人間関係を完全に洗い出せば、多かれ少なかれ自分の時間やエネルギーをもっと割くべきところはどこなのかを理解する、願ってもない考え方に目覚めるはずだ。

ワナその3　コンピテンスの誘惑

小さいころから、われわれの大半は立身出世をしろと言われて育つ。ところが、人にこういう人物になれと言っている人たちに限って、自分自身はどんな人物になるべきなのか、まったくわかっていないといってよいだろう。他人がそそのかした夢を追いかけることだけを念頭において、自分のキャリアや人生について重大な決断をするのは間違っている。

「昔からの知恵によれば、あなたを一番よく理解している人に目を向けるべきだ」。ハーミニア・イバラがその著書『間違ったキャリアで行き詰まる方法（How to Stay Stuck in the Wrong Career）』で書いている[3]。「友人や家族、つまりあなたが長い年月をともに過ごしている人たちには、あなたという本当の人間を見透かす力があり、あなたにとって何が一番よいことか、親身になって考えてくれる。一方、専門家は実利主義の片鱗を与え、あなたに競争の世界の現実を教え込む。ところが、いざ自らを生まれ変わらせようという段になると、最高の知恵者はたいてい、われわれを助けようとするよりも、邪魔をする側にまわることになるだろう。彼らは人の助けになりたいと願っているのかもしれない。しかし彼らには、われわれが振り払おうとしている昔のアイデンティティー（自分らしさ）をさらに強化したり、とにもかくにも維持しようとしたりする傾向があるのだ」

自分には合理化しようという生来の性癖があることを自覚しよう。つまり他人が定義したとおりにしなければならないこと、あるいはしたほうがよいことを、合理化しようとする性癖だ。人間は合理化が得意な機械でもある。われわれがよく合理化する対象をひとつあげるとすれば、それは、それほど好きではない職業をうまくこなす力をつけるために働くという行為だろう。

相当優秀と秀逸との違いはあまりにも大きい。それは五〇点の人生と、いつまでも続く成功との違いに匹敵する。これをコンピテンスの誘惑〈つまり、われわれが生来持っている〈見せかけの目標〉を追い求める性癖〉と呼ぶことにする。自分が世の中一般の人たちと変わらないという場合には、その人には社会的、経済的な重圧のもとで選んだキャリアを重ねるための適切な技量を鍛えあげる、そんな力が完璧に備わっているはずだ。

そうした重圧は、普通自発的ではあるけれども、周りの人たちの期待に応えることによって彼らを喜ばすという、何か世の中の常識に沿ったことをしようという気にさせられた結果の産物なのだ。おそらく、それをすれば出世ができる、あるいは、それが無難な選択だと思えるといった理由から、自分のキャリアを決めているのだろう。もしその決断が本物の意義を足がかりにしたものでなければ、成功を長続きさせるという視点からは、無難な決断などまったく存在しないはずだ。

読者は、自分自身が本当に大好きな人間になることよりも、人に好かれるような人間になりたいのだろうか。そして、自分にとって大切な存在の人たちと、自分にとって大切なことをすることとの、二者択一をしなければならないと考えているのだろうか。

——**読者は、自分自身が本当に大好きな人間になることよりも、人に好かれるような人間になり**

――たいのだろうか。

■あくまで自分の目標を追い求める

ジェームズ・A・キッチンズはその著書『もっと自分を好きになる本』（阪急コミュニケーションズ）の中で喜びには大きくわけて二種類あると説明している。つまり、内的な喜びと外的な喜びだ。内的な喜びは内側でわきおこる。ところが外的な喜びは、われわれの環境のもとで起こることに例外なく左右されている。それは、外部で起こることだけに、外在的なものだ。環境がある方向に向きを変えれば、喜びが生まれる。運命が逆転したとき、喜びは消滅する。

いつまでも続くような成功に気がついた人たちは、あくまでも自分の目標を追い求める。なぜなら、そうした目標は、世の中に評価されなくても、また認知されなくても、自分にとって大切なものだからだ。ほとんどの人たちは、これとは反対の生き方をする。つまり、自分にとって大切なことではなく、評判や認知のほうが必要なのだと考えて、ものごとに取り組んでいる。

イヴォン・シュイナードは世の常識にこだわったことが一切ないと言ってよいだろう。登山を始めたのは一九五三年、一四歳のときのことで、その後数十年の間、発言する環境保護者として生きてきた。

当時の登山家は使い捨ての軟鉄製ハーケンを打ち込んで登山をしていた。それが手に入るただ一種類のハーケンで、岩に打ちつけられるとそのまま放置され、環境に悪影響を与えていた。

一九五七年、シュイナードは廃品置き場に行くと、石炭を焚く炉、重さ八〇キロあまりの金床、火箸、そしてハンマーを購入し、独学で鍛冶の仕方を身につけようとした[4]。こうして二〇歳代の前半には世界的なロッククライマーになる。古くなった刈り取り機の刃から何回も使用できるハーケンを初めてつくり出し、このハーケンをヨセミテにあるロスト・アロー・チムニーとノースフェイス・オブ・センティネル・ロックに登攀《とうはん》するとき、実際にテストしてみた。そのうわさはたちまち広まり、友人たちはシュイナードのつくった何回も使用できる鉄製の強化ハーケンばかりを使うようになっていた。それに気づく前から、シュイナードは商売をしていた、つまりそのハーケンをクルマに積んで行商していたのだ。つくれるのは一時間に二本。一本の売値は一ドル五〇セントだった。自分の収入の足しにしようと缶や瓶のリサイクル保証金を集め、それが環境保護にも役立ち、自分の生活にも役立った。

実直な環境保護者として、シュイナードは経営者になるというアイデアに戸惑いを隠さなかった。「アウトドアが好き、それだけだ」と本人は言っている。「けれども、ビジネスが価値のある目標になるのかどうか、私には判断できなかった」。七〇歳に手が届こうかという現在、この新時代のアウトドアマンは今でも、経営者だと自称するのは難しい、と言う。その難しさは、「自分のことをアルコール中毒かそれとも法律家だと認める難しさと同じだ」

とはいっても、シュイナードは経営する会社を自分のさまざまな情熱の基地として使うことができた。一九七三年には、カリフォルニア州ベンチュラでサーファーの一団を率いて、アウトドア用品の会社パタゴニア・インクを設立している。非公開企業ながら現在の売上高は二億五〇〇〇万ドル以上。同社の「企業理念は、ビジネスを足がかりにして環境の危機に対する解決策を見つけ出すこと。私は絶えず会社の従業員ひとりひとりに、これこそ、われわれがビジネスに携わっている理由だということを自覚するよう強く求めている。まさにこれが理由だ。われわれは利益を上げるためにビジネスをしているのではない。製品をつくる企業で仕事をしているのではない。われわれがビジネスに取り組んでいるのは、他企業の経営のあり方を本当に転換させるためなのだ」とシュイナードは言っている。

『社員をサーフィンに行かせよう』（東洋経済新報社）の著者でもあるシュイナードは、たとえ経営に対する極端な嫌悪があっても、自分自身と環境保護主義仲間がその夢の実現には妥協が必要と言っていても気にしなかった。シュイナードはこんな結論を導き出した。もし「世界と政府を変える」つもりならば、経営のあり方を変えることによって、徹底的にそれができるはずだ。

■ **ユーモアが生きがいになるとき**

「私は一九七〇年代に、退屈なタウンミーティングの記事を書く退屈な都市担当の記者として仕事を始めた。タウンミーティングの多くは今でも開催されているけれど」とユーモアのわかるベストセラー作家デーブ・バリーは言う。「次に、退屈な文章のコーチになった。退屈な経営者の退屈ぶりが少しでもましになるようにと無駄な努力を重ねた。まあ、退屈な仕事だった。ただし、誰もがその仕事はなかなかのアイデアだと思っていた。どちらにしても結局は、生計の手段だった」

「マイアミ・ヘラルド紙から声がかかったとき、私はすでに中年で、家のローンを抱え、養っている家族もいた」。バリーは副業にコラムを書いていた。そこへヘラルド紙が思いきって本格的なユーモアコラムニストにならないかと誘いをかけてきたのだ。

「(安定したコンサルティングの仕事をあきらめるのは)怖かった。けれども、他に選択肢はないじゃないか、というのが私の考えだった」。バリーにとって、ユーモアはどうしても掻きたくなるかゆみだった。

バリーは言う。それは「いつもつきまとって離れないイライラだった。ウソじゃない、漫画というものは、イライラにしつこくつきまとわれているとき目にしても、面白くはない」

ハッピーでない人のことを疎ましく思うのと同じように、ハッピーな人たちを嫌っている人もいる、ということに気づいた人もいるだろう。自分が愛情を注げる生きがいに気がついたとき、その夢を追求しようとして、そのことばかりまくし立て、一緒に働いている周りの人たちを困らせるということもよく起こる。

一九八八年、バリーは論説部門のピューリッツァー賞を受賞すると、わざとこんな発言をした。「得意なことをするのは気持ちのよいものだ。だから気持ちのよいことをするのは得意だ」。バリーには、善意の愛する人たちの合理的なアドバイスに逆らってでも、自らの情熱に、つまり静かな叫び声にしたがうという選択をしている友だちや仲間がたくさんいる、と言う。「彼らが好きなことをすると決心したとき、中にはもっと金を稼ぐことを始めた者もいれば、そうでない者もいる。けれども、全員が自分のしている仕事をはるかにうまくこなし、大いに楽しんでいる」

■ 大衆が認知することの危険性

「注目を浴びたいからそれをする人もいる」。これはコラムニストになるという決心について語ったバリーの言葉だ。「ところが、それはすべりやすい坂道のようなものだ。人がその仕事についてどのように評価するのか、決して予見はできない。しかもその評価は日ごとに変わる。もし、どうしても賛辞が欲しいなら、役者になればよい。もし書くのが好きなら、書けばよい」

大衆が認知することの危険性を知っている人がいるとすれば、それはサリー・フィールドだ。いまだにテレビと映画の世界で四〇年もの間、人気者の座を保っている監督兼俳優だ。

浜辺の女の子、不良少年の恋人、そして空飛ぶ尼僧といったバカげた役柄を演じていたためか、フィールドの初期の作品からは、本格派女優としての可能性を予見できず、その後に見せたエミー賞受賞、そしてアカデミー賞受賞の演技も見通せなかった。「私のキャリアは常識的なものではないし、だからこそ、何よりもとにかく人から尊敬されたかった」とふたつ目のアカデミー賞を受賞するとき会場の列席者に向かって語っている。

「最初の受賞のときは、そう感じなかった。けれども、今回はそう感じている。みなさんは私が好きという事実がはっきりとわかったから。今、みなさんは私が大好き!」[5]。われわれの大半は、この唐突さで有名な告白について考えるとき、うんざりするものだ。フィールドは延々と繰り返されているこの発言のパロディーにずっと悩まされてきた。

■啓示を待ってはいられない

ただし、心密かに自分が愛されているかどうかを死ぬほど心配するというような目にあいたいからといって、ショービジネスに飛び込んだりする必要はない。もしそうした心配を認める（もちろん、声に出してではない）のなら、それは自分自身に対してだけで十分だ。われわれはみな、とても静かとは言えない認知を求める叫び声を聞いている。われわれは自分自身のこの部分が嫌いなのかもしれない。とはいえ、自我はやはり、多かれ少なかれ、求めることにこだわっている。この自分勝手な要求は、完全に消え去ることはないかもしれないが、いつまでも続く成功を手に入れたいのなら、そうした要求をなんとか手なずけなければならない。自分の生きがいを実証するために、スタンディングオベーションを待ってはいられないのだ。

われわれは他の人が異常なほど興奮し、大衆受けや世の常識をあてにすることなく、喜びを味わっている姿を目にしている。読者も、自分の人生でそんなふりをすることなく、実際にそうした喜びを味わいたくはないだろうか。

サリー・フィールドは、自分にはそうするための実際的な方法がわかっていると思っている。「自分の力を自由に発揮できることがひとつあります。それは自分のしていることをうまくこなそうと努力すること。それがすべて。それ以上は何もありません」。フィールドは好きなことをしているとき、どれほど気持ちが楽になるかを得意気に話してくれた。それは、自分がするべきことを他人がどう考えているのか心配して過ごしながら、自分自身を変えようとするよりはるかによい、と言う。本書の後半で、行動を起こすことは、いかに何もしないでいることより意味があるのか、という議論をするつもりだ。

「人がバカになってしまうのは、何もしないで、グチばかり言っているせいです」。そんな態度でいると、自分にとって大切なことをするよりも、逆戻りして世の中の常識に手を出してしまう危険を冒すことになる。

「人がリーダーになる、手本になる、あるいはそうした小難しい専門用語で表現されるような存在になるには、相手に対して返せる何かを確保しておくことです。返せるものを確保しておく唯一の方法は、積極的に何かをすること以外にない。つまり、重い腰を上げて、自ら何かをすることでしょう。それは言うまでもなく、恵まれない人たちのための住宅を建設しようという意味ではない。それもよいことです、けれど、そうではなく、医者や弁護士、動物園の園長、とにかく自分にとって重要なキャリアを選択しろということです。必死に働いて、自分のために何かをなし遂げよう、何か具体的なことを。何かに秀でた存在になろう。何でもいい、自分が大好きなことで」

「もし、自分には大好きなことが何もないと言うなら、そのときは、本当に問題があります。しかもその本人は手をこまぬいてこう言うしかありません。『なぜ私には好きなことが何もないんだろう。私の中の何が、抱いていたあらゆる欲望から離れていったのだろうか。自分ではそれなりのもの、つまり自分を鼓舞してくれるもの、自分のためのものだと思っていた欲望から。しかも私はその欲望を実行しなかった』。人は振り返って、自分の人生のあらゆる瞬間を見つめなおさなければなりません。その人生は何だったのか。ひとつ好きなことをした、それは何だったのか」

多くの人たちは自己啓示を待っている。つまり、閃光に打たれる、あるいはロックコンサートの大音響から明解な答えを聞く瞬間を待っている。ことがこのように運ぶことはめったにない。現実には、何とも言えない日々、試行錯誤と苦難の日々が何年も続くのが普通だ。努力しても望ましい結果が得られない、しかし本物に少しずつ近づいている、しだいに熱が入ってくるのを感じる、そんな日々が続くのだ。これは表現しがたい点と点をつなぐような現象なのだ。

ときには、あらゆるものがはっきりとわかるような瞬間に出会うこともある。ところが、そうした発見は、うまくいくことを見きわめようとして多くの事象を試した結果の産物なのだ（『ビジョナリー・カンパニー』でも議論した発想だ）。やがてすべてが明解になるのは、大いに悩み試行錯誤を繰り返したあとのことであり、常に初めの段階で明解になるとは限らないのだ。

●ワナその4　〈ORの呪縛〉

静かな叫びにまつわる罪と混乱のおもな原因は、自分自身を喜ばせるのか、それとも（OR）周りの人たちを喜ばせるべきかといった設問をすることから生まれてくる。社会の期待は後者だ。そうなると、人は自分が前者なら身勝手が過ぎるかもしれないと萎縮してしまう。

　ところが、ビジョナリーな人の考えは違っている。彼らは、自分もわくわくしながら、そして〈ＡＮＤ〉同時に周りの人たちの力にもなっているのか、と考える。永続的な成功をおさめている人たちにとって、人生が二者択一の問題ということはほとんどないだろう。大きな功績をあげている人たちから聞こえてくるのはこんな声だ。自分の仕事がうまくいっている、順調に進捗していると思えるときが、仕事に献身的に打ち込んでいるときだ。

　ビジョナリーな組織のリーダーは、〈ＯＲの呪縛〉よりも〈ＡＮＤの才覚〉という観点から考える[6]。たとえば、彼らは金儲けと〈ＡＮＤ〉大きな仕事は、両立しないとは考えない。この考え方は永続的な成功をおさめている人たちの場合にもあてはまる。彼らは、世のためにつくすのか、それとも〈ＯＲ〉自分の幸せを考えるか、そのどちらかを選択すべきだとは思っていない。彼らは両方を選択する。それだけではない、ビジョナリーな人の場合、ＡＮＤの才覚はそれぞれが五〇％の満足でよしとはしない。両方とも一〇〇％をもってよしとする。彼らは毎朝自分自身を目覚めさせてくれる情熱によって、自らを奮い立たせ、そして同時に、同様の情熱を注いで周りの人たちをも奮い立たせている。永続的な成功をおさめている人たちは、周りの人たちに対する奉仕に必死に取り組むことが、そっくりそのまま自分自身のためになると自覚しているのだ。


――永続的な成功をおさめている人たちは、周りの人たちに対する奉仕に必死に取り組むことが、

——そっくりそのまま自分自身のためになるということを自覚している。

自分の目標においても、彼らは同じく地に足のついたANDの理想主義者でもある。長い年月にわたってつくり上げようとする対象に没頭し、そして（AND）その日その日に達成すべきことにも専念する。世の中から受ける評価が彼らの最大の関心事ではない[7]。

事実、ANDの才覚とは単に、短期と長期のバランスをとる問題でもなければ、自分の要求と外部の利害関係者などの要求を斟酌《しんしゃく》することでもない。この才覚の対象はそれ以上に広い。実際のところ、このスツールには脚が三本ある。あるいは第一章にあるように、三つの輪がある。つまりそれは、意義と（AND）思考と（AND）行動のすべてを調整して仕事を達成する、という問題だ。

忘れてならないのは、周りの人たちに奉仕することと周りの人たちを喜ばせることとは同じではない、ということだ。われわれの大半は、切符にはさみを入れてもらう――つまり、自分の使命には意義があるという外部からの実証だ――ことによって、本当に、自分のしていることが重要だということを合理化する必要があると感じている。意識的にしろ無意識的にしろ、自分が周りから愛されることを追求する過程で、われわれは必然的に、自分が大好きなものを生み出す創造力をそいでしまっているのだ。

■見つからないなら、探し続けよう

「心から満足するためには、自分が立派だと信じる対象に打ち込む以外に道はない」とアップルの共同創業者でCEOのスティーブ・ジョブズは語っている。これは二〇〇五年のスタンフォード大学の卒業式で行なった心のこもったスピーチで、今では広く知られるようになった[8]。「立派な仕事をなし遂げるための唯一の方法は、今取り組んでいる仕事を好きになることだ。好きになれる仕事がまだ見つからないというなら、探し続けよう。このことは、自分の仕事にも愛する人にも同じようにあてはまる。愛に結びつくあらゆるものの場合と同じように、それを見つけたときはそれとわかるものだ。そして、どんな立派な人間関係でもそうであるように、年月が流れるにつれて、それは次第に好ましいものになっていく。だから、見つかるまで探し続けよう。あきらめないことだ」とジョブズは強調した。

ジョブズの未婚の母は悩み抜いたあげく、出産する前にジョブズを養子に出して、もっと望ましいチャンスを与えようと決心した。養子として引き取ろうとした家庭には大学を出た人がいないことがわかって、彼女は激しく動揺する。何か月も養子縁組の書類への署名を拒否し続け、やっとの思いでその新しい両親からジョブズに一流の教育を受けさせるという約束を取りつけた。労働者階級の家庭にとって、これは難しい約束だった。

「人生で何をしたいのかまったくわからなかった。大学がその答えを出すどんな力になってくれるのかも見当がつかなかった。しかも大学で学ぶために、両親が生涯をかけて貯めた金をすべて使い果たそうとしていた。だから、（わずか入学して半年で）大学を中退する決心をし、それでも、すべてがうまくいくと信じることにした。当時は本当に怖かった。とはいえ、今振り返ってみると、あれは私の生涯最高の決断だった」とジョブズはスタンフォード大学の卒業生に語っている。

「寮に私の部屋はなかったので、友人の部屋の床で寝た。コカ・コーラのボトルを回収して返却保証金の小銭を稼ぎ、それで食料を買った。そして日曜日の夜になると決まって、町を横切る七マイルの道のりを歩き、クリシュナ教団の寺でごちそうにありついていた。おいしかった。苦労しながらも、自分の好奇心や直感のままに経験した多くのことが、あとになって貴重なものだったということを思い知った」

退学して自由の身になったジョブズは、自分の望むどんな講座も受けられるようになった。そしてある（ジョブズにとっては）斬新な芸術表現の美しさと優雅さに魅了される。それがカリグラフィーだった。「この芸術のどれひとつをとっても、自分の人生で実用的な応用がきく見込みなどまったくなかった」と振り返る。ところが、それから一〇年後、ジョブズの中によみがえったのがこの美しい文字に対する情熱だったのだ。それはマックを開発していたときのことだった。あの講義を受けていなければ、「パソコンは今あるようなあの美しい書体を使っていなかったかもしれない。もちろん、大学時代に先々のことを見通して点と点をつなげることなどできなかった。けれども、一〇年後の今振り返ると、非常に、非常にはっきりと見える」

一九七〇年代、スティーブ・ジョブズとスティーブ・ウォズニアックがアップルを設立したとき、彼らには一家に一台コンピュータを普及させるという大胆な目標があった。ふたりのスティーブは、未来を見通す確かな目を持っていた。ただし、このふたりの企業がすべてのパソコンを生産したわけではない。アップルは現在、その昔よりもホットでファッショナブル、そして成長の速度も増している。

創業して三〇年以上がたった今でも、相対的に低いマーケットシェアに甘んじているけれども、そうした事実よりも重要なのは、ジョブズが若いころに描いたビジョンのほうだろう。というのも、美しくて使い勝手のよい電子キャンバスをつくり出すというそのビジョンによって、以来一貫してコンピューティングという概念を規定してきているからだ。この歴史上いつまでも続くような衝撃は、この人物やその企業よりも長く生き続けることだろう。あらゆる障害を乗り越えながら自らの情熱に生きることによって、一番の大人物に、あるいは一番の富豪にはなれないかもしれないが、はたしてそうなることが生きがいと言えるのだろうか。アップルやピクサーの存在しない世界を想像してみよう。そうすれば、創造性と美しさをテクノロジーに取り込むことにどんな意味があるのか、わかるはずだ。二社がこの両者を取り込む以前、テクノロジーというものはこのどちらとも縁がなかったのだから。ビジョナリーな人は言っている、このような伝説こそ、人生を生きる価値のあるものにしてくれるのだ、と。

「人に与えられた時間は限られている。だから、誰か他人の人生を生きて、その時間を無駄にしてはならない」とジョブズは強調する。「教義教理に囚われてはならない。それは他人の思考の産物とともに生きながらえている。他人の意見が生み出す騒音に自らの内なる声がかき消されてはならない。一番重要なのは、自分の心と直観にしたがう勇気を持つことだ。このふたつはどういうわけか、すでにその本人が本当になりたいものが何なのかをよくわかっている。それ以外のものはすべて、二の次なのだ」

——**人に与えられた時間は限られている。だから、誰か他人の人生を生きて、その時間を無駄にしてはならない。**

偉業を達成した人たちからわれわれが得られる教訓は、自分が望むものを常に意識することだ。ただし、成功の再定義をするための道程にあっては、望むものに足もとをすくわれてはならない。世の中の常識かどうかには関わりなく、あえてさまざまなものに取り組むことは、それが自分の人生にとって小さなステップにすぎなくても、あるいは自分のキャリアにとって大きな一歩であっても、衝撃を与え続けてくれるほぼすべての永続的な人生のとびらを開くための代価なのだ。

chapter 6

カリスマは大義に宿る

人は心のよりどころに命を与える。

——アントワーヌ・ド・サン・テグジュペリ

ところはサンフランシスコ、彼女は不安げに一六番街と一七番街の間の裏通りをうろついていた。親方に金を差し出すため、たっぷりと仕事をこなす夜にしようとしていた。そのとき、つまり朝の三時ごろ、とんでもない考えが頭に浮かぶ。ノーマ・ホタリングに言わせれば、それはこんな考えだった。「私は今通りをうろついている。麻薬を常習していて、ホームレスで、寝床は貧民窟の片隅。いつの日か、世の中の人たちにこの心細さを伝えていけるところに出よう。私には世の中を変える使命があるのだ」

「もちろん、次の瞬間には、すでにこの希望に満ちた発想を完全に葬り去っていた。おまえは薬づけのあばずれにすぎない、これからも、あばずれ以外の存在にはなれないだろう」

ノーマ・ホタリングは顔をゆがめながらため息をつく、髪を手櫛でなでつけながら。その頭蓋骨には、親方から逃げ出そうとしたときに受けたひどい傷害を継ぎ合わせる金属プレートやワイヤー、そしてボルトが埋められていた。毎朝、売人と常習者がたむろしている薄汚いホテルになんとかたどり着くような生活だった。「ホテルに行けば悪夢だった。ハイになって幻覚を見ているホームレスの人たちの臭いと騒がしさがたまらなかった。どんなところに足を踏み入れているのか、さっぱりわからなくなる。お金に困っている場合にはなおさら、わからない。装備（注射針）を持たずに入って、一本借りたとき、それを消毒する術がないときもあった」

それ以降さらに数年間、ヘロインとコカインから抜け出す、また頼る、そして再び抜け出すという苦しみにあえぐことになる。そしてやっとのことでホタリングはもう一度自ら独房に入り、依存症からの治療を試みた。あとにも先にもそれが最後のチャンスだった。

ノーマ・ホタリングがその仕事をやめたとき、仲間連中は無理やりにでも街角に連れ戻そうとした。ホタリングがセージプロジェクトという施設を開設して、他の女性がその仕事から解放されて、まっとうな生活に戻るための支援をするという計画を発表したとき、市の当局者は本人にはその資格がないと言って切り捨てた。今日サンフランシスコのミッション地区で、ホタリングは自分の夢を、施錠された鉄の門扉《もんぴ》のむこう側にある殺風景な壁で仕切られたいくつかのデスクに持ち込んでいる。元売春婦、元犯罪者、そして元ヘロイン中毒者として、ホタリングは相変わらず、リーダーと呼びかけられると自分はとてもそんな資格のある人間ではないと感じている。とはいえ、三〇年間、貧民窟にいて友だちが死んでいくのを目の当たりにするという経験があったからこそ、自分にソーシャル・ワーカーの資格がないにもかかわらず、まだまだたくさん存在している街角の女性を救い出さなければならない、という決意を固めた。現実にホタリングが女性たちをドラッグと売春の悪循環から救い出せているのは、自分自身もそうした女性たちの窮状を、身をもって経験しているからなのだ。

ホタリングが悪習から自力で抜け出そうと悪戦苦闘しているとき、自分に対する支援を依頼しようと接触した多くの人たちは、ホタリングには、本人が打ち込もうと決めたその仕事に携わる資格などないと思っていたことに気がついた。ただし、気がついたところで、当の本人にとっては何の役にも立たなかった。ホタリングは振り返る「社会の階層を表すトーテムポールでは、中毒者と売春婦の経験のある人間よりも下はいないのだから」

ところが実際には、必死に支援者を見つけ出そうとする思いが通じて、「信じられないような人たちが手を差し伸べてくれた」と言う。強固な信念を持って人生を生きている人たちと接触することによって、強固な信念を持って人生を生きる勇気を与えられたのだ。時がたつにつれ、ホタリングの仕事を支援する人たちの輪は、どんどん大きくなっていった。

大義が自信を与えてくれる

筆者がインタビューしたビジョナリーな人の中には、苦労、遺伝子、あるいはその両方が原因で、一般的にリーダーが当然持っていると思われる自信のようなものが欠落している人が数多く見受けられた。煮え切らず、神経質でさえあるような内向的性格の主が多かったのだ。ところが、その本人がひとたび自分の生きがいについて話をしだすと、それはまるで、内気で穏やかな振る舞いのクラーク・ケントが公衆電話ボックスに入ったかと思うと、そこから一瞬にしてスーパーマンが飛び出してくる、そんな光景を目の当たりにしているようだった。与えられたさまざまな境遇のもとでノーマ・ホタリングが自分のことをどう感じていようと、その大義には、困難な時代を生き抜き、強力に支援してくれるコミュニティを惹きつけ動かせるカリスマ性と、そして自尊心の低さやある分野での知識のなさといった障害を乗り越えるために必要なカリスマ性とがあったのだ。

「最後にはこう考えた」とホタリングは目を輝かせながら、語気を強めた。「私はこれを実行して世の中を変えてみせる。できなければ、自殺する。ことはそれほど単純で、しかもそれほど難しい」。ホタリングではないわれわれは、少しでもその潔さにあやかって何をなし遂げられるのだろうか。

「私は極端に傷つきやすく神経質なのに、こうした席では、公にいろいろプライベートなことを何度も何度も明らかにして、何もかも話してしまわなければならない。この仕事を二〇年間続けている。とても難しい仕事です。私が話をするたびに、私の出自に嫌悪を抱く冷淡な人たちが現れる。リーダーシップとは殉教者になるようなもの、もしリーダーが殉教者であってもよいのなら。そこで、しばらくの間、自分の私生活をリーダーとしての新しい仕事から切り離しておくことによって、耐えることにしようと考えた。それは大きな間違いだった」とホタリングは断言した。

「自分の生活から生きがいを切り離すことはできない相談。私にとって、それは不健全で不可能なことだった。それはやはり売春のようなもの。つまり生きていこうと身体を投げ出してお金を得るためには、自分から分離した身体の部分、つまり唇、胸、そしてヴァギナの料金箱をつくらなければならない。ところが、これらは私から切り離された身体の一部というわけではない。それはちょうど、自分の仕事の意義が自分の生活から切り離せないのと同じことです」

「健全さを貫きながら、自分にとって大切なことをしようとして、機械のようなふりをしても、あるいは感情を殺しても、それは無駄な努力に終わる。つまり頑固に意志を固めたところで、効果はない。あらゆることを感じとり、それを活かさなければならない。自分の身の上話をするのが、私の仕事ではない。私の身の上話は、私そのものなのです。同じ話を繰り返して自分が傷つくときでさえ、それは私そのもの。私の大義は私の人生。それは今、私が政治的に正しかった五年前よりも、恐怖に対して素直になるための力になっている。私は今、以前よりもはるかに涙もろいし、それがまた私の力になっている」

健全さを貫きながら、自分にとって大切なことをしようとして、機械のようなふりをしても、あるいは感情を殺しても、それは無駄な努力に終わる。つまり頑固に意志を固めたところで、効果はない。あらゆることを感じとり、それを活かさなければならない。

セージプロジェクトの仕事が契機になって取り組んだ、ある三年間の共同作業が、新しい立法措置となって結実すると、ホタリングは非営利団体や政府関係機関のリーダーと会談するため韓国に招かれた。「私は生き残った女性の集団のうわさを聞いた。この女性たちは自らの不名誉を意に介さず、本当に赤裸々に自分たちの窮状を話してくれるという」。調整に手間取ったものの、ホタリングはやっとのことで一五人の勇気ある女性の集団と合流した。「私はひとりで世界中を旅している。嬉しいことに私が着いたとき、女性たちは大歓迎してくれた。拍手し、そして泣いていた。私たちは一緒になって泣いた。その女性たちはセージの伝説を地球の反対側で実践していると言う。私の孤軍奮闘は終わった。どんなときにも私の姉妹である人たちのために、そしてその姉妹と手をとりあって、働いている」

これこそ、ホタリングを毎朝目覚めさせてくれる力なのだ。その感情が闇の底に落ち込もうとしているときでさえ、その信念の光明が、自分のつくり上げようとしているものは自分の存在よりも大きい、という自信を取り戻させてくれる。その職務に対する資格の有無を詮索するよりも、ことの緊急性のほうが重要だ。ホタリングがいてもいなくても、職務は達成しなければならない。それはホタリングの人生そのものであり、もし万が一、その職務に参画できないとなれば、心を痛めることになるだろう。

今やっと、世界はホタリングのメッセージを理解するようになっている。獲得した数々の栄誉の中に、オプラ・ウィンフリーが与えるユーズ・ユア・ライフ賞がある。というのも、ウィンフリーは、何百人という女性や落伍者を、犯罪やドラッグ、売春、そして死から救ってきたセージプロジェクトの勇気ある活動を称賛しているからだ。

ホタリングは言う。「私の精神諮問会議のメンバーは、故人となった女性たちなのです。私は恐怖や絶望に打ちのめされるたびに、私の前に現れその命を犠牲にして何が必要なのかを理解させてくれた私の姉妹のことを思い出すようにしてきました」

勇気を出して前に進む

多くのビジョナリーな人たちが口にするように、自分の心の中にできあがってしまったさまざまな壁を突き破るのは、それも、苦しみを味わった過去のさまざまな現実を乗り越えてまでその壁を突き破るのは、最も難しい。けれどもそれは必要な、しかも達成感にひたれる成果なのだ。

「自分の心を解き放つのが、最初のステップだ」と言ったのはロベルタ・ジェイミソン。ふるさとのシックスネイションズ・オブ・ザ・グランドリバーの酋長になった人物だ。大学に進学しようとしているとき、ジェイミソンは土着の住民の扱われ方を見て驚き、医学の道に進むという望みを犠牲にしてまで、カナダで初めて法律の学位を取得した女性先住民となった。さらに訴訟よりも和解を説く、カナダで初めての弁護士のひとりとして活動した。というのも、ジェイミソンが育ったコミュニティには、そこに古くから伝わっている、平和的に話し合って解決するという長い歴史があったからだ。今では、トロントにあるナショナル・アボリジニ・アチーブメント財団のCEOの職にある。

ジェイミソンは「自分自身の心の抑圧から己を解放しなければならない」と説く。「世の人々はもはや囚人ではない。そんな類の人間ではない。長くて立派な歴史の構成員なのだ。彼らにはさまざまな意思決定をする資格がある。世の中の人たちが必要としている特別な才能がある。その責任は、自分の才能を他の人たちのために活かすことだ。自分を抑え込んでいるさまざまな束縛を打ち破ろう。そして、自分自身のことが気に食わないからといって、自分と周りの人たちの両方を苦しめることはやめにしよう」

「この世界に足を踏み入れると、さまざまな指図を受ける。つまり、才能と生来与えられている特殊な能力とが入ったある種のツールキットを受け取る。あなたの人生の職責は、こうしたツールを何世代も先のために有効に活用することだ。もし自分の決断が自分のコミュニティや国に影響を与えるとわかっていれば、どれほどの決意と力とを注ぎ込む気になるだろうか」。酋長就任を要請されたとき、ジェイミソンは二度にわたって固辞した。それでもようやく承諾したのは、この土地の人たちが要求していることに対して、自分が独自の貢献をしていた事実がはっきりとわかったときだった。それでも、その任期が終わると、本来の日常の仕事に戻っている。「大切なのは、サービスが要求されているそのときにサービスをすることだ。私は、ボスでいたいからボスになりたい、という類の人間ではない」

ノーマ・ホタリングと同じく、ジェイミソンは大義そのものにカリスマ性があったためにリーダーの椅子を与えられたのだ。これは科学者のフランシーヌ・〈ペニー〉・パターソン博士にも当てはまる。パターソンは組織を主導するという発想にあまり心地よさを感じていない。したがって、単に自分が組織を主導しているとは考えない。

少女時代、パターソンはトカゲやヘビをこっそりと寝室に持ち込み、それを何時間でも何日でも観察していた。これらの小さな生き物が考えていそうなことに夢中になっていた。「それだけでもう、何もいらない、満足だった」と博士は言う。スタンフォード大学の大学院でゴリラの赤ん坊の世話をする機会に恵まれたとき、飛び上がらんばかりに喜んだ。

「あの幸運は信じられなかった。前の夜は眠れなかった。究極の動物と考えていたものに会えると思うと、いても立ってもいられなかったから」。その当時には、この一時の役割が形を変え、その後三〇年間にわたって人生そのものになるとは、思ってもみなかった。

誰ひとり期待していなかったことがある。それは、パターソンが、現代のドリトル先生よろしく、ゴリラに身振り手振りの言葉を教えるという大胆な試みをしようという気になったことだ。科学者のコミュニティは仰天した。

「さまざまな学会が開催された。それらはどれも私たちがペテン師だという議論になるように仕組まれていた」とパターソンは嘆く。「これはありえない研究成果であり、何かが間違っているはずと決めつけたお偉い学者や哲学者もいた」

動物に人間との会話を教えるという作業は、言うまでもなく「物議をかもすテーマだった。つまり、世の中の見方を覆してしまい、多くの人たちを不愉快にしてしまった」。パターソンの信頼性を貶めようとする攻撃には、情け容赦がなかった。

「そうした攻撃を忘れ去ることによって、ひたすら前向きなことだけに集中し、前進を続けられるというのは、ありがたいことだと思う。しかしこれは大学の仲間全員にあてはまることではない。人によっては、非難の一言一句が忘れられなくなる」。ところが、パターソンが抱いていた関心は尋常ではなく、それだけに、犠牲者が味わうような無気力状態に陥るようなことはなかった。「実際に絶え間なく砲撃が続き、そのためにうつ状態になってしまいそうなほどだった。あきらめてしまったとしても当然だった」

パターソンはあきらめなかった。それ以来、現在までの三〇年間以上、この見事なブロンドの女性は、その情熱のおかげで、ココと顔を見合せながら鉄製のオリの中で過ごすまでになった。ココは体重一三五キロの毛深い学者にまで成長した立派な類人猿で、数学をこなし、高価な傑作画を描く。「しかも、身振りで表す一〇〇〇語の言葉を駆使して、自分の考えや感情を表現できる」[1]。大きなゴリラがかわいい子猫を抱いている写真を載せた、最近のナショナル・ジオグラフィック誌の表紙をおぼえている読者もいるだろう。それがココだ。ココは野生動物の能力に対する世界観を転換させてしまった。

一日二四時間三六五日、ココと寝起きをともにするのが、パターソンにとって生涯の楽しみになっている。人類に支援を要請するのは、これとはまったく別の話だ。

「メディアや寄付の提供者などと会見を開くときは、皮膚がかゆくなるように感じる。心理的に、自分が完全に無力な人間に過ぎなくなってしまう。大変なお金持ちや社会的に重要な地位にいる人たちに、この大義の支援を依頼しなければならない。困っていることを理解してもらわなければならない。一対一で話をしなければならない。それが怖い」

その不安感を克服させてくれる唯一の原動力は、自分自身には道徳的な影響力がないと思うときでも、自分の大義にはそれがある、という信念だ。パターソンは金の無心を極端に嫌う。電話をかけるとき、どうしても震えが止まらない。声も震える。けれども、いったん見込みのある支援者に電話がつながると、その心臓はカリスマ的なエネルギーを糧にして元気に鼓動する。

「現在は、真夜中の一分前だ。その一分が過ぎると、私たちはゴリラを失うことになる」とパターソンは訴えている。「時計が夜中の一二時を打つと、私たち人類の最も近い親戚であるゴリラが死んで、永久にいなくなってしまうだろう」。今日この研究活動は、ピーター・ガブリエルや、スティング、そしてロビン・ウィリアムズのおかげで、以前より少しは楽になっている。

カリスマは大義に宿る

カリスマ性のあるリーダーという考え方は、最近、メディアの間で評判が悪い。評論家は肝心な点を見逃しているのではないか。その人が内気なのか、あるいは謙虚、社交的、あるいは独断的かどうかは本筋の問題ではない。個性によって、永続的な成功がおさめられるかどうかが決まるのではないからだ。重要なことは、その大切な個性を糧にして何をするのかということだ。

筆者は、ビジョナリーな人の個性は千差万別だということに気がついた。彼らはフィル博士★の解説に委ねたほうがよいような、あらゆる種類の心理的な課題を抱えている。極端に内気な人もいれば、どうしようもなく強引な人もいる。

個性によって、永続的な成功がおさめられるかどうかが決まるのではない。重要なことは、その大切な個性を糧にして何をするのかということだ。

しかし、ビジョナリーな人は、彼ら自身が生きがいである何かを見つけ出し、しかも、非常な情

★アメリカのメディアで人気のある心理学者。

熱を注ぎ込んで没頭することによって、まかり間違えば自分をだめにしてしまうような心理的課題を乗り越えている。彼らが何をしていようとも、それには大きな意義があるのだ。だからこそ、大義そのものがカリスマ性を授けてくれ、それがあたかも電流であるかのように自分の中に流れ込むのだ。

永続的な成功をおさめている人たちは、彼らがしぼみ始めたスミレであっても空威張りしている起業家であっても、大義のために働こうとし、同時にその大義も彼らの役に立とうとする。大義は彼らを奮い立たせ、彼らはその力を糧にして成長する。読者にもこうしたことが起これば、これまでになく大きな、そして魅力的になった読者、つまりあなたが出現することになる。

台湾生まれのエンジニアで、売上高三〇億ドルのビデオチップ・メーカー「エヌビディア(Nvidia)」の共同創業者兼CEO、ジェン・セン・フアンは常に野心を燃やし続けている人物だ。しかし自称内気な人間で通している。ところが、ひとたびコンピュータ画面の前で自分のチームが取り組んでいる仕事を説明する段になると、その様子は一変する。そのときのフアンの姿は、まるで祭壇の、あるいは聖堂の前で、そのライフワークに向かってひざまずいているように見えるのだ。そのチームがつくり上げた作品の美しさや気品に対するフアンの深い畏敬の念は、少々奇妙だとまでは言わないまでも、技術オタクでない人たちの心もつかむ。フアンの大義に対する畏敬の念は、事実上、聖堂と同じなのだ。その使命に賭ける意気込みによって、フアンの姿にカリスマ性が生まれるのだ。

フアンは穏やかな口調で「できれば家にいて子どもと遊びたい、妻と一緒に静かにグラスを傾けてワインを楽しみたい」と語る。にもかかわらず、それほど急いで話をやめようという様子はない。なぜなら、大好きな話題について語っているからだ。自分にとってきわめて大切なテーマについての奥深い知識を結集させるとき、そこにカリスマ性が生まれる。自分の情熱を周りの人たちに伝えようという勇気がわきあがり、そして伝えることによって、周りの人たちはついてくる。ピーター・ドラッカーによれば、これこそリーダーの証なのだ。

ケレハーを突き動かしたもの

これこそまさに、サウスウエスト航空の創業者ハーブ・ケレハーに起こったことだ。ケレハーが生まれ変わってエンターテイメントの演出家になった、ということではない。それは、それまでの地味な弁護士のキャリアを捨て去り、ある業界を転換させてしまうキャリアへと移らせることになる、そんな大義を思いがけなく見つけたことだ。ケレハーは、ある起業家から航空会社を創設するための補佐役を務める外部の法律家として招かれた。そしていつのまにか共同創業者になっていた。

思いがけずケレハーを突き動かしたのは、世の中では当然だと思われていた不公正を是正したいというポピュリズム的情熱だ。その不公正とは単に、大多数のアメリカ人にとって飛行機の運賃は高すぎる、ということだった。おそらく道徳的な義務感からではないだろう。とはいえ、ケレハーにはそう感じられた。それに手を着けるためには、喜んで多くのことを犠牲にするつもりだった。勇気を奮い起こして、評判の腕前を持った有能な弁護士から、独立独歩の起業家に転身しよう。そして大義の名のもと、負債漬けの自分のところにいる仲間たちを助けようではないか。

ビジョナリーな人が自分の生きがいの力を手にしたときによくあるように、ケレハーも、有能な弁護士から並はずれたリーダーへと生まれ変わった。その情熱が後に、自分自身を歴史上最も称賛されるCEOのひとりにしてくれることになるとは、まったく考えてもいなかった。そのウィットにあふれた控えめなユーモアを駆使する経営手法は、企業経営の現場ではいまだに稀にしか見られない。そしてまたケレハーは、自分の航空会社が、顧客へのサービスよりも企業破綻のほうが有名な業界にありながら、歴史上、黒字の最長期間を記録することになるとは、思ってもみなかった。

よく見落とされてしまう次の事実をここで確認しておこう。実は、気立てのよいケレハーは、夢を墜落させることだけを目的にした競争相手からのいつ終わるとも知れない訴訟攻撃に、延々と耐えなければならなかった、という事実だ。サウスウエストの申請が規制当局に受理されたその翌日、ブラニフ航空が訴訟を起こし、サウスウエストは敗訴してしまう[2]。さらに上訴審でも負けた。それでもケレハーは役員会に懇願して裁判を続け、テキサス州の最高裁まで戦った。その最高裁でついに勝訴となる。今では有名になっている紙ナプキンに書いた事業計画から始まって、サウスウエストの初飛行にこぎつけるまでに、ケレハーには、五年という乱気流的な年月が必要だったのだ。

快適で安定し、しかもよい評判を得ているプロとしての仕事の世界から飛び出したのはよいとしても、生まれ変わらせようと狙いを定めた業界から逆に嘲笑や訴訟の対象となり、その結果何年も赤字を垂れ流しながら目標の達成を目指さなければならない、そんな自分を想像してみよう。いつの世も、パイオニアにはこうした苦労がついてまわる。ケレハーは正義を求めるその情熱によって、なんとか持ちこたえられた。その正義の追求こそ、初めてついた職業が弁護士だったという理由そのものだ。ケレハーは力、名声、資産といった、伝統的に唱えられてきた物差しによる成功を目指すのではなく、大切な大義のために働くのだ、と絶えず言い続けていた。大義には自分自身を熱狂させるようなカリスマ性がある、というのがケレハーの信念だった。「その大義があるからこそ、誰も経験したことのない非合理的な行動が許される」。あのブラニフ航空は廃業に追い込まれた。これとは対照的に、サウスウエストは上空高く舞い上がり、航空運賃の低い価格帯では、世界中が右にならえをするほどの転換が起こり、すでに後戻りはできなくなってしまっている。

こだわるべきは自分の使命

〈人気〉という項目は、決してネイディーン・ストロッセンによるリストの上のほうには置かれなかった。「私は法律家で、法に携わるのはすばらしい仕事だと思っている」とニューヨーク大学の法律学教授ストロッセンは言う。「ただし、法律家の、特に若い法律家の、行動調査を眺めてみると、どれほどひいき目に見ても、そこにはケタ外れの不幸、不安、そして意欲の欠乏が認められる。最悪の場合には、正真正銘の疎外感や挫折感が見てとれる。それはウォールストリートに軒を連ねる有名企業の強力な法律顧問であっても、独立独歩の弁護士であっても変わりはない」

「私が認めている唯一の例外的人物は、法律の学位を活かして、自分が信じる正義の考え方をなんとか推し進めようとしている、そんな法律家だ」。ストロッセンのチームには「正義に対する情熱的な使命感がある。私たちは正義がどのようなものか、個々に異なる先入観を持っている。しかし、それでよいと思っている。だからこそ、自らのプロの手腕を発揮して正義を推し進めることに大きな喜びを感じているのだ。自分が信じていることに打ち込むというのは、楽しいのと同時に、挑戦的であり、また大切なことでもある」

「それこそ私たちが生きている理由ではないのか」とストロッセンは言う。ハーバード・ロースクールの出身で、そのポピュリズム的正義という独自のブランドによって、世の中を変えられるのではという希望に満ち満ちている。「もし取り組むだけの価値があるなら、そのときはなんとしても、取り組むだけの価値があるように扱うべきだ」。リーダーシップというものは、自分自身であることと、その自分の実力を向上させる能力、つまりその専門性と美点に磨きをかける能力から始まるのだ[3]。

もし一緒になって怒ったり不愉快になったりしてくれる弁護士がいたとしたら、それがストロッセンであり、アメリカ市民自由連合（ACLU）の代表として、無償で仕事をこなしている人物だ。ACLU以上に、あらゆる政治的領域から攻撃を仕掛けられている組織を想像するのは難しい。

「明らかに、不公平な批判に立ち向かう忍耐力を養わなければならなかった。私にはそれが驚くほど簡単だとわかった」とストロッセンは言う。「おそらく、攻撃の対象になっているのが個人としての私よりも、組織のほうだから」。しかし、個人として非難されていることも事実だと、打ち明けてくれた。

もし取り組むだけの価値があるなら、そのときはなんとしても、取り組むだけの価値があるように扱うべきだ。

ストロッセンは続ける。「個人として、組織のリーダーとして、それほど驕りを持ち合わせてはいない。無神経ではないと思うし、少なくとも批判の中に真実の核心——自分が学べる建設的な何か——があるかどうかを広い心で見きわめているつもりです。だからどんな意味でも、驕りによって出来の悪い人間にならないよう心がけています。たとえば、ACLUにいる一部の若い従業員、あるいは一部の経験の浅い人との間に著しい差があることを私は理解しています。彼らは批判にさらされて衝撃を受け、本当に落ち込んでしまう。だから、彼らを育てるために励ましの言葉をかけてやるのが私の仕事なのです」

「この仕事をするためにACLUに金を払ってもよいと思う」と語るストロッセンは、その部下に自信満々でこう言った。「そうした批判が自分個人に向けられていると考えなくてもいい。敬意の表れだと解釈してもいいはず。もし世の中の人が、あなたが自分の課題に邁進していて、しかもその課題は世の中に影響を及ぼすものだと考えていなければ、あなたを避雷針や標的だとは思わないでしょう」

「ロナルド・レーガンがかつて、自分の政策に対してＡＣＬＵが行なった批判について語った有名な言葉を紹介したい」と言って、ストロッセンは次のような引用をした。「レーガンは〈ＡＣＬＵは私を批判したらしい。私はその批判を名誉勲章のように身に着けている〉と言った。そこで私は、レーガン政権の司法長官がＡＣＬＵを犯罪者の集団だと非難したとき、その非難を名誉勲章のように身に着けていると言ってやりました。私は仕事上いつも、楽観主義者、あるいは理想主義者でいる必要があります。でなければ、決して前には進めない。ただし、ＡＣＬＵにとってすばらしい、しかもエキサイティングなことは、ひとりひとりが味わう充実感です。一所懸命仕事をすればするほど、ますます気力が充実してくる。その源は、大義に備わった正義と、そして本物の人たちの人生において実際に独創的な成果を上げられるチャンスの両方なのです」

「私のリーダーシップについての概念は、必ずしも肩書きがあるということではなく、ある種の具体的な行動を起こすことです。私はこのリーダーシップという言葉を、自分にたまたま与えられた立場よりも、自分が実際にしていることを具体的に説明するために活用している。言い換えれば、高級な肩書を持つ人たち――あまたの選良と言われる公務員も含めて――がいても、その肩書きは私の目からすればリーダーというより、まさに典型的な従者のそれ。彼らは気まぐれな世論の動向を気にし、それに従って問題に対する自分の立場を巧みに調整するからです」

「だから、私にとってのモデルは、常にジョン・F・ケネディの『勇気ある人々（Profiles in Courage）』、つまり自らの信念をどんな障害にもめげず貫き通そうとする勇気の持ち主、にまでさかのぼることになります。この著作に紹介されている人物、つまり歴史的人物はどの人も、実際のところまさにその資質が命取りになって、それぞれがある時点で、選挙で落選させられたり、解任されたりしている。でも、私に言わせれば、そうした人物は、その資質があったからこそ、リーダーになったのです。リーダーになってから、大統領、あるいは上院議員を続けられたかどうかは、また別の問題です」

ビジョナリーな人がこだわるのは個人的な使命感だ。彼らをどこまでも駆り立てるその使命感は、彼ら自身にとって非常に重要であり、そのためになんと実際に無償でその使命を果たそうとする。それだけに彼らは、世の中に広く受け入れられるためでなく、反対にそんなことを気にせず果たそうとするはずだ。これはネイディーン・ストロッセンと同じ生き方なのだ。

情熱を信じて専門家になる

コンドリーザ・ライスは、ストロッセンと同じように、世の中の批判にさらされながら自分の人生を生きている。その昔、いつのまにか、さまざまな課題に関心を持ちそれらにあまりにも心を動かされたために、そうした課題を避けて通れなくなってしまった。このふたりの女性に会うと、その生き残りと成功の秘密は常に奥深く突き進むことだった、という事実がはっきりとわかる。自分が深い関心を持っていることならどんなことについても、持てる能力を振り絞ってあらゆることを学ぶ、という姿勢だ。

人生に必要なものは「情熱、覚悟、能力」だとライスは警告する。この三つのうちどれをはずしても、いつまでも続けられる成功は得られない。

人生に必要なものは「情熱、覚悟、能力」だとライスは警告する。この三つのうちどれをはずしても、いつまでも続けられる成功は得られない。

ライスにしてもストロッセンにしても、巨大な富に恵まれるようなキャリアパスを選んだのではない。ふたりが選んだのは別の種類の富と力、つまり知識だった。もしどんなことにも貪欲になるべきだとすれば、それは、自分の夢のために知的資本を手に入れることに尽きる。

ライスがスタンフォード大学時代に学生に語ったように、知識を稼ぐと、その人は、その知的資本を、つまりさまざまな能力を、ビジネスの世界や行政の世界で独創的な仕事をするために投資する、という倫理的な責任を負うことになる。

ストロッセンとライスは、これまで絶えず強迫観念にとりつかれる寸前にいたとも言えるだろう。

つまり、ふたりとも常識はずれの実力の持ち主であり、自分の大義によって世の中に甚大な衝撃を与えている間も、その大義をずっと大切にしてきているのだ。

ライスは他の方法でそれができるとはまったく考えなかった。ライスが育ったのは、アラバマ州バーミンガム、まだ白人至上主義のクー・クラックス・クランが活動をしていた時代だった。八歳のとき、学校の友だちのデニーズ・マクネアが亡くなってしまう。白人至上主義者が近隣のバプティスト教会を襲ったときの爆破テロに巻き込まれたからだ。ライスの父親はウェストミンスター長老派教会の牧師、そして母親は音楽の先生だったことから、両親には、もし貧乏だったとしたら娘のライスが受けることになる人種差別から遠ざけられるだけの財産を持っていた。ところがライスはこう言っている。「私は女性として、マイノリティーとして、前進するために人一倍奥深くまで突き進むだけの力をつけなければと考えていた。表面を取り繕ったり、自分の情熱を軽く考えたりするのは、決してその選択肢にはならなかった」

子ども時代、ライスはフィギュアスケートの実力者で、しかもフルート、バイオリン、ピアノが得意だった。母親は音楽用語である、愛情のこもったという意味のイタリア語をもとに娘の名前をつけることにした。それがコン・ドルチェ、あるいはコン・ドルチェッツァで、やさしく演奏するという意味がある。現在、ライスの国際政治の相手方は、世界で最もタフで最も力のある女性にその名前がついているのは皮肉な話だと思っていることだろう。

一五歳、故郷バーミンガムのクラスメートが、高校で最初の一年を過ごしたあとの夏休みを終えようとしているとき、意欲満々のコンディはすでに、デンバー大学で音楽専攻の学生生活を始めていた。入学するとすぐ「そこそこはできるけれども、音楽でずば抜けて一流になるほどの才能はない」と悟った、と言う。ライスは「一三歳の子どもがベートーベンを台なしにする」のを助けるような音楽の先生で終わるのではなく、名演奏家になりたかった、とABCニュースに語っている。そこで、一六歳になると、この大学二年生は新しい専攻科目を探し始めた。そして世界は一変する。

それはちょうど、ソ連との冷戦によって地球が二分割され、緊張状態に陥っていた時代だった。そこへアメリカの最南部から現れたのが、分割された世界のことをよく知る才気あふれた一〇代の黒人女性だ。ライスの早熟な天才ぶりと同年代の思考力との間に生まれていた大きな隔たり、つまり、年長の大学生と比べて相対的に年齢の若い学生が見せる異常な姿、あるいは故郷での肌の色や階級の問題、そのどちらであっても、ライスは、アメリカという国そして世界にあって、越えなければならない溝がどれほど大きいのか、よく理解していた。それはどうしても取り組まなければならない課題であることに気がついていた。アメリカの大統領にはなれるかもしれない。ライスが政治の勉強をしようと決めたのはしごく当然のことだった。

ライスが人生で最も魂を揺さぶられるほどの啓発を受けた人物のひとりに出会ったのは、元チェコの外交官ジョセフ・コーベルのクラスに出席したときのことだった。そのときコーベルはスターリン時代のソ連の話をしていた（コーベルはもうひとりのアメリカの希望の星、クリントン大統領時代の国務長官だったマデレーン・オルブライトの父にあたる）。ライスはすっかり魅了され、一も二もなく政治科学と国際外交の世界に飛び込んだ。ノートルダム大学の修士号をとり、さらにデンバー大学の博士号をとると、二〇代の若さでスタンフォード大学の助教授になった。

若くて筋金入りのコンディ・ライスにはアメリカ政治とロシア政治に関するずば抜けた能力がある、といううわさが広まった。ライスの得意なこと、つまり奥深く突進する情熱によって、その権威はますます高まっていく。ジョージ・H・W・ブッシュ大統領は一九八九年、ライスをソ連問題の顧問に指名し、その後まもなく、崩壊寸前になっていたソ連で開催される、ミハエル・ゴルバチョフとの首脳会談に臨む首席顧問に抜擢した。ジャーナリストのスティーブ・ケットマンによれば、ブッシュはライスを得意気にゴルバチョフに紹介したという。「コンドリーザ・ライスをご紹介します。ソ連に関する私の知識はすべて、このライスの直伝ですよ」[4]

コンディ・ライスは立派な公僕であり、あるいは、保守的タカ派なのだろうか。ネイディーン・ストロッセンは立派な公僕であり、急進的自由主義者なのだろうか。ふたりの立場のどちらかについている人たちはたくさんいるはずだ。その中には、両方の女性が同じ文章は言うに及ばず、同じ書籍で紹介されていることに不快感をおぼえる人もいるだろう。好かれていても嫌われていても、ライスとストロッセンはそれぞれの立派な大義から巨大な力を発揮し、意欲をわき上がらせ、自分自身とチームに対しても奥深い知識と使命感を要求している。そうした個人的な意義へのこだわりが、非常に長い期間にわたって、そのキャリアの中で大きな衝撃を起こす能力を十分に養う糧となってきたのだ。

自分の仕事にベストを尽くす

チャンスは専門的知識があるから生まれるのであって、単に幸運や才能、情熱があるから生まれるのではない。もし生きがいだと思うことに関する専門家になるのがどうしようもなく退屈だと感じるなら、そのときは、夢を追いかけているのではなく、ただ空想に耽っているだけに過ぎない。自ら進んで地面を掘る気がなければ、埋められた宝物は手に入らない、ということだ。

夢を追いかけるのは簡単なことだ、あるいはこれから先そのために頻繁に苦しむこともない、と言うつもりはない。けれども、もし専門的知識をもっともっと学習しようにもできない、あるいはそれに執着できないという気になるなら、目の前に避けられない障害が現れたときに、持ちこたえるのが非常につらくなるに違いない。これはそれほど大げさな話ではない。筆者はあらゆる人の口からこんなセリフを聞いた、つまり、自分の仕事にベストを尽くすことが、いつまでも続く成功のためには絶対に欠かせない。

元バイオテクノロジーの起業家で、現在、世界最大級の財団のトップをしているエド・ペンホートは、ひたすら自分のしていることで一流になろうとする意欲こそが、成功のカギだと考えている。要するに、もし奥深く突き進むのが不可能だと思ったら、そのときはすでに何か別の大切なものを見つけたのだ、だから今の夢を追い続けるべきではない、とペンホートは言っている。

「私は幸運のクッキーを大いに信じている」とペンホートはにやりとして言った。「バークレーの教授時代、手にしたクッキーにこんなことが書いてあった。〈あなたが何者であっても、優秀な存在になれ〉。私にしてみれば、これこそ誰に対しても言える、ビジネスに関するただひとつのアドバイスだ。ある仕事をこなす優秀な存在になれば、幸運の扉は目の前で開いてくれる。人はあなたと一緒に働きたいと思う。だから彼らがあなたのためにチャンスを用意してくれる。あなたのほうから彼らを探す必要はない。というのも、たいていは彼らのほうからあなたを見つけにやってくるから」

「常に成功の礎になっているのは、自分の目の前にある今の仕事を着実に仕上げる姿勢であって、自分にはまだCEOの仕事が与えられていない、という現実への怒りではない。実際驚くべきことだが、とりわけMBAの人たちにその現象を見る。彼らはみな、自分にはMBAの資格があるから、来週（までには）少なくともシニア・バイス・プレジデントの椅子が与えられてもよいはずだ、と考える。ところが、彼らに要求されているのは、現実に何かよい仕事ができるというその実力を証明してみせることだ」とペンホートは言っている。

「人生のチェスの試合で次の一手を常に気に病んでいるような人たちは、その一手をうまく見つけ出すことなど決してできない、と思っている。このような考え方は禁物だ。なぜなら、もし、常に次のステップを気に病んでいたら、自分の今の仕事を着実にこなす能力に支障をきたすからだ」

人生のチェスの試合で次の一手を常に気に病んでいるような人たちは、その一手をうまく見つけ出すことなど決してできない、と思っている。

人は相手を、よい仕事をする人か、あるいはお粗末な仕事をする人か、そのどちらかで判断するものだ、とペンホートは言う。「その相手は、お粗末な仕事をした経験のある人間として記憶されることはない。お粗末な仕事をする人間としておぼえられてしまうのだ」

ビジョナリーな人たちが、頂点を目指して奮闘しても、それはとても達成できず楽しくもない、あるいはスティーブン・キングのホラー映画に出てくるような種類の悲惨さでしかない、と気づいたとき、それを、何か他のものに鞍替えしろというメッセージだと解釈している。リーダーがカリスマ性を存分に発揮するためには、その使命が自分にとって重要だと心の奥底から信じることによって、持てる力をすべて、惜しみなく注ぎ込まなければならないのだ。

世界を変えられるという自信

事実、達成する必要があると信じるものに専念する覚悟を決めると、周りの人たちが例外なく示す抵抗にも耐えて、粘り強さを発揮しようという活力がわいてくる。学校の教師マーバ・コリンズは、自分が考案した新しいプログラムを教育関係者に披露するたびに、必ずといってよいほど壁にぶちあたっている。「私はいまだに、学校を訪問して自分の方法論を紹介したり、学校と協力して仕事をしたりするとき、大変難しい課題を背負い込まされる。つまり、大半の教師は私に話しかけようともしない。あるいは非常に否定的な態度を見せる。けれども、そうした態度は私自身に向けられたものではない。それは、私が彼らを優秀だと評価するほど、彼ら自身は自分の優秀さを信じてはいない、ということの表れなのだ」

「だから、私はそうした態度を違った視点から眺める術を身に着けてきた。というのも、もし自分が受けた仕打ち（非難）にとにもかくにも気をとられてしまうと、人は決して進歩しないものだと考えるからだ。そしてもし、ある人に進歩が見られないとすれば、その人は成長していることにならない」とコリンズは強調する。コリンズ自身が受ける揺り返しは、コリンズの問題というよりも、こうした人たちが自分たち自身のことをどう感じているかという問題だと、コリンズは言う。彼らの大義にはカリスマ性がない、ということが問題なのだ。

「他の教師からバカにされた」と、コリンズは教師としての若かった日々を苦々しく振り返る。「校長までもがこんなことを言った。『君の問題は、彼らは君の子どもではないという事実を忘れていることだ。彼らは封建的な家庭で育てられてきた。自分の子どもと同じ期待をかけるのは無理な相談だ』」

コリンズはアラバマ州で貧しい環境のもと、いつか教育を受けられるという希望を抱きながら成長した。そしてついに、シカゴの公教育に影響を与えられる存在になった。希望の**ない**学生のために行なった功績が絶賛され、レーガン大統領そしてブッシュ（父）大統領から教育長官就任を要請されるまでになる（ただし、学校の教室でその情熱を燃やすことにこだわった）。現在、その教育手法はアメリカ全土の数多くのコミュニティでひとつのモデルになっている。

「『何が子どもたちにとって間違ったことなのか』という会話が当たり前の世の中に逆らって、『何が子どもたちにとって正しいことなのか』をあえて話しているというのも、そんな会話をしたくはないから」。そこで、一四年間の格闘のあと、つまり「子どもに対する非常に低い期待を目の当たりにした」一四年間を経て、マーバ・コリンズは独自の学校を創設した。そのための資金は自分の懐で賄っている。

コリンズは、子どもたちひとりひとりがいなくなったらこの世はもっと暗くなってしまうと、その子どもたちに信じさせることによって、世界を変えられると信じている。

「『白鯨』にこんなセリフがある。〈滑りやすい世界では、われわれはみな、つかまっていられるもの、つまり頼れるものが必要だ〉。なのに、われわれは自分の子どもたちに頼れるものを与えていない。人はコンピュータやゲーム、デザイナーズブランドの洋服、かわいい自分の容姿、自分の格好のよさに頼っていられるわけではない。人が頼りにできるのは、その人自身だけなのだ。どこへ行こうと何をしようと、常に一緒にいるのはその人自身だ。そしてそれこそが、われわれの存在そのものの自我なのだ」

自分の生きがいを教えてくれるささやきを聞く、そして人生を明るく照らしだすカリスマ性を備えた大義、すなわち天職とはどれなのかを教えてくれるのが自我なのだ。

自分自身を今のありのまま、欠点も含めてすべて受け入れるようなところにまで到達でき、そして善くても悪くても、自分が愛するものを信奉できるようになれば、そのときは、いつまでも続く成功を見つけられる、今までにないチャンスに恵まれるはずだ。

「私が、指導している教師に最初にする質問は『何が子どもたちにとって間違ったことなのか』だ。返ってくる答えはいつも同じ。私の次の質問は『何が両親にとって間違ったことなのか』。その答えは無数に返ってくる。三番目は『教師としてのあなたの何が問題なのか』。そしてもちろん、答えは一切返ってこない。この、子どもの力になってやれないというわれわれの問題は何か、というところから始めなければならない。もし受け持った子どもたちや、両親、校長たちの問題から始めてしまったら、教師たちはあれも知らない、これもわかっていないという話になる。さらにもし、われわれがこうした否定的な要素から始めたら、われわれ自身が、子どもたちの到達できるところまで決して届かないだろう」

人は、「大義が自分に何をしてくれるか」ではなく、「自分こそ大義のために何ができるかを問わなければならない」とコリンズは信じている。「人が大義を育てれば、大義もその人を育ててくれて」独創的な仕事ができ、そしてそれが大きな自信につながっていくものなのだ。

問題は、努力の質にある

自分にもっと自信があるときには、永続的な情熱を追求する手を休めようと思うかもしれない。仕事をして何かを達成すると、なるほど、そうした自信がつくものだろう。自負心は過大に評価されるものだ[5]。自信を測るテストで高い点数をとる犯罪者がいる一方で、かなり低い点数をとる聖人もいる。マーバ・コリンズは、両親、子ども、そして教師に、自分たちも頂点に立てる能力があるのだということを理解してほしいと願っている。コリンズは彼らに対して、自信が持てるようになるのを待つべきだというアドバイスもしなければ、成功はある種の権利だと信じてほしい、とも思っていない。自負心の高低が問題なのではない。問題は、努力の質にある。

学生が合格点に遠く及ばない答案を提出しても、コリンズはそれを悪い成績だと評価したり、落第にしたりはしない。その代わり、こんなふうに問い質す。「あなたはこの答案の価値を五〇セントにしたいのか。あるいは五〇ドル、それとも五〇〇万ドルにしたいのか」。コリンズが指摘しているのは、学生には三種類の結果のどれにでもできる可能性があり、そのうちのどれにしても、その実現にとりかかれる、ということだ。

「私たちは子どもたちに、ある人がそれからずっと幸福に暮らしましたとさ、と教えてしまっている」とコリンズは言う。さらに、子どもたちには近道もあるし、別の簡単な道もあることを教えている。それによって子どもを勘違いさせ、自信を深めるための能力を築き上げる機会からなんと彼らを遠ざけてしまう。「私たちは子どもたちにつらくて苦しい時期をどのようにして乗り切ればよいのかということを教えていない。だから、そうした子どもたちはお互いに殺し合ったり、学校の爆破騒ぎを起こしたりするのだ。子どもたちに、つらくて苦しい時期が巡ってくるという事実と、そしてその乗り切り方を教えなければならない。さらに、人生は〈それからずっと幸福に暮らしました〉的な努力では終わらないことを伝えなければならない」

人は成功へむかう道すがら失敗を経験する必要がある、とコリンズは説く。これは使い古された決まり文句ではないのか。もちろんそうだ、しかし事実でもある。次の第七章で議論するように、ビジョナリーな人たちは、逆境こそ仕事の実力を向上させるチャンスを与えてくれるものだと信じている。つまりそれは凡庸から非凡へと向かう道筋だ。そしてそれが、自分にとって本当に関心のあることが何かを確かめるチャンスにもなるのだ。「ミスはおかすもの」であって、もしどんなことでも取り組む価値のあるものに挑戦しようとすればミスは避けられない、とコリンズは言う。重要なことは、自分がチャンピオンになれると実感するのを抑え込むレッテルをはがすことだ。

有頂天になって気持ちよくスタートを切れる日が来るまで待つのは禁物だ。ビジョナリーな人たちは、自負心というものは、挑戦し、そして失敗する、また挑戦し、失敗する、そしてささやかな勝利をこつこつと積み上げ、毎回少しずつよい仕事をするところから生まれる、と主張する。そうした粘り強さは、カリスマ性のある大義によって発揮される。つまりそれは、困難な時期をものともせず、情熱を解き放って奥深く突き進み、そうすることによって想像していた以上に能力が発揮できる、そんなカリスマ性のことなのだ。

ビジョナリーな人たちは、自負心というものは、挑戦し、そして失敗する、また挑戦し、失敗する、そしてささやかな勝利をこつこつと積み上げ、毎回少しずつよい仕事をするところから生まれる、と主張する。

chapter 7

失敗を糧にする

経験は厳しい先生だ。まずは試練を与え、教えてくれるのはそのあとなのだから。

――ディック・エンバーグ[1]

ある人が道で出会った髭の賢者に聞いた。「どちらの方向に行けば成功するのでしょうか」。賢者は黙ったままその方向を指し示した。その迷える人は、成功が間近で、しかも簡単だという思いで有頂天になり、急いで駆け出した。

突然、バシャッという音が聞こえる。しばらくして、打ちのめされた茫然自失の迷える人は、方向を間違えたに違いないと思い、足を引きずって戻ってきた。再び賢者に同じことを問い質す。賢者は黙って同じ方向を指し示す。

迷える人はうなずき、前と同じ方向に歩き出す。今度のバシャッという音はもっと激しかった。迷える人は這いずりながら戻ってきた。身体は血だらけでぼろぼろ、怒りに震えているようだ。賢者に向かってどなりながら、ひどい目に会う方向に向かわせた理由を教えろと迫った。「もう黙って教えるのはやめろ。口を開け」

ようやく賢者が話しかけた。「成功はその方向だ。その仕打ちの、ほんのすぐ先にある」

自分とは関係のない人ごとであるかぎり、その不幸な出来事を聞きたくなるのは人間の性というものだ。それが成功している人の話であればなおさらだ。積み上げてきたその財産の中に、困惑やどうしようもない敗北の山を抱えていないような人物には、筆者はひとりも会わなかった。偉業をなし遂げてきた人たちの中には、自分は失敗を重ねる達人だと語ってくれた人がたくさんいる。失敗とはつまり、もし周りからよく理解されなければ、彼ら自身が落伍者だと思われてしまうような、そんな失敗のことだ。もし、会って話を聞いた永続的な成功をおさめている人たち全員に共通しているものがひとつだけあるとすれば、それは、彼らはみな失敗の達人だ、という事実ではないだろうか。

恐怖心と付き合う

ユーモアがあれば、ありのままの自分と自分に起きていることを受け入れるのが、大いに楽になる。ところが、もし逆境を笑い飛ばし、自分の私生活や仕事の場で教えられるこうした山あり谷ありの教訓を楽しめるなら、その人は貴重な存在だ。自分の愚かな弱点を面白いと思える人は、永続的な成功をおさめている人たちの中にそれほど多く存在しているわけではない。ビジョナリーな人には、どん底の環境にいてもそれを笑ってこらえるだけの力があるのかもしれない。とはいっても、彼らもわれわれ凡人と同じように苦しんでいる。われわれは、彼らに超人的な特質が備わっていると考えて理想化はするものの、われわれ自身には、彼らと同じ高みにまでのぼらなければ、という切迫感はない。そして、彼らが過度の期待に応えるような生き方に失敗したとき、間髪を入れずに偶像から引きずりおろしてしまうのだ。

ビジョナリーな人の中には、克服できずに一生涯続くような逆境や恐怖心、欠点を抱えている人がたくさんいる。ただし、彼らは実際に、それらとうまく付き合う方法を見つけ出している。彼らは、あれもこれもみな思いどおりに行かないときに味わう、どうしようもない感情によって、自分の目標や夢を立ち往生させるような真似はしない。

「誰でも確かにつらい気持ちになるものだ。つらくないふりをするのは健全なことではない」と医師のマーサ・ライトマンは言う。これはビジョナリーな人としての人生を語ってくれたときの言葉だ。

「失敗というボディーブローを受けると、ショック状態がしばらく続いたあと、悲嘆からしだいに立ち直る段階、つまり苦痛から罪悪感、怒り、そして回復という段階が一気に襲ってくる。もし苦痛に対処しようとするなら、この現実を受け入れることが決定的に重要だ。受け入れれば、夢を追い求めることによってまた元気がわいてくるというものだ。ボディーブローから立ち直り、そのボディーブローを糧にできるはずだ、間違いない。それは、自分がいかに失敗を糧にして、さらに強い人間になるか、という問題なのだ」

改めて意識を集中させる

永続的な成功をおさめている人たちの中には、どんな状況であっても、前向きの姿勢を貫く人もいる。こうした人たちは珍しい存在だ。もしそれを徹底できるとすれば、それは大いに役に立つ能力ではある。しかし、大半のビジョナリーな人は初めて挫折をおぼえたとき、どんな姿勢をとるべきか、大いに悩み苦しむものだ。一度の任期でその座を失ったある国家の大統領であっても、悪い評価を受けた経営者や芸術家であっても、それは痛みの伴う経験ではないのか。ビジョナリーな人が凡人と違うのは、後ろ向きの感情から建設的な行動へとすばやく方向を変える思考スタイルを確立しているからだ。つまり、自分の再起をどのように考えるかではなく、最終的に何をすべきかを決断しようとする、そんな思考スタイルのことだ。

生まれつきスイッチを〈前向きに考える〉ほうに倒せない人の場合、前向きに考えることが本人の役に立つことはないだろう。というのも、前向きに考えることによって、失敗が教えてくれるさまざまな知恵を理解して最大限に活かす、あるいは何が起こったかを理解する、というせっかくのチャンスを見過ごしてしまうかもしれないからだ。前向きの見方が逆効果となり、どこまで行っても結論が出せないために、感情を悪循環に陥らせてしまうかもしれない。ビジョナリーな人は、苦労して作り笑いをするよりも、正面から逆境に立ち向かう。彼らは逆風のときにハッピーなそぶりを見せるようなことはない、そして〈AND〉自らが陥っている逆境に全面降伏することも拒否する。そのままで心地よく感じているわけではない。挫折から教わったものを大切に育み、それを絶えず行動に移しているのだ。

「ものごとがうまくいかないとわかったとき、絶望的な気持ちになるのは当然だ」と、笑みを浮かべながら語ってくれたのはデズモンド・ツツ。このノーベル平和賞受賞者にインタビューしたのはニューヨークのウォルドーフ・ホテル。それは凍えるような日だった。ツツは身を乗り出して、ささやくように言った。「それでもあきらめないことだ。感情は人生の中を駆け抜けていく嵐のようなものだ」。味わった敗北感は、最終的に生み出したいものと比較すれば、取るに足りないものだ、と語っている。

ビジョナリーな人は自分のひどい感情を繕うようなことはしない。彼らは経験から学び、目標を達成することこそ、繕うことだと信じている。つらさを感じながらも、その瞬間の苦悩よりも、そのときにつくり上げようとしていることを大切にする。自分の夢には実現するだけの価値のある、そして今の今、どれほどつらい気持ちを味わっていても、自分はその実現のために欠かせない役割を担っている、と彼らは信じている。

逆境に耐えながら、ビジョナリーな人は自分が最終的に達成しようとする対象に、つまり使命感に燃えてつくりあげようとしているものに、改めて意識を集中させる。自分がどんな姿勢をとるのか苦心するよりも、うまくいくことに意識を集中させようとする。そしてそれができたときは、彼らの姿勢もともによくなるのだ。

ビジョナリーな人は失敗を糧にして成長する。彼らは自分の思考作業を現実に起こったことの理解に向けることによって、先々の破綻を恐れることなく、一層速いスピードで前進できる。確かに、彼らはそのエネルギーの大半をその情熱と強みに集中して使う、しかし、自分のミスを見逃すことによってそのミスを無駄にしてしまうような真似はしない。自分自身のあらゆる経験、つまりよい経験、悪い経験そして無様な経験など、どんな経験も自分のために活かすのだ。

ビジョナリーな人は失敗を糧にして成長する。

デール・カーネギー、アール・ナイチンゲール、そしてナポレオン・ヒルのような人物こそ、自己改善運動の父だ。彼らの成功に関するさまざまなアドバイスは、壁にぶちあたったとき間違いなく役に立つはずだ。彼らは、絶えず否定されることによって、そして前向きの考え方があるために、あまりにも無視されることの多い宝物、つまり失敗を糧にすることに強い関心があった。こうした人たちは次のようなアイデアを実にわかりやすく教えてくれている。もし自分の人生で多くの無理難題を経験していないのなら、その人には無理難題を喜んで受け入れる姿勢がないか、あるいはそれに情熱的に取り組んでいないかのどちらか、ということだ。

幸せな生活を目指す唯一の道

一五歳のとき自殺未遂をし、ジャックは学校を中退した。というのも、それまで延々と、きわめて不安定なうつ状態や病気に苦しみ抜いていたため、自分の命を終わりにしたいと密かに思うようになっていたからだ。ジャックの状態を改善する抗うつ剤もなければ、魔法の処方箋もなかった。死ぬほど苦しい偏頭痛によってパニックに陥り、手当たり次第に人やものにあたりちらすようになっていた。一度は住まいに放火しようとしたり、肉切り包丁を持って兄を殺そうと追いかけ回したこともある。

ジャックに言わせれば、家庭は「非常に貧しかった」ものの、家族はみな、ジャックをよくしようと最善を尽くしていた。医師の助言にしたがって、二度の引っ越しまでした。最初は乾燥した気候の土地に、そして次は湿度の高い土地に移り、体調の悪いこの一〇代の子どもが回復し、成長できる環境を探し求めた。

ある友だちのアドバイスがきっかけとなり、母親は若いジャックを連れて自然治癒に関する講話を聞きに連れていった。ばつの悪い思いからか、ジャックの足どりはきわめて重かった。ふたりがたどり着いたとき、会場はすでに満席だった。ジャックがほっとしていると、講師である栄養士のポール・ブラッグがステージに椅子を二脚上げてこう言った「誰ひとり、お返しするつもりはありませんから」

ブラッグはこの震えているティーンエージャーをじっと見つめた。「人からいじめられるのはごめんでしょ。女性にもてたいでしょ」。ジャックは心を奪われた。このメッセージがその後ジャックにとって生涯の使命になる。ブラッグが勧めたのは、当時医者が心臓発作や痔、そしてなんとインポテンツになると警告していたもの、つまり日々のエクササイズだった。

これは一九二九年の話だ。このティーンエージャーは、医師の警告を無視して生活を変える決心をした。アメリカの大恐慌が深刻化していたため、昔からの知恵がやめろと警告しているようなビジネスを始めるのは、おそらく無謀だと言えただろう。しかしジャックには新しい食餌《しょくじ》療法や新しいタイプの機器を発明して、エクササイズができるようにする必要があったのだ。それは現在でも立派に通用している七〇年にわたるキャリアの始まりだった。こうしてジャック・ラ・ランは健康管理の世界における革命の父となる。

ラ・ランは、その先何十年と続く幸せな生活に向かっていく途中で、数多くの挫折のポイントに直面し、それを克服した。伝統的な治療法によれば危険なことだと指摘されたときにも、自分の夢を追いかけるために、そうした情け容赦のないあからさまな批判に真正面から立ち向かった。とはいえ、それは革命として始まったのではない。はじめはある種の回復治癒だった。まず、うつのどん底から、そして身体をむしばむ病気から、逃れ出た。そのためには砂糖と肉をやめることから始めた。そして次に、代替食品が非常に稀な時代に、まったく新しい食餌療法を生み出そうとした。最初のうち、それほどエネルギーを奮い起こせなかったものの、わずかずつ前に進み、毎日毎日強くなるために、ごくささやかながら小さな一歩を重ねていった。その勇気によって自らが救われ、やがては何百万人もの人たちの生活を向上させるようになる。

今日は気分が爽快だから、楽に何かに取り組める。反対に、気分の悪い日にはやめてしまう。ラ・ランは今でも、エクササイズが嫌いだと言うその言葉とは裏腹に、この七〇年間トレーニングを欠かしたことがない。「毎日、エクササイズをしなければ気がすまない。しなければ、体調が悪くなる」と言う。なぜラ・ランはエクササイズをするのだろうか。

「変わろうという積極的な姿勢があるか」とラ・ランは声を大にする。「もしそれで自分の人生が救われるとしたら」。血気盛んなこの九二歳は、あたかもまだ意欲満々のティーンエージャーのように、シェラトン・パレスのステージをスーツ姿で動き回る。その聴衆はコモンウェルス・クラブのメンバーだ。ラ・ランは自分の情熱に対して日々真剣に取り組むことが、どんなに困難であろうと、いつまでも続く幸せな生活を目指す唯一の道だと信じている。

持続させるべきものは何か

ビジョナリーな人は、長い年月の間に、本来の針路に復帰する。なぜなら、その針路のほうがその瞬間の感情よりも大切だからだ。一部の心理学者はこれを、〈問題の個人的な解釈〉、〈内在化〉というよりも、〈問題の客観化〉と呼んでいる。しかしこれは間違っている。勝利者は問題を非常に個人的に解釈する。つまり彼らは、勝負が終わったとは考えない。このテーマに関しては、プロの運動選手やコーチがたくさん本を出している。なぜなら、彼らは観衆の目の前で勝ち負けを絶えず繰り返すプロセスに精通しているからだ。

「自分が知らないことを変えるのは無理な相談だ」と、世紀のオリンピック選手、カール・ルイスは言う。「目前に控えたレースよりも、一年を見通した考え方のほうが大切だ。自分が出した記録にがっかりしても、とにかく何が起こったのかよく分析し、その経験を活かして次のレースに勝つことだ」

運動選手は、パイロットや船員のように、右に左にと舵を操りながら自分の夢に向かって進んでいく。決して真っすぐな針路のままで目的地に着けるとは考えない。ビジョナリーな人は日々のジレンマに拘泥しない。よく言われるように、それは、永続的な成功を目指すマラソンであって、スプリントレースではないのだ。

世の人々にとって、こうした冒険をとりわけ難しくしてしまうような挫折のポイントがひとつある。それはビジョナリーな人が口にする、完璧主義と持続性に対する過剰な自己批判的性癖だ。もちろん、両方の特質とも必要なもので、同時に、立派な成果を上げている人たちが懸命に求める高潔なあこがれでもある。不屈の努力がなければ多くのことをなし遂げられないのも真実だ。決定的な違いを生み出している持続性の話は伝説となり、完璧さの追求は多くの実力者にとってあこがれの的になっている。

そしてこれと同時に、完璧さへのこだわりは、リーダーシップや成功にまつわる文献で最悪の敵として紹介され、持続性は最高の財産として紹介されている。ところが、完璧さと持続性は、そろうと新手の中毒になることもある。われわれは、自分が完璧でなければならない、と信じるようなあらゆる悪い習慣を持続的に繰り返す。麻薬中毒やアルコール依存症にも持続性があることを思い起こそう。

ここで大切なのは完璧さでもなければ、持続性でもない。答えは明らかに、〈持続させるべきものは何か〉ということだ。意義を理解し、自分の挫折のポイントから学習することに意識を集中すれば、そのときには成長が待っている。ビジョナリーな人が永続的な成功をおさめられるのは、力の源であるさまざまな情熱への中毒を抑え込みながら、建設的な習慣を守り続けているときなのだ。

ビジョナリーな人が永続的な成功をおさめられるのは、力の源であるさまざまな情熱への中毒を抑え込みながら、建設的な習慣を守り続けているときなのだ。

作家のジャック・キャンフィールドは、自尊心をずたずたにされた子どもたちの力になろうという情熱に燃えて、ハーバード大学を卒業した。キャンフィールドの考えたあらゆる年齢層を癒すための治療法を売り込んでも、出版社をその気にはさせられなかった。その処女作に対する数えきれないほどの断りの手紙に埋もれているうち、ついに、ある出版社から暫定的な承諾を得る。そこで正しいことをあくまでも貫く術を身に着けた。それが『こころのチキンスープ』（ダイヤモンド社）という書籍だった。

現在、キャンフィールドは共著で一〇〇冊以上の書籍をチキンスープ・シリーズとして出版し、ニューヨーク・タイムズ紙のベストセラーランキングで、同じ週に七冊入ったというギネスの記録も持っている。キャンフィールドにとって本当のテーマは、何百万人もの人々の生活を向上させるような強い影響力を、いつまでも発揮することなのだ。

敗者はそれを失敗だと言い、勝者はそれを学習だと言う

小見出しにこのつまらない決まり文句をつけたことを筆者は心苦しく思っている。明々白々なことを言っているだけなのだから。とはいえ正直なところ、筆者はこの言葉を世界中のビジョナリーな人から何度となく聞かされている。永続的な成功をおさめてきた人たちは、重い口を開いて自分のおかしたミスから学んだ話を延々と語ってくれたのだ。

歴史にその名を残す最高のグラミー賞受賞者クインシー・ジョーンズに会って、この発想は古くさいという話をした。場所は、スモッグのかかったロサンゼルスの丘陵に建てられた彼の自宅だった。われわれは著名人の写真が所狭しと飾られている小さな書斎にいた。隣の家の新築工事で使っている削岩機の音に耳をつんざかれながら、われわれは午前中ずっと必死に会話を続けようとしていた。この骨まで響くような騒音が突然止まり、しばらく静かなときが訪れると、Qは深くため息をついて、ブラディメリーをもう一杯あおった。ちなみに、クインシー・ジョーンズは「Q」と呼ばれるのが気に入っている。そしてグラスからセロリのスティックをつまむと、しばしそれを味わっていた。

「困ったもんだ。もちろん、いまさらという話だ。自分のおかしたどんな失敗からでも何かを学びとれるはずだ。でも、君が最後に、その忠告を実際の行動に移したのはいつのことだ」

一本とられた。最高のアイデアも、もし実際に活かされなければ何の役にも立たない、というの

はすばらしい話ではないか。

ビジョナリーな人は異口同音に、教訓を得るためにも挫折は経験すべきだ、と言っている。最低でも、その教訓は、二度と同じことを繰り返すな、あるいは少なくとも取り組み方を変えろ、ということなのかもしれない。そうすればおそらく、自分のしていることにどれだけ必死に取り組んでいるかということが明らかになるだろう。というのも、必死にならなければ気づかなかったさまざまな別の選択肢が見えてくるようになるからだ[2]。

並はずれた業績を残している人たちは「失敗の授業料を払ったら、次はその学習効果を上げる番だ」と言っている。あくまでも貪欲に、役に立つ中身はその最後の一滴まで絞り出して、次の取り組みに活かせるようにするべきだ。筆者はこの熱のこもった言葉〈貪欲〉を注意深く使っている。というのも、それがわれわれの思考スタイルを、失敗を負債と解釈することから、革新的な資産かもしれないと解釈することへ転換してくれるからだ。

永続的な成功をおさめている人たちは、われわれが失敗に対する視点を変えれば、本当に役に立つ可能性のあるものを残らず活かせるようになるだろう、と言っている。世の人々は、失敗に我を忘れて失敗を置き去りにしてしまう、あるいはいつの間にかもう一度立ち向かってみようという自信をなくしてしまう、ということがあまりにも多い。

これとは対照的に、ビジョナリーな人はあらゆる失敗を利用する。どんな経験も例外なく何かを教えてくれるからだ。彼らは弱点や挫折を自信喪失の言い訳にはしない。自分自身や目の前の問題を過小評価しない。もし問題を細かく分析して有効なもの、有効でないものを見きわめるのに失敗したら、もし自分の経験を葬り去り続けているのなら、そこには、その過ちを繰り返す運命が待っている。

テクノロジーの権威エスター・ダイソン流の檄《げき》はこうだ。「取り組む価値のあることならどんなことでも、それによって人は試行錯誤の連鎖の中に巻き込まれてしまうものだ。だからもがきながらさまざまなことを学ぼう。ミスをおかすときは、経験したことのないミスをすることを心がけようではないか」

自動車業界は、経営が順調なとき、その状態に満足してしまうことで有名だ、とダイムラー・クライスラーのCEO、ディーター・ツェッチェは言う。やがて経営にかげりが見え始めると、慌てて「顧客の声に耳を傾けて経営状況を改善しよう」となる。成功を謳歌するおかげで、うかうかして、だらしなくまた愚かになることがある、と言う。成功よりも失敗のほうがありがたい先生なのだ。

ビジョナリーな人は成功にしても失敗にしても、両方ともにフィードバックだと考えている。どちらに対しても、完全な勝利、完全な失敗と決めつけない。それぞれに、ある種の恵みと警鐘とがあるのだ。それにふさわしいときでさえ、祝福したり悲しんだりするべきではない、と言っているのではない。ビジョナリーな人はいきなり結論を下すことはない、という意味だ。つまり、成功とは周りの人たちから称号として与えられた褒美であり、あるいは、失敗とは価値のない存在だとして同じく周りの人たちから下された死刑判決だ。ビジョナリーな人はその内容を自分自身のために活かそうとする。問題は、今勝ったか負けたかではなく、そのフィードバックを武器にこれから先何をするのか、ということなのだ。

ジャック・ウェルチの教訓

筆者がその企業の本社ビルに着いたとき、外では一陣の風が秋の色を巻き上げていた。会議室の巨大なガラス窓一面が、戸外を舞っている金色と紅の葉ですっかり覆われて、まるで水族館の中にいるような気分にさせられていた。やや髪が薄くなりかけた小柄な男性がいきなり部屋に入ってくると、その足で片隅にあるカフェコーナーに向かった。

「思ったよりも時間がかかりましてね」と話しかけながら、温かな握手を続けてくれた。労働者階級のアイルランド移民の子、ジャック・ウェルチにはどんなことにも自信を植え付けることに熱心な母親がいた。吃音《きつおん》についても例外ではない。お前の頭の回転に言葉のほうがついていかないのよ、と言って自信をつけさせていたのだ。この有名なゼネラル・エレクトリック（GE）前CEOは、スポーツチームではいつも〈ちび〉の存在だった、とのちに本人自身が語っている。おそらく、小柄な体格がその並はずれた意欲を燃えたぎらせたのだろう、「その他大勢とはおさらばする、具体的には自分なりの成功を見きわめ、群れから抜け出す」ことを目指した。

二六歳のとき、ウェルチはＧＥで初めてリーダーの立場を与えられる。当時は博士号を得て大学を卒業したばかりのころで、「自分は結構賢い人間だと思っていた」と明かしてくれた。ところが、まさか主任エンジニアとしての最初の大仕事が、工場を爆破してしまうことだとは想像だにしていなかった。ウェルチはこの〈ひどい爆発〉を振り返ってくれた。化学反応によって工場の屋根が吹き飛び、ガラスが宙を舞い、従業員がビルから飛び出してきた。工場そのものは瓦礫《がれき》になってしまったものの、人には深刻な損害が出なかった。唯一の例外は、ウェルチのうぬぼれが粉々に砕け散ってしまったことだ。

ウェルチのボスは、さらに上のボスのところに行って状況報告をするように指示した。「あれほど長いドライブはなかったし、長い夜もなかった」とウェルチは振り返っている。「あの経験から多くのことを学んだ。指示されたボスに会いに行き、ことの顛末を報告した。ボスは博士号を持つ化学工学技術者で、学者のような人物だった。この人が問い質した内容はほんの少しだった。つまり、何がうまくいかなかったのか、その原因を私が理解しているのか、そしてどのような対策を打てるのか、最後に、試作工場を吹き飛ばしたのだから、本番の工場も設計できるだろう、ということだけだった」

ウェルチは言う。「ボスは自信を回復させてくれた。なんと、それだけだった。そしてひとつ教わった。私は金輪際、旗色が悪くなった人を追い詰めるようなことはしない。たとえば、ＧＥにはジョークがあった。つまり、会議で人を責めたてている人には私はそれが誰であれ合図をする。具体的には、われわれには受け入れられない態度だとして白いハンカチを放り投げるわけだ。とはいってもこれは、もし誰かが、いつかなんらかの方法でバカなまねをしても、おまけにあまりにも生意気でも、その鼻をへし折るようなつもりはない、という意味ではない。それはまた別の話だ」

鼻っぱしらが強すぎるウェルチのような人物は、こうした経験でもなければ、その教訓を学べなかったのかもしれない。

自分のDNAを書き換える

ビジョナリーな人は挑戦し、失敗し、成長する、そしてまた挑戦し、失敗し、成長する、この繰り返しは避けられないことだと考えている。このプロセスは、ダーウィンの説がリーダーに対して共通にあてはまる比喩であることを思い起こさせる。つまり理論上は、世代ごとに優性な変異が勢力を増す、なぜならそれが生き残りにつながるからだ。この一方、うまく機能しないイノベーションには、決して明日という日は訪れない。ダーウィンの説を個人的な教訓としてビジョナリーな人にあてはめる場合、その唯一の問題は、自然淘汰なら敗者はそのうち死んでしまうことだ。

もっとよい例えは資本主義かもしれない。というのも、さまざまな欠点があるにしても、そのおかげで、起業家が破産を経験したあとでも、それにともなう不名誉で一時的に苦しみさえすれば、自分のＤＮＡを書き換えることによって再起が図れるからだ。アンバー・チャンドはまさにその例だ。チャンドは芸術品や国際的なレベルの手工芸品などを扱っており、その拠点、販売そして流通は世界中に展開されている。

一九九四年、チャンドは中央アフリカのルワンダで偶然、美しいバスケットに出会う。「これらのバスケットには、信じられない話がある。大量虐殺によってルワンダが荒廃していたときのことだ、五〇人の女性が木の下に集まっていた。みな未亡人で、その子どもはナタで殺され、夫も虐殺されていた。女性が言うには残された道は『苦しみで気が狂ってしまうか、お互いに助け合う方策を見つけ出すかのどちらかだった』という」。女性たちはフツ族かツチ族どちらかの出身で、このふたつの部族は何十年にもわたってお互いに殺し合いをする間柄だった。

「女性たちは無一文だった。だから寄り集まってバスケットを編み始めた。そのバスケットはそこで起きたこととの象徴だ。つまり、寄り集まって、お互いの違いを乗り越えて新たな生き方を探らなければならない、そして平和を築く今までにない方策を考え出さなければならない、と言えるようになった。バスケットはそうした出来事の象徴なのだ」と語るチャンドは、それを〈平和のバスケット〉と名付けたのだ。

「これを受けてジュネーブで、私の会社エジバドットコム（Eziba.com）はその総力を上げてルワンダの平和のバスケットを世界中に売り込むと誓った。平和をつくり上げることは、信じられないほど破滅的な出来事のあとでも可能であり、しかも女性は平和の使者になれる、ということを伝えるのが目的だった」

「そしてそれが、女性が和平のテーブルにつく道でもある。女性たちはそれぞれの政府の代表者ではなく、その政府は互いに認め合っていないかもしれないが、自分たちのコミュニティの中で一緒に集まり、バスケットを編んだり刺繍をしたりステッチを入れたりして、平和が訪れる道を探っている。私はそのとき、ビジネスとしてそうした努力を支援する方策を見出すことが、私の、そして私の会社の責務であることに気がついたというわけだ」

「それはルワンダの未亡人にも言えることだ。今では首都キガリの街角という街角で、喜びながら『見て見て、バスケットが売り切れそうよ。私たちには大変な能力があるんだわ。それに気がついていなかったのよ』と口々に言っている。そして突然、人々の顔に明るさが戻り、「私たちは価値のある存在だ」と言う姿を目にするようになる。それはさまざまなビジネスが活況を呈し始める瞬間だ。なぜならそれは、われわれが取引の根源的な要素として価値、品質を重視し、尊敬の念を忘れないのとほとんど同じ姿だからだ。そこで私は彼女らに言う。『友よ、もしバスケットの質がお粗末になるようなことがあれば、そんなものを売るつもりはない』。彼女らは答える。『本当？　それはどういう意味？』。私の答えはこうだ。『われわれはビジネスをしている。慈善事業をしているのではない』。それはビジネスのまた別の側面だ」

敗北から得られる知恵

二〇〇四年、エジバの創業から一〇年がたったころ、同社は成長軌道に乗り始めたように見えた。クリスマス商戦を間近に控え、同社は各小売店の年間最大の商機に備えてあわただしく態勢を整えようとしていた。ところが、どこか組織の中枢部で、ひとりのマネジャーが間違いをおかす。ある送付先リストにしたがって、同社の製品を最も欲しがるような相手ではなく、それとはまるで反対の、その見込みのない人たちに向けてカタログを発送してしまったのだ。この不幸な間違いが発覚したのは、コールセンターに電話がかからず沈黙が訪れ、同社が資金難に陥ったときのことだった。このミスによって、エジバは破産の憂き目にあう。最悪だったのは、チャンドによれば、バスケットをつくっている女性たちをはじめ、実に多くの関係者になんとか確実に支払いをしようと、金策に走り回ることだった。

その二年後、チャンドは再び、「アンバー・チャンド・コレクション（平和と相互理解のための世界的なギフト）」、と名付けた以前とよく似た夢の実現にとりかかる。「これほど最高で、しかもここまで苦労したイノベーションの具体的な形はない」とチャンドはため息をつく。「われわれの失敗は、決して、お粗末な経営ともお粗末なアイデアとも関わりがない。われわれが必死になって学んできたものを、どれひとつとして反故にできるはずはないだろう。もう一度、チャンスがあってしかるべきだ」

ビジョナリーな人は大事な戦いに負けたとき、その固い決意がさらに強くなるものだ。なぜなら、敗北から得るものがあるからだ。つまり、大切なこと、うまくいくもの、いかないものについてそれまで以上の知恵を手に入れる。「短期的な現実はビジョンの妨げ」だとジェームズ・G・マーチは言う。「変化を起こすためには矛盾もいとわない姿勢が必要だ。それは、はっきりと自分が何者かを認識し、何をしなければならないかという自覚のもとに生み出される有益な無分別だ」

マーチは経営学、教育、政治科学、社会学、そして心理学専攻の元教授で、詩集を六冊出版している。スタンフォード大学で組織的リーダーシップの講義を最後に引退してからほぼ一〇年後に、その生涯のテーマを映画化した。そのタイトルは『ドン・キホーテ流リーダーシップの教訓(Passion and Discipline: Don Quixote's Lessons for Leadership)』。

一六世紀の架空の人物、スペインを悩ませ風車に突進し家畜に挑みかかった人物だ。この〈ラマンチャの男〉から学びとれるものは何だろうか。

「われわれは現実的な期待と、はっきりそれとわかる成功を高く評価するような世界に生きている」とマーチはその映画の中で語っている。「ドン・キホーテはそのどちらにも縁がなかった。ところが、失敗に失敗を重ねても、ドン・キホーテは自分のビジョンと使命感を忘れない。忘れないでいられるのは、自分が何者かを自覚しているからだ」。ドン・キホーテは高潔な騎士の役割を演じ、名誉のために戦い、さまざまなことを「自尊心を満足させるための結果や成り行きに拘泥せず、自分に与えられた義務を忠実に」果たそうとした。

これこそビジョナリーな人を構成している要素なのだ。彼らはただひとつの成功、あるいは失敗の重要さをはるかに超越したところで、人生の生き方を考えている。

失敗を糧にする

リスクをとる人やイノベーションに取り組む人は、優秀で貴重な存在だと考えられている。いまさら言うまでもなく、イノベーションにはこれでもかという失敗の繰り返しが必要だ。皮肉なことに、社会的に受け入れられる失敗や、政治的に正しい失敗などというものは、まったく見当たらない。失敗を許容する人はほとんどいない。勝負がひとつ終わるたびに、われわれは勝者を称賛し、敗者を罵倒する。

パトリシア・ラッソが、二〇〇二年の初めころニュージャージー州マレーヒルにあるルーセント・テクノロジーズのCEOの椅子に座ったその時期には、バブル経済がまさにはじけようとしていた。ラッソは通信業界の経験豊かなエグゼクティブ集団の中のひとりで、一九九六年、この集団がベル研究所の後ろ楯を得て、テクノロジーが売りの通信会社ルーセントを創設した。ラッソは二〇年近くにわたって、ルーセントやAT&Tの最大の部門をいくつか経営してきた。

「二〇〇〇年の終わりころ、さまざまなことが厳しい状況に陥り始めた。そして二〇〇二年になるころには、通信業界が予想だにしない、かつて経験したことのないほどの業績下降局面に浸かり切ってしまった。どこまで落ちるのか、どれほど長く続くのか、誰にも見当がつかない。泥沼の上でタップダンスを踊っているように感じられた。誰も正確に事態を把握できなかった。もしわれわれ全員が一年後に学ぶことをそのとき知っていたら、もっと速く、もっと劇的な行動を起こしていたことだろう」

ラッソはそのチームと協力し、やっとのことで赤字経営から脱却、筆者が話を聞いた二〇〇五年にはルーセントを二年連続で黒字にしていた。純利益が一〇億ドルを突破、売上高もゆうに九〇億ドルを超えていた。

この危機の間、ラッソは「ある記者の取材を受けた。その人の名前は伏せておこう。それは非常に腹立たしい取材だった。というのも、この記者は、私たちにとってルーセントの業績予測がそれほど難しいものだったのか、と言って私たちのチームを激しく非難したからだ」

「しばらくして私はまともに答えるのをやめた。そしてこう言った、『私たちが大バカ者とでもお考えですか』。記者は私を見つめるだけだった。そこで続けた。『この会社には非常に優秀な人間がたくさんいる。輝かしい歴史も豊富にある。あなたは私たちを愚か者だと思っておいでですか』」

「記者が答えた、『いいえ、そんなことは』。私はこう返した、『通信業界で予測不能にさせるような現象を引き起こした何か他の要素が存在しているに違いないのです』。そこで実際に起きたことを記者に説明したところ、記者がこう聞いてきた。『ちょっと待ってください。私はパラダイムが変化したことも、変わったものが何なのかもよく理解していませんでした』。非常に難しい取材だった、というのも、われわれが厳しい経営環境を正しく把握できていなかったという印象がすでにできあがっていたからだ。そのときは誰にも経営環境の正しい把握などできなかったのが現実だったにもかかわらず。この業界はこんなに厳しい下り坂を経験したことがまったくない、というだけの話に過ぎなかったのだ」

「何が起ころうとしているのか、誰にもわからなかった。私たちはみな、想像もできないようなスピードで動いている標的を追いかけようとしていた。そうした環境のもとでできることは、現実に起きていること、自分が知っていること、知らないこと、具体的なリスク、そして具体的なチャンスに対して、謙虚な目や姿勢でいること以外にはない。これが、自分でコントロールできることに専念しながら、われわれが心がけようとしたことだ」

芳しくない話をすれば、ベストを尽くしていても、もしどこかのポイントで失敗すれば、厳しい評価を受けることになる、ということだ。最近、芳しくないニュースをメディアが好意的にとり上げてくれたときのことを考えてみよう。いや、撤回する。世論が誰かの努力を高潔な失敗と認めた例を探すなどというのは至難の技だからだ。

グチを言っているのではない。メディアのことをとやかく言っているのでもない。現実の検証をしているだけだ。大半の組織の内部でなぜイノベーションが生まれないのか、その理由を考える必要はない。というのも、その過程のほとんどでは、イノベーションというのはお粗末な見出しで評価されるつらい仕事なのだから。

これがまさに、世の人たちが潜在能力をフルに発揮して自分の夢を追いかけ、世の中の役に立つ、ことをせず、あきらめて身を引いてしまう理由のひとつなのだ。ところが、永続的な成功をおさめている人たちに、これは当てはまらない。彼らはリスクに立ち向かい、恐れをまともに感じ、辛辣な批評を受け止め、失敗から学び、そしてとにもかくにも自分自身の生きがいに打ち込んでいる。

彼らはリスクに立ち向かい、恐れをまともに感じ、辛辣な批評を受け止め、失敗から学び、そしてとにもかくにも自分自身の生きがいに打ち込んでいる。

挫折するポイントというのはどうしても避けられない失敗のことであり、ビジョナリーな人はそれを糧にする。完全な立て直しが不可能なときでさえ、次の第八章で紹介する人物のように、最悪の環境を跳ね返して、ときにはそれをバネにして、成功するための強力な方策はあるものなのだ。

耳寄りの話をすれば、もし自分の夢を追いかけることから生まれる不運な出来事に積極的に耐えようとするなら、そのときは祝福したい。それは、善きにつけ悪しきにつけ、自分の人生で何をしなければならないのかを悟ったということなのだから。

chapter 8

弱点を受け入れる

こちら側の頭の中に前線基地を持っている敵との闘いは、非常につらい。

――ヨギ・サリー・ケンプトン

ものごとが最高にうまくいく方策がとれる人に、その最高の結果が訪れる。

――ジョン・ウッデン

その顔は、大きなレンズと奇妙なフレームの醜いメガネで占領されていた。くる日もくる日も、この金髪の大学一年生はつらい思いをしながらも勉強やクラスメートについていこうと必死になっている。学習障害に悩まされ、すでに英語とフランス語では落第点を取っていた。サクラメント育ちのこの人物は、古典的な漫画本を頼りに、読書の課題をなんとかこなそうとした。もうそれだけでは十分とは言えなくなる。高度な読み書きが要求される講座ではどれも、とてもかなわなかった。チャールズにとって、ページの隅から隅まで目を凝らし、わずかに目に入るものを吸収するのが、日常的な戦いになっていた。

誰かが真実に気がつかないかひどく心配だった。とはいえ、これ以上どうすれば秘密を隠し通せるというのだ。八方ふさがりのようだった。学校から追い出されるに決まっている。

チャールズが抱えていた難題は、基礎神話学でやがて学ぶことになる英雄の人生のテーマそのものだった。つまり、成功するためには、目の前に立ちはだかるおそろしい障害を克服しなければならない、ということだ。その最もおそろしい障害とは、鏡を見つめ、成功を決定的に左右するかもしれない自分の中の欠点と向き合うことだった。

弱点は悲劇の原因ではない

ポストモダンの世界では、決してそうでない証拠があふれているにもかかわらず、自分たちの英雄が完璧な存在であることを期待するのが人間の習い性になってしまった。古代のギリシャにはそうした期待感はまったく存在しなかった。それどころか反対に、英雄が欠点だらけでなければギリシャ神話は成立しないのだ。この事実を理解しよう、つまり治療薬はひとつもなかったのだ。もし英雄が、自分の欠点が教えてくれる教訓を学ばなかったら、その話は悲劇になった。成功は天才から生まれることはなく、才能のある人からも稀だった。英雄が自分の弱点の中に隠された真実と知恵に気がついて初めて、そこでめでたく話が完結する。ウィリアム・シェークスピアの舞台もこれと似たような展開だった。もし英雄が手遅れになる前にひらめきの瞬間にめぐり合えば、その舞台は喜劇になる。手遅れの場合は、悲劇だ。しかし、そうした喜劇は悲劇ほど多くは存在しなかった。

その教訓は常にこういうことだ。つまり、弱点は悲劇の原因ではない。むしろ、英雄の弱点との関わり方が、その破滅の元凶になる、ということだ。英雄の冒険の根幹には、潜在的に悲劇を生むような欠点や弱点は、その英雄によって信奉され、まさに英雄であることの要素として、つまりその英雄自身の一部として、受け入れられなければならないという発想があった。この現実を忘れたり否定したりすることが、悲劇の触媒になった。

われわれの文明世界では、生きがいのある人生を積極的に紡ごうとするよりも、あまりにも多くの人たちが、あまりにも多くの時間と金銭を費やして、治療薬を探し求めている。もっと悪いことに、もしこうしたことをすれば、偉大さを運んでくれるウィルスから自分自身を予防しようとしていることになるかもしれないのだ。

障害を財産に変える

ビジョナリーな人は自分自身の欠点を否定しない。その欠点に行動を妨げられるようなまねもしない。彼らはときに自分の欠点に動揺したり落ち込んだりすることもあるだろうが、自分自身や抱えている問題を軽んじたりするようなことはない。自分の〈障害〉を〈克服〉することさえない。彼らはなんとかそれと付き合い、取り込み、立ち向かい、そして抑え込む。多くの場合、さまざまな障害は偉大さを築く構成要素、永続的な成功を築くブロックとして積極的に受け入れられるようになる。

チャールズの場合、自分の読書障害をさまざまな方法で人生設計に取り込む術を考えた。まず、自分の強みを周りの人たちの強みと交換し合えることに気がついた。そこでチームを作る。それは各分野で研究内容の専門家になれる学生が集まった研究グループだった。各々のコンピテンスがまとめられて総合的な力になることで、個々人の弱点が気にならなくなった。事実、チャールズのチームには、あらゆる分野の専門家だと自負しているメンバーが構成するどのチームよりも、速くそして効率的に仕事をこなす能力があった。

このようにもがき苦しんだ大学一年生とは、チャールズ・シュワブのことだ。今では、金融サービスを生まれ変わらせたことで有名な人物だ。一九七一年に創業、今でもシュワブの名前が社名になっているサンフランシスコを本拠にしたこの会社は、一兆ドル以上の顧客資産を扱っている。

創業当初の艱難辛苦がチャールズの異才の発露になった。産業界の著名人にはあえてそうだと認める人はほとんど見当たらないにしても、いわゆる学習障害で苦しんだ経験のある人たちの多くが、最もずば抜けた能力を発揮するCEO、芸術家、教育者になっていることは明らかだ。

読書障害を持つ有名人といえば、文字どおり枚挙にいとまがない。たとえば、ジョージ・ワシントン、アガサ・クリスティ、アルバート・アインシュタイン、ウッドロウ・ウィルソン、ウィンストン・チャーチル、トーマス・エジソン、ネルソン・ロックフェラー、ヘンリー・フォード、ウォルト・ディズニー、ウィリアム・ヒューレット、ポール・オーファラ（キンコーズの創業者）、F・W・ウールワース、アレキサンダー・グラハム・ベル、リチャード・ブランソン、シスコ・システムズのジョン・チェンバース、CNNのテッド・ターナーなど、いくらでもあげられる。彼らは、他のリーダーなら気がつくまでにあまりにも長くかかってしまう教訓をすばやく理解している人たちだ。その教訓とは「自分の弱みをある種の財産に変えられる」というものだ。

チャールズ・シュワブの場合には、苦しみぬいたおかげで、他人の力を借り、目標を達成するため、最初から周りの人に助けてもらう習慣が身についた。世の多くの起業家が考えるのとは反対に、シュワブは決して自分があらゆることに秀でている、あるいは秀でているべきだとは思わなかった。

「いくつかの視点で考えると、この学習機能の問題のありがたい面はおそらく、読むこと、書くこと、そしてこうしたことに関するあらゆる要素に対して自分が強くないという事実を早く認識したことだろう」とシュワブは語っている。

「メモや新聞にあるような短い文なら、真剣になれば、なんとか読める。けれども、厚い書物や長いスピーチなどはほとんど無理といってよい」。聴衆の前でのスピーチで原稿を用意しても、まったく役に立たないことがよくあった。「スピーチ原稿の文字を全部大文字にするのが、一般的な方法だろう。ところが、私の場合、そうするとどの段落も判別できないグレーの塊に見えてしまう」

これに対処するために、シュワブはサイズや書体を変えて、つまりある文字は大きく、ある文字は小さく、あるいは太字、あるいは下線付きにして、各段落をタイプしてもらった。「そうすると、ページに目を落としても、各単語がひとつの塊に見えることはなかった」。こうすることで、「大半の人には脅迫文に見えるようなものが、私の目には実に鮮明に見えた」と言う。

シュワブの聴衆を前にしたスピーチを聞いたり、全米ネットのテレビコマーシャルを見たりした人は誰ひとりとして、シュワブのその苦労には気づかなかった。

「自分自身が強く信じていないことは、一切するつもりはない」。シュワブの解決策は、真剣にコミュニケーションを図り、原稿を見ながらではなく、心から語りかけることだ。

学生時代のシュワブの対処法は、本当に関心のあることだけに専念し、その関心事をなし遂げるために指導者を見つけ出し、研究グループを組織することだった。起業家として、単に本物の能力があるだけでなく、シュワブ自身にはできないこと、つまり組織の欠点を補う天賦の才を備えている人を積極的に探し出そうとした。

「障害があったからこそ、育てようとしていた組織のさまざまな場面で、私の力を補える人材を確保する必要がある、ということを自覚していた。自分の強みと弱みをしっかり把握し、その弱みのある分野における逸材を集めたチームで周りを固める、私にはそんな能力があったと思っている。おそらくそれが、人生の早い段階でこの学習機能の問題を抱えたことによって私が得た、最も重要な恩恵だったのだと思う」

シスコ・システムズCEO、ジョン・チェンバースの演台上での話ぶりは、聖職についている経験豊かな伝道師のようだ。ところが、原稿を読んでいるそぶりをまったく見せない。スピーチはすべて頭の中に入っているからだ。「学校時代は苦労した、文字を目で追うのが苦痛だったから」と明かす。「先生は私の頭はあまりよくないと思っていたし、私としても自信がなかった。なぜ周りについていけないのか、理解できないでいた」

両親は適当な家庭教師を見つけてくれたものの、チェンバースは困ってしまう。「必死で勉強しなければならなかった」。学校が終わってからも勉強に悩まされたからだ。とはいえ、このスパルタ式勉強のおかげで、当時はまだ世の中に認知されていなかった読書障害に悩まされたにもかかわらず、高校をクラス二番の成績で卒業した。

チェンバースに対しては、長文のメモを送ったり、メモを書いてほしいと頼んだりするのはやめたほうがよい。「読むのは本当に骨の折れる仕事だ」と本人は言っている。この元気一杯のCEO

は書くこともしない。その代わりに、人と会い、できるときには必ず個人的に話をする。チェンバースにとっては、幸運をあてにするよりも謙虚な行動に頼るほうがよいというわけだ。聴衆を前にしてのスピーチ、ウェブキャスト、そして放送番組への出演によって、明快で説得力のあるメッセージを絶えず生み出しているその真剣な仕事ぶりが確実に伝わっている。

チェンバースの苦労はそのままシスコ成長の原動力になる。部下と話をする、世界中で顧客を獲得するその姿勢には、長年にわたる必死の努力から生まれる活力や自信がみなぎっている。「われわれは真剣にことに臨んでいる、そして決して社員の努力や顧客からの厳しい要求を軽く考えたりはしない、絶対に」。チェンバースは問題を実にさまざまな角度から描き出す、たとえ紙の上に書くのに苦労したとしても。「それは第二の天性のようなものだ。私には、問題を視覚化し、もっとわかりやすく、もっと簡単にできる力があるようだ」

これは天賦の才なのかもしれない。しかし、毎日ただひたすら仕事に打ち込んでいる姿勢の賜物でもある。超人的な聴力を持っていると思われる盲目の人と同じように、チェンバースのようなリーダーは、生涯をかけて、読書障害に対処する策の一環として、複雑な発想を単純で思い切った考えに生まれ変わらせる力にひたすら磨きをかけている。チャールズ・シュワブの言葉を借りれば「率直に言って、私にはものごとを複雑なままで放っておくだけの度胸がない。つまり、毎日自分でさまざまなことを把握しそれを単純明快にすることを心がけている。要するに、われわれの顧客のような頭のよい人たちは、必要以上に複雑なことが嫌いなのだ」

たとえば、ミューチュアル・ファンド事業の複雑さを解きあかそうと苦労しているとき、シュワブにあるひらめきがあった。「読むことに苦労してばかりで、一〇社から集めた山のようなミューチュアル・ファンドの資料文書を読破するという問題を抱え込んでしまう必要などないはずだ」。シュワブの解決策は、ミューチュアル・ファンドを一か所で簡単に購入できるところを創設することだった。この手法が新しい事業を生み出す。「顧客が抱えている読書障害的なものの中に、常に巨大なビジネスチャンスが隠れているものだ」

何十年もの間、チェンバースやシュワブのような人たちは自分の障害を自分だけの秘密にしていた。「周りの人たちが私の問題を活力の源泉だと理解してくれる確証はなかった」と同じく読書障害のリチャード・ブランソンは明かしている。

ところが最終的には、秘密を打ち明けることによって、打ち明けただけの見返りがあった。「学習に問題を抱えた人たちの人生に大きな影響を与えたのかもしれないと思うと、本当に嬉しかった」とシュワブは言う。シュワブとチェンバースはともに資金提供者になってこの種の研究を主導し、教師や両親がこの問題を理解するための力になろうとしている。

最大の恩恵は、われわれ凡人が彼らの苦労から学びとれる教訓なのかもしれない。

最大の恩恵は、われわれ凡人が彼らの苦労から学びとれる教訓なのかもしれない。

直面している逆境が、難題や欠点そのものをなにかしら役に立つものに変える方策を見つけ出すチャンスだと考えるのは、難しい非直観的な作業だ。しかしそのチャンスよりもはるかに大きな恩恵が待っている。つまり、英雄の場合と同じように、不利だと思い込んでいる条件には自分自身の才能の芽が息づいている、という可能性に気づくかもしれないのだ。

自分自身の痛みを前向きに受け入れることによって、ビジョナリーな人は、ミスから学んだりあるいは粘ることの大切さを再確認したりする能力よりも、もっと強力な何かを獲得する。それは感情移入以上のものでもある。ウェブスターの辞書の定義によれば、感情移入とは「理解していることを示す具体的な行動。把握していること、細かく神経を配っていること。客観的な意味での感情、思想、経験を交えずに現在や過去の他人の感情、思想、経験を、代わりに経験すること」となっている[1]。

これですべての意味が網羅されているわけではない。個人的な苦しい経験から得られる特殊な知識や技能は、感情移入さえ超越してしまうようだ。かつて遺伝的な巡り合わせでうまくいかず、学習障害で苦労していると考えられていたビジョナリーな人は、逆に、恩恵を手に入れたことに気がつく。つまり、群れから抜け出すための特殊な才能と、奇抜な方法を発見するチャンスだ。この天分は次のどちらかの方法でカモフラージュされている。第一に、たまたまわが身に起こったそれ自体は変えようのない何かに、たとえば学習障害に隠されている。第二に、自分が起こしてうまくいかなかった、しかもその対処が自分の責任でないかぎりやり直しがきかないような何かとして、隠されているというわけだ。

ビジョナリーな人はこうした潜在的な難題が、誰にでも、のしかかってくるのを望まないものだ。もしそうした難題が自分の身に起こったら、失敗した場所で宝物を掘りあてようとすればよい、と哲学者のジョセフ・キャンベルは書いている。

世の大半の人たちにとって、衝撃の大きい失敗というものは、持てる力を奮い立たせるきっかけになるよりも、立ち往生してしまう原因になる場合のほうが多い。反対に、ビジョナリーな人にとっては、そうした失敗こそ苦痛の最も典型的な形であり、それこそが自らの永続的な成功につながる大きな恩恵を与えてくれるものなのだ。

悲劇が襲うとき

青年ゴビンダッパ・ベンカタスワミーが、自分に人生の目的が見えたと思ったのは、三人のいとこが、残り三か月というところでお腹の中で亡くなったときのことだった。その絶望的な悲しみを医学部での勉学にぶつけ、ひたすら産婦人科の医師を目指した。いとこのような境遇の人たちを救いたかった。ところが、そのチャンスにはまったく恵まれなかった。というのは、医学部を卒業した直後に、リウマチ性関節炎が原因で重度の障害を抱えるようになったため、赤ん坊をとり上げられなくなったからだ。以来、何年も入院生活を続け、今でも痛みに悩まされている。

「同情から人助けをするような人生を送ってはならない。苦しんでいる人は自分の分身なのだから」とドクターVは言う。ちなみにこのドクターVが今の博士の通称だ。

患者が耐えている痛みに対して人一倍の感情移入をするだけにとどまらず、まったく治る見込みのない自分の障害を言い訳にして、その大望をあきらめることもなかった。

心機一転、今度はまた別の病気に立ち向かうために眼科学の勉強を始める。インドには目の見えない人が九〇〇万人。その大半の人が患っている病気が白内障で、これは手術をすれば治せるはずだ[2]。ドクターVはインド南東部のマデュライにある兄弟の家に、十一の病床を備えた眼科の病院を開設する。しかも開設以来、自分の不自由な手に合った道具を工夫することで、最初の一年間に五〇〇〇件の手術をこなしている。

今日、ドクターVの病院では年間二〇万件の手術を実施、世界でも指折りの手術数を誇っている。すでにインドで一〇〇万人以上の人たちに光を与えてきた。ドクターVは手術をこなすプロセスを効率化し、ハンバーガーの調理並みに、速くて費用の安い手法を編み出している。

人材と経営資源を結集すれば、この手術の手法を世界中にフランチャイズ展開できるかもしれないと考えている。マクドナルドがまさにその絶好の手本ではないか、彼らは何千軒という店舗で何十億個ものハンバーガーを売っている、と人に会うたび口ぐせのように言う。「われわれは何百万人もの人たちに新たな視力を与え、それによって飢餓から救い出せる」

博士が経営するこの病院は、その患者の七〇％が一銭も支払わないかほとんど支払わないという状態にもかかわらず、利益を上げている。しかも寄付や政府からの補助金にも頼っていない。手の具合がよくなる見込みがないとすれば、ドクターVはすでに仕事をやめる権利を獲得したと考えても不思議はない。ところが、命を救おうというその使命感は微動だにしない。障害という条件を変えられるわけではないけれども、博士はその目標に対する考え方のほうを変えることができた。そしてその結果、何百万人もの人生を変え続けているのだ。

苦痛と情熱の奇妙な調和

ドクターVのインドにおける無私無欲の志を知れば知るほど、マハトマ・ガンジーを思い起こさずにはいられない。しばし、この平和と自由の神秘的偶像の生涯を論じてみよう。ガンジーが大学を卒業したばかりの青年時代に、ある痛みに襲われなかったら、その世界観は歴史を変えるほどの大きな転換を見せなかったかもしれない、ということは明らかだ。

ガンジーは、人前で話すことに対する異常なほどの恐怖感が高じてやむなく方向転換をする。しかしこの転換をしていなければ、苦労とは無縁の平穏無事な弁護士の仕事におさまっていたかもしれない。永続的な成功をおさめている人は、自分の人生の目的に対する答えが、情熱的な愛情、あるいは苦痛のどちらか一方だけではなく、奇妙な調和を保ってその両方と向き合おうとする苦労の中に埋もれている、と気がついている。

永続的な成功をおさめている人は、自分の人生の目的に対する答えが、情熱的な愛情、あるいは苦痛のどちらか一方だけではなく、奇妙な調和を保ってその両方と向き合おうとする苦労の中に埋もれている、と気がついている。

ガンジーはロンドンで法律を学び、法律なら軋轢を生み出すさまざまな問題の解決ができるという発想に惚れ込んでいた。ところが、インドに戻ってみると、法律がそのような力を見せる場面にはほとんどお目にかからなかった。その情熱は本物だったものの、法廷に臨むと、弁論ができない自分に気がついた。絶望感を抱きながら、ボンベイをあとにする。

南アフリカに、あるイスラム教の事業の顧問という仕事があると聞き、ガンジーは喜んだ。結局、このプレトリア★への旅がガンジーの人生を変えてしまう。一等車の切符を持っているにもかかわらず、列車の個室から追い出され、馬車で座席から立つことを拒否したために殴られ、そして警官に道から蹴り出された。当時、南アフリカに住んでいるインド人には選挙権がなく、住宅も所有できず、許可証がなければ夜間外出もできなかった。公道を歩くこともままならない。ガンジーは彼らの窮状を自分のものとして真剣に理解した。

その募る一方の怒りによって、それまで経験したことのないまったく新しい声が出せるようになる。大義にはカリスマ性があった。ガンジーは法廷では口が利けなかったかもしれない、しかし、

★南アフリカ共和国の3つの首都のうちのひとつ。

周りの人たちの苦しみがその人生の目的を目覚めさせる力になったのだ。

ガンジーは日々の仕事に打ち込む姿勢をも変えることにした。南アフリカ在住のインド人の窮状を訴えるために嘆願書を集め始めながら、同時に、まったく新しい方法で自ら法廷に立つことになる訴訟に取り組む。通常の法廷闘争を避け、ガンジーは仲裁裁判を推し進めた。仲間はそれに同意し、実際に、調停人はガンジーの依頼者に有利になるような裁定をくだした。ところが、ガンジーはそれだけで満足しなかった。訴訟に勝ったにもかかわらず、依頼者に対しては、少額の賠償金の支払いを承諾するよう強く働きかけた。その賠償金によって、訴訟に負けた側が体面を保ち、尊厳を維持しそして破綻を回避できるからだ。

敵対している者同士が尊敬し合う、これがガンジーの主張する紛争の双方の当事者にとって建設的なウィン・ウィン（双方が勝利者）の解決策であり、これによって、ガンジーの奥深くに眠っていた情熱が再び目を覚ます。実はこの情熱こそ、本人の最初の仕事として弁護士を選ばせた動機だったのだ。この相互の尊敬がガンジーの根源的な考え方となる。つまり、サティヤーグラハ、「真理の把持」だ。

それ以来、何百という実例を見てみれば、相手を叩きのめすような勝利を目指すよりも、法廷の外で歩み寄りを図ろうとするのが、ガンジーの戦い方だということがわかる。そこで法律に対する自らの情熱を取り戻す術を見出した。それは抑圧された人々すべてに対する差別を自ら痛みとして感じ取った経験の賜物だった。

その法律に対する情熱と差別された人々のために感じている苦痛とが強力な魔法の力となり、ガンジーは牢獄、ストライキはもとより、さまざまな社会闘争を、つまり〈不可触民〉に対する公平な扱いの要求から、インドそのものの解放を求める闘いに至るまで、生き抜くことができたのだ。

苦しみが魂への窓を開く

筆者が大きな絵の一部としての苦痛に大きな比重をかけているのは奇妙なことに感じられるかもしれない。とはいえ、ビジョナリーな人は、永続的な成功を目指すためには、こうした苦痛は避けて通れないものだということがわかっている。前の第七章で明らかにしたように、彼らは苦痛からも得るものがあると考えている。むしろ、苦痛のほうが情熱よりも鮮明な視野を与えてくれるかもしれないのだ。問題は、なぜわれわれは自分の大好きな対象にしつこくこだわるのか、ということだ。何かをするのが楽しいという理由だけで、われわれは好きになるわけではない。われわれが楽しむもの、あるいは渇望までするものは、数多く存在する。しかし、永続的な成功をもたらしてくれるものは、皆無に近い。

嫌いなものも数多くある。したがって、単に自分が不愉快になるものを見つけ出すことが、答えになるわけでもない。さらに不思議なのは、成功をおさめている人たち全員が、必ずしも苦痛を感じるものに同一の定義をしているわけではない、という事実だ。それは、成功、あるいは幸福についても同じ定義をしていないことと重なる。人生におけるたいていのことについて、個々に感じる苦痛が世の中共通のものだと判断できるわけではない。だからこそ、そこに苦痛の生産的な面に対するなんらかの見識が見えてくる。われわれが苦痛だと考えるものが魂への窓を開き、その結果、自分が何者なのか、そして何をしなければならないのかが、独自の視点で見えてくるのだ。

読者は音楽を演奏するのが好きだろうか、あるいは、音楽なしでまる一日過ごすのは苦手だろうか。友人や親戚が、同時に、CDから聞こえてくる単調な音はどうしようもなく苦痛だと思うだろうか、読者にとって次の職業として音楽を選ぶのはバカげている、危険だと思っているという事実をしばし忘れよう。詩を書くのが好きで、悪文を読まされるのは拷問だと思うだろうか。筆者が苦痛と言うとき、それはやっかいなものという意味ではない。それによって悩まされるのか、夜も眠れないでいるか、それとも毎朝目を覚まさせてくれるのか、という意味だ。

小説家のトム・ロビンスがあるジャーナリストから、世界で最も重要なことは何かと聞かれたとき、あっさりとこう答えた。「よい文章だ」

ここにあげたふたつの例は、音楽や小説に大いに関心のある人なら誰にとっても、何らかの意味を持っている。ただし、関心のない人にとってはどうでもよいことだろう。これによって関心の有無がわかるのだ。

うまくいかないことは、そのままにしておく

究極的なことを言えば、おそらく人生で恐ろしいものは、つまり失敗や障害、あるいは怒りの根源といったものは、持って生まれた性質ではないか。ガンジーは苦痛がなければ自分の声に気がつかなかったはずだ。シュワブ、チェンバース、そしてブランソンという三人のCEOは、読書障害がなければ彼ら自身の会社を創業しなかっただろう。ビジョナリーな人は生来、何かを生み出したりつくり上げたりすることに執念を燃やすものだ。そして自分が利用できる何か価値のあるものを、どこまでも追い求めようとする。彼らの欠点について言えば、無駄にしてよいものはひとつもない。

ビジョナリーな人がすぐに退けるもののひとつに非難がある。彼らと話をするとき、明らかに抜け落ちているとわかるのは、他の人たちに対する非難や自分の抱えている問題などをくどくどと並べ立てるような人間的な性向だ。ビジョナリーな人はあらゆるもの、あらゆることに怒り狂い、悲しみにくれ、そして（個人的に）非難することもあるだろうが、彼らの大半はすぐにそれを忘れてしまうようだ。反面、自分で変えられることにはしっかりと目を向け、それに真正面から取り組み、いたずらに泣き言を言うようなことはない。いつまでも自分自身や他人を非難することは、実際のところ、問題に対処していることにもならなければ、目標に向かって進んでいることにもならない

からだ。
ビジョナリーな人は、うまくいかないときには、うまくいかないことをそのままにしておくものだ。彼らは過去のツケを将来にまわすようなまねはしない。彼らは次の仕事や次の会社、あるいは次の恋人に逃げ込まずに、自分のよくない経験のツケを、その直後に払ってしまう。前のボスから得られなかったことの埋め合わせに、次のボスをひどい目にあわせても、得るものは何もない。過去には未来への投資をさせられないのだ。

ビジョナリーな人は、うまくいかないときには、うまくいかないことをそのままにしておくものだ。彼らは過去のツケを将来にまわすようなまねはしない。

億万長者で『賢いバカ正直になりなさい』（英治出版）の著者でもあるジョン・ハンツマンは、初めての仕事でこの教訓を学んだ。「私が初めて就職した会社の社長は、いつも競争相手に激しい感情を抱いていた」と言う。「会社の事業は卵の加工だ。社長は競争相手をやりこめる方策をあれこれ考えてばかりいた。この企みにあまりにも時間を浪費したため、会社自体が左前になってしまった。競争相手がらみの話を捏造してニュースメディアに流せとスタッフに言いつけていた。考えられるかぎりのよからぬ思いつきや計略をあれやこれやとでっちあげて、競争相手をつまずかせようとした」

ハンツマンには、それによって自分自身のエネルギーだけではなく、その周りの人たちのエネルギーをどれほど消耗させているのか、よく感じとれた。それはつまらない努力だった。その社長は「破綻者同然の、哀れな死に方だった」[3]

ビジョナリーな人は、うまくいかないときは、最後にはそのままにしておこうと判断する。それは、彼らが否定的に考えているからではなく、自分がつくり上げようとしているものに専念しなければならないからだ。それは、あらゆることが許された、痛みが完全に癒された、あるいはわが身に降りかかった不正のすべてが無視された、ということではない。彼らは歴史を書き換えたり過去を水に流したりするようなまねはしない。なかったというふりもしない。単に、その事実には手を着けずに、前進するという決断をするだけだ。恨みにこだわれば、その恨みが消えることはない。恨みを打ち捨てておけばやがては消え去り、また自分の仕事に専念できるようになるものだ。

これを〈完結〉あるいは〈容赦〉という人もいる。けれどもそこに、赦免、解決、あるいは復権——少なくとも適切な謝罪という意味の存在をうかがわせる。困ったことに、よくないことが起こると、そのほとんどは完全に解決されたりうまくおさまったりすることがない。ところがそれでも、ビジョナリーな人はとにもかくにも前進し、未来をつくれるような術を見つけ出すものだ。〈許す〉（forgive）〉という言葉の語源にまでさかのぼってみると、なんと実際に〈追いやる〉、つまり〈退ける〉という意味だった。

「〈退ける〉というのは、非常に強い言葉だ」と語ってくれたのは、デボラ・ジョンソン師だ。「何かが退けられたとき、それは終わったということだ。退けられると、そこへの後戻りは禁物だ」。これが成功をおさめている人たちのしていることだ。彼らは必ずしもそれを容赦だとは呼ばない。けれども、ある種の生き方として確かに非難することを放棄している。

「最近は、ことを退けるということの考え方について奇妙なことが目につく。法廷で審理が進み、ある時点で判事が『本件を却下する』と言うとき、それはその件が消滅したという意味ではない。その件の記録はその後も残されていく。ただし、そこで終わらないのは、その件の詳細を検討し続ける、ということだ。却下とは、その件の関係者がみな最終結論を得るという意味ではない。まして犯罪は起きなかった、という意味にもなりはしない」。判事が訴訟を退けると言うときの理由は、その時点でそれ以上の訴追がなくなったということだ。「それで終わりだ」と師は強調する。

われわれは成功を目指して前進したいのか、それともあくまで紛争を続けたいのか。めざましい成功をおさめている人たちは、長期的な視点からどちらの選択肢に投資するのだろうか。彼らが日々使命感に燃えているのは、どこまでも続くような紛争を起こすことか、それともどこまでも続くような成功をおさめることか。そのままにしておく気持ちになれば、この循環は断ち切られ、自由を手にできる。本件は却下、ということだ。

「そのために一番必要なことは、起こったことの顛末と、それに対する思いをそのままにしておくことだ。そのままにしておけば、過去を将来にまで引きずらなくてすむ。そのままにしておけば、自分の身に起こったことよりも、自分のほうが大きいことを自覚するようになる」。師はこう主張した。

第二次世界大戦で大虐殺が行なわれていたとき、一五歳のエリ・ビーゼルには脱走する現実的な希望などまったくなかった。家族や友人、そして隣人と一緒に、まるで肉の塊のように列車に詰め込まれ、アウシュビッツに送り込まれた。この忌まわしい収容所に着くと、父親と一緒に整列し、大きく掘られた地面の穴へと行進させられる。そこで目に飛び込んできたのは、ナチの兵士が赤ん坊を放り込み、子どもや大人たちを銃で脅しながら突き落とし、生きたまま焼かれるという光景だった。もうあと二歩で自分の順番になるという瀬戸際で、ビーゼルは奇跡的に処刑を免れる。そしてその後三年間、その恐怖と戦うことになった。この話は異彩を放つ恐ろしいその著書『夜』（みすず書房）で語られている。連合軍が進撃して来たとき、残酷に苦しめられ殺害されてしまった何百万人ものユダヤ人の中に、ビーゼルの母や父、そして妹も入っていた。

ビーゼルが憎悪の塊になってしまったとしても、それはしごく当然のことだった。ナチに対する裁きはこれからも決して却下されることはない。それでも、ビーゼルはその人生を平和と復興に捧げ、一九八五年には名誉金章、その翌年の一九八六年にはノーベル平和賞を受賞した。ビーゼルは「憎悪をすれば自分が壊れてしまう」と言う。自分とその基金のために打ち込み始めたその生涯の使命は、「会話を通して、そして寛容と理解と平等の意識を教える若者向けのプログラムを通して、無関心、不寛容、そして不正と戦うことだ」

非難を越えて未来をつくる

ビーゼルの教訓がとりわけ難しい理由、それは、厳しい環境のもとで、自分自身がその犠牲者を演じることなくありのままでいるためには、驚くほどの勇気や知恵が必要になる、ということだ。犠牲者を演じているかぎり、世の中に対して建設的な影響をいつまでも与えられる可能性はほとんどない。

ビジョナリーな人は、最も厳しい環境から手に入るはずのものの犠牲者になるか、それともある種の恩恵を受ける人になるかは、個人が判断すべきことだ、と主張する。

ジョー・ニコルズ・ジュニアはそうした類の判断を迫られたときの話をしてくれた。「二〇歳のとき、私の人生は壊れた列車そのものだった。お先真っ暗だった」。このヒューストン出身の起業家は穏やかな口調で続ける。

「誰も私を雇ってくれなかった。というのは、私には何かできそうだという気配が感じられなかったからだ」。やがて、家族の励ましを背に大学を卒業すると、その家族と一緒に小さな郵便の請負業務を始めた。

――ビジョナリーな人は、最も厳しい環境から手に入るはずのものの犠牲者になるか、それとも

——ある種の恩恵を受ける人になるかは、個人が判断すべきことだ、と主張する。

最初の数年間、経営は悲惨な状態だった。創業時の長くてつらい仕事の日々を経験するうち、ジョーは、小包がやりとりされていた外国の地に少しばかりあこがれるようになる。いつの日か、海の向こうのロマンチックな土地を訪れるチャンスが巡ってくるのを夢に見ていた。「ところが、自分を取り巻く状況では、テキサス州ですら離れられる見込みはまるでなかった。世界旅行など論外だった」

しだいに店舗を拡張し、二号店、さらには三号店を開店させた。そして一六年後の今日、このファミリービジネスは、テキサス州、ルイジアナ州、そしてアーカンソー州に展開する高収益のフランチャイズ・チェーンにまで成長している。一昨年、ハリケーンのカトリーナがニューオーリンズの店舗を襲ったとき、家族は従業員全員を引き連れて、ヒューストンに避難した（このチームにはまったく被害がなく、業務を止めた時間も何とわずか四時間に過ぎなかった）。

ニコルズは家族とともにあふれんばかりの称賛を浴びた。「とはいっても、われわれの行動が称賛を受けることになるとは思わなかった。ああした状況のもとでは、他に選択肢はなかったのだから。積極的に協力するのはまさに当然の成り行きで、もし立場が逆になれば、周りの人たちもわれわれに同じことをしてくれると思う」

今ではニコルズの大家族はまさに近所に住む身近な百万長者であり、ニコルズ本人も永年テキサス・ジョイシーズの活動的なリーダーを務めている。他の人たちがあらゆる障害を乗り越えて自分の人生を築くのを助けようという使命感に燃えている。

そして、有名人の名前を社会的な活動の場で出したりすると、とても自慢好きな人間に見られてしまう、と妻から揶揄されているにもかかわらず、助けが必要な人へ資金集めをするイベントでは、積極的に著名人を引っ張り出している。

「どうしたというわけですか」とマーク・トンプソンが夕食の席で尋ねた。

「資金集めのこと、それともわれわれのビジネスのことですか」とニコルズは笑って切り返した。ちょうどそのとき、ふたりの会話はソムリエによってさえぎられてしまう。ソムリエがモエ・エ・シャンドンをふたりのグラスに注いで高級シャンペンの最後の一本を空にすると、すぐあとに従っていた三人のウェイターが、火をつけてアルコールを飛ばしたデザートを勧めて回っていた。このディナーの席の人たちにとって、それは、メキシカン・リビエラを巡る超豪華クルーズを楽しむ最後の夜だった。

「いえ違いますよ。一体何があったのですか」と尋ねるトンプソンの視線は、車椅子に注がれていた。

ジョー・ニコルズが軽くうなずくと、その妻のボニーがシャンペンのグラスを取り上げ、ニコルズの手に押し当てて、そのままニコルズの口元に持っていった。その右手の補助具を使ってスプーンで食事を口に運んではいたものの、飲み物をとるときだけは介護が必要だった。というのも、自動車事故で四肢が麻痺してしまっていたからだ。車椅子に頼るようになったのは高収益の企業を育て上げるはるか以前のことで、しかも、妻のボニーを見初める前のことでもあった。今では妻との間にふたりの子どもがいる。

それは一九八四年二月一八日、日没直後の田舎道で起こった。ニコルズが前からきたクルマを避けようとしてハンドルを切ったところ、豪雨あとの濡れた路面でスリップし、道から飛び出してしまう。クルマは側溝に転落し横転した。

ニコルズは暗闇の中、消防車と救急車が自分のほうに向かってきたのをおぼえている。同乗していた友人はかすり傷を負っただけで脱出していた。ところが、クルマが引き起こされたとき、ジョー・ニコルズはドライバー側の窓から落ち、身体はだらりとしたまま折れ曲がり、意識もなくなっていた。「四肢が麻痺してしまうと、まるで人生が終わってしまうような感じがした」と振り返っている。

筆者がぶつけた次の厳しい質問は、読者の頭を同じようによぎっているかもしれない。つまり、「このひどい事故の責任は一体誰にあるのか」

ニコルズは首を横に振った。「私は車椅子に座っている、それが現実だ。それよりも今もっと重要な問題は、誰が責められるべきかというよりも、誰が何に対して責任があるのか、ということだ。私が責任を負っているのは自分自身の人生に対してだ」

ニコルズは自分流の思考スタイルに自信を持っている。自分の環境がどうであろうと、それが生きがいであるからこそ、可能性が残っていることを実現する責任を自覚している。自分の境遇のせいにし、そして生きがいに背を向けて、失望して落ち込むようなことはない。

「もしそれが私の間違いだったと認めれば、そのときは自分自身の過ちの犠牲者になってしまうだろう」。ニコルズは以前にもこの発言をしていたはずだ。「そしてもし、それを別の人の間違いにしてしまうと、そのとき私には、あらゆる面で犠牲者になる余地が生まれるだろう」[4]。ニコルズはどちらの立場をとっても、そこに明日はないと考えている。

「確かに、最初のころ私は、長い苦痛と、どこまでも深い苦悩の両方を経験した。それは〈元気だったころの自分〉を失っていくとても耐えがたい年月だった。ときどき発作に襲われて妻がうろたえることもあった。発作によって身体の自由がきかなくなり、ベッドから床に転落したりもした。テキサス大学時代、講義を聞いている最中には、何度か失禁してしまったことがある。母は私の膝の上に書物を重ねると、急いで家に連れ帰ったものだ。当時私は二一歳、母はそれでも私を変え続けてくれていた。

屈辱的なことを何度も経験したけれども、人の務めは今日から明日へと日々前進を続けることだと私は思う。自分がどれほど惨めになっても、前進することだ。やがて苦痛が和らぐと、自分がまだそこにいる、つまりまだ生きていることを改めて感じとる。そして前の月には不可能だと考えていたことを、今は現実にしているということを実感する。そうしたことすべてが自信につながっていくのだ」

ジョー・ニコルズの堂々とした生き方はすばらしい教訓を与えてくれる。つまり、犠牲者の役割を演じても、学習された無力の状態になって身動きがとれなくなるだけ、という教訓だ。つまり、自分で立て直そうとせず、他の人か他の何かがそうしてくれるのをじっと待っているだけになってしまう。これはビジョナリーな人の考え方ではない。

ニコルズは抜群の強みの持ち主だ。そしてある意味では、これまでに会ったビジョナリーな人たちと何ら変わるところがない。つまり、起こったことに対する恥辱や非難にまみれるのではなく、自分が創造しようとすることに対してどこまでもその責任を自覚している。ニコルズの発言、意図、そして行動はすべて、あくまでも望ましい未来を築くことだけに向けられているのだ。

一部には克服できないものも存在する。治療法のまったくないものは数多く存在する。とはいえ、それらになんとか向かい合って、ちょうどジョー・ニコルズがしているように、利用することはできるはずだ。自分の人生に残された時間をひとときも無駄にせず、つまり自分には独創的な仕事ができないと自らをごまかして悲劇の主人公におさまるようなまねを一切しなければ、さまざまな傷を知恵に生まれ変わらせることができるはずだ。

手足の自由がきかなくなれば、どんな小さな努力でも貴重になる。したがって、この人物はそのエネルギーを傾注して、自分の家族、従業員、そしてコミュニティのために生きがいのある人生を築き続けるにはどうすればよいのかを考えている。

ものごとがどれほどうまくいかなくても、あるいはそこにどれほどの不安を感じても、ジョー・

ニコルズのような人たちは、われわれにできることを教えてくれる、そして身を隠しているところからわれわれを引きずり出してくれるのだ。

PART

3

行動スタイル

生きがいのある人生を紡ぐ

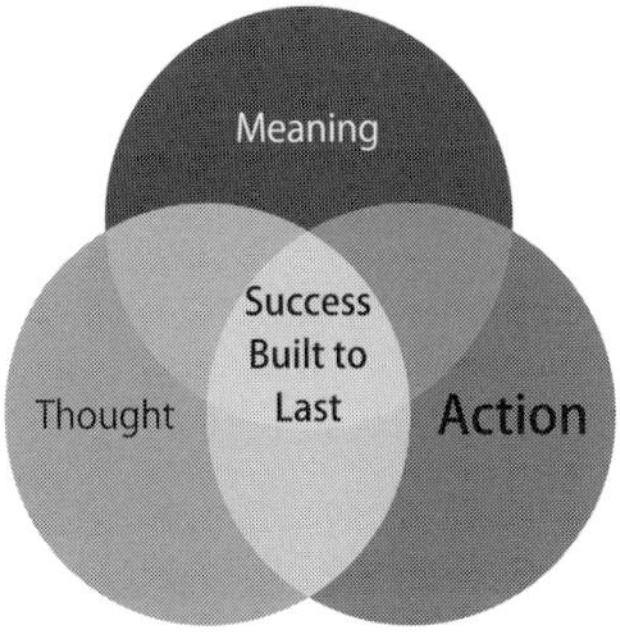

実現する価値のあることはどんなことでも、ひとりでは成就できない。

chapter 9

思いがけない幸運に備える

新しい体制を導入することほど難しいことはない。なぜなら、革新者の敵側には旧来の条件のもとで優秀な仕事をしてきた人間ばかりが集まっているのに、革新者の側にいるのは、新しい条件になればまともに仕事をしてやるという、きわめて守りに弱い人間ばかりだからだ。

――ニッコロ・マキャベリ

私は人一倍幸運を信じている。私には、仕事に精を出せば出すほど、幸運を手にできることがわかっている。

――トーマス・ジェファーソン

もし、永続的に優秀な実績を上げている人に向かってその成功の秘密を聞いたとすれば、彼らの大半は、人生で思いがけない幸運に恵まれた、と答えるだろう。それは単に彼らが幸運だったという意味ではない。一七五四年、イギリス・オーフォードの四代目伯爵ホレス・ウォルポールが、この〈思いがけない幸運（serendipity）〉という言葉をつくり出した。このウォルポールに言わせれば、その語源になったのは「セレンディップの三人の王子というどこにでもありそうなおとぎ話。その中で主人公はいつも、偶然、そしてそこに知恵を働かせて、意識して探してはいなかったものを次々に発見する……」[1]

「ライオンの住む島」というような意味を持つ、セレンディップという名の熱帯のパラダイスで、ジャファーという立派な王が息子たちを個別に呼んで、後継者にふさわしいかどうかを試してみることにした。それぞれの王子はその年齢にもまして大人に成長していたとはいえ、父親を落胆させてしまう。王は、彼らの賢さには感心したものの、まだまだ教育が足りないと考えた。王子には現実の世界での経験が必要だと確信すると、王国から放逐してしまう。

確かにそれまでの王子たちの人生は、思いがけない幸運と呼べるようなものではなく、事実、王子の〈幸運〉はよい方向には向いていなかった。王子が冒険の最初の行程を歩み始めたとたん、ひとりのラクダ使いが行く手をさえぎって、自分のラクダを見かけなかったかと尋ねてきた。王子には見かけた覚えはなかったものの、探偵よろしく、道すがら気がついた手がかりをもとに、そのラクダの姿を細かいところまで思い描いた。

王子たちは、ラクダ使いを驚かせた。というのも「行方不明のラクダは片方の目が見えないのか、歯が一本ないか、そして脚を引きずっているか、と聞いてきた」からだ[2]。王子はまた、そのラクダは「背負っている荷物の片方にはバターが、もう片方には蜂蜜が入っている。そして乗っているのは身ごもった女性だ」と言った。王子があまりにもそのラクダに詳しかったため、ラクダ使いは盗んだのは彼らに違いないと思い込み、まったく身に覚えのない王子を留置場送りにしてしまう。三人の王子がようやく釈放されたのは、ラクダ使いの隣人が、その後にラクダを発見してくれたからだった。

この奇妙な話を耳にすると、皇帝ベラーノはその王子たちを宮殿に召還する。どうして目にしたこともないラクダの様子をきわめて正確に説明できたのか、と問いかけた。聞き出した王子の答えには、魔法の仕掛けなど何もなかった。それは論理と鋭い目のなせる業《わざ》だった。王子は実に賢明で、手がかりを頼りにしながらその謎を解いていたのだ。それはある種、シャーロック・ホームズ流の推理だった。

この三人の王子は協力して多くの難題に取り組み、そのどれにも答えを出した。そして冒険の最初の行程で想像もできなかったほどの宝物を手にすることになる。

自分の幸運をつかみとる

実際のところ、この逸話は、ただ単に幸運に恵まれるというよりは、自分の運命をつかみ取るという話だ。つまりビジョナリーな人がその夢に向かってひたすら前進する、予測不能な苦難の道のりをうまく例えた話だと言えるだろう。ビジョナリーな人の圧倒的多数は、自分の成功は思いがけない幸運の道のりだった、その願ってもない幸運はたいてい、自分からつかみ取ったもので、それには大変な犠牲をはらっている、と言う。それができたのは、自分にとって意義のある仕事に専念し、どこまでも深く入り込んで、関係のありそうな手がかりを発見しようとしたからだ。彼らは大きな目標を立て、目の前の仕事に身も心も捧げている。

その結果、ビジョナリーな人には、表面上はよろしくない、あるいは役に立たないと思われるものを、チャンスに転換する姿勢ができあがっている。頭の鋭さや、英雄的な資質、あるいは転がり込んできた幸運に見えるものは、本当は、情熱、奥深い知識、そして能力を語ってくれる物語なのだ。自分のしていることに愛情を持っているからこそ、ビジョナリーな人はじっくり時間をかけて、生きがいに関する詳しい知識を手に入れようとする。彼らが自分の歩む道筋の機微をよく理解したうえで、思いがけない幸運に恵まれた出来事を自分に有利に利用できるのは、頭や体力というよりは、緊張感と知識のおかげなのだ。この話に登場する王子のように、ビジョナリーな人は自分の進む道筋を、不運と予期しない幸運でいっぱいの冒険だと考えている。そこで通用するのは、決然とした覚悟と、開かれた心以外には、ない。

この話に登場する王子のように、ビジョナリーな人は自分の進む道筋を、不運と予期しない幸運でいっぱいの冒険だと考えている。そこで通用するのは、決然とした覚悟と、開かれた心以外には、ない。

目標や計画は無意味なのか

ノー。目標と計画は両方とも必要不可欠だ。事実、ビジョナリーな人は計画立案と目標を、たいていは大きな目標をテコにして、思いがけない幸運が期待できる立場に自分を置こうとする。『ビジョナリー・カンパニー』で、著者のコリンズとポラスのふたりは、〈のるかそるかの冒険的な目標（Big Hairy Audacious Goals――ＢＨＡＧ）という言葉をつくって、ビジョナリーな組織がどのようにして、その中核的な価値観を足がかりに、大志に向かって大胆に突き進もうとするのかを説明しようとした。ＢＨＡＧは個人のイデオロギーと並立的に存在はしない。というのも、それがイデオロギーのある種の明示だからだ。それはありのままの自分と、自分の生きがい両方の世界を拡張したものだ。

「BHAGを設定するためには、ある程度現実を無視するほどの自信が必要だ。（ケネディ大統領の）月面着陸計画のように、本物のBHAGは明快で説得力があり、そして努力を一点に集中するために役立つものだ。そうすれば、計り知れないチームワークの精神が生まれるのもよくあることだ」とふたりは述べている[3]。そしてこの着陸計画のように、ケネディ大統領の暗殺後、宇宙競争に対する意欲が失せても、目標そのものは計画を思いついたケネディよりも長く生き続ける。ケネディはニール・アームストロングが月面に降り立つところを見なかった。しかし、すでにその目標はアメリカという国を奮い立たせていたのだ。

「BHAGは人を奮い立たせてくれる。人の心に訴えかけ、心酔させてしまう。その内容はあくまで具体的でその気にさせるのに十分、しかも見事に焦点が定まっている。人はすぐに〈それを理解〉し、説明する必要などほとんどない。ゴールのテープははっきりと見えている。したがって、組織には目標を達成したとき、すぐにそれとわかるはずであり、だからこそ組織の人たちは一目散にゴールテープに向かって突き進む」[4]。こうしたBHAGには、さまざまな冒険的プロジェクトに対して大胆でリスクの高い投資をするという首尾一貫したパターンが必要だ。そうなれば、中核的な価値観とイデオロギーの両方を維持しながら、あくまで前進できるのだ。

BHAGは真剣に打ち込める具体的なものを与えてくれる。リーダーには真剣な姿勢が必要だとこれまで何度となく言われてきた。しかしビジョナリーな人は、この意味については慎重になるべきだと言うだろう。リーダーの掲げるBHAGは〈本物〉でなければならないにしても、世の中はリーダーの考えていることを一から十まで知りたがっているわけではない。

真剣さを求めるスローガンは、実行時に微妙な判断を必要とする行動のための善意の呼びかけだ。言い換えれば、リーダーは勇気を奮い起こして、ひたすら誠実に目標を目指して邁進していることを示せ、ということだ。リーダーは言行一致でなければならない。リーダーは、会ったこともない英雄が口にしたそれらしいセリフを持ち出すのではなく、自分自身が考えた具体的な言葉を口にすべきだ。リーダーが自分たちに何をさせようとしているのかと気にしている人なら誰でも、そのリーダーの本音が知りたいと思っている。リーダーは、その目標や使命に賭けた情熱や個人的な意義を表現する自分独自の流儀を考え出さなければならない。

その一方、チャーチルでさえ、つまりお決まりの演説で日頃その言葉が最もよく引用される二〇世紀のリーダーでさえ、常に真剣だとは限らなかった。チャーチルは第二次世界大戦中、イギリスの戦争継続能力に対する疑念が頭をかすめたとき、それを明かそうとはしなかった。酒におぼれ気弱になっていることも、公言しなかった。チャーチルにしてもリンカーンにしても、その異常な職務を遂行している間ずっと悩まされ続けたしつこいうつ状態を公の場で見せることはなかった。アメリカ国民は、大統領が過ごしている芳しくない日のことなど知りたいとは思っていないのだ。

世界を変えながら、自分がどう変わるか

己れ自身に対して誠実であれ。とはいっても、どの自分自身に対して誠実であるべきなのか。男性と女性、息子と娘、学生と先生、恋人、どの自分自身なのか。第三章で述べたように、人には実にたくさんの種類の情熱があるものだ。そうした情熱を追い求めるとき、わざわざ多重人格障害に陥って、違った種類の自我をいくつも経験する必要はない。そうした自我のいくつかは、他人にまったく関係のないことだ。認知心理学者のヘイゼル・マーカスはこう述べている。「自我がひとつ、ということはない。人は人生におけるさまざまな役割の枠組の中で、多くの完結した自我を持っている」

ジミー・カーターは、プレイボーイ誌に対して、女性に性的欲求を覚えると正直に話してしまったことでメディアに批判された。異性に愛情を感じる健康的な男性であれば当然で当たり前であることがたとえ自明であったとしても、やはり、批判の対象になったのだ。カーター発言の真の意図は、よからぬ考えが頭をよぎっても、男性は、倫理的精神的に望ましい行動を取れるはずだと念押しすることだった。ところが、カーターの感情移入はその役割にふさわしくないと判断され、アメリカ合衆国大統領、そして自由世界のリーダーとして、その使命をまっとうするための足かせになってしまう。

これは信じられないほど不公平だ。そう言ってよいだろう。現実には、れっきとした自我のある部分は、もしそれが、自分の目標を直接支えたり前進させたり自分の目的の正当性を確立させようとするとき、役に立たず意味もないものなら、見えないところに隠しておいたほうがずっとましだ。これこそ、ＢＨＡＧがさまざまに枠を設けてメッセージからそれないようにしてくれる領域なのだ。

マーティン・ルーサー・キング・ジュニアは、絶対にあきらめない夢をテコに人生の目的を定め、世の中に大きな影響を与えている。その冒険的な目標と揺らぐことのない価値観を明確に説明することによって、キング師は明快で説得力に富んだビジョンを掲げ、人道に対する考え方を転換させる指導者となった。その影響力は、ある意味で、本人が期待していた以上に大きかった。キング師は世界史の中に永遠に残る伝説をつくろうと目論んでいたわけではない。それでも、信念を貫く勇気を持ち、永遠に続く変革を起こしたのだ。

このキング師には、道なかばにして達成できなかった目標もある。つまり、人種差別はあらゆる社会の影の部分で依然として人知れず存在している。ただし、キング師の目標が持っている力は、人類の日常における進歩に永遠の活力を与えることだろう。

世界ユダヤ人会議のラビ・イスラエル・シンガーは、「われわれの信念はわれわれの資産であり、そして債務でもある。われわれの決断次第で、大義が傷つくか前進するか、そのどちらにも転んでしまう」と言っている。シンガーはユダヤ教の聖職者、キリスト教の主教、枢機卿とともに働いて、ユダヤ教とキリスト教との架け橋を築く力になるという経験を積んできた。信仰に橋を架けるというラビ・シンガーのその目標は、文字どおり、のるかそるかの冒険的なものだった。そして現在、シンガーはユダヤ教、キリスト教、そしてイスラム教の聖職者をひとつの対話のテーブルに座らせる道を探っている。

「われわれは空想的社会改革派ではない。世の中には、この世界は移ろいやすいと信じている人もいる。それはそれで結構。けれども、われわれは小さな勝利の積み重ねがいつまでも続く変革につながると確信している。世の中を変えるとは、そういうことだ」と強調している。

今すぐに目標が達成されないからといっても、「意気消沈しないことが本当に大切だ」と言う。BHAGは、達成されて初めて価値があるのではない。その価値は第一に、それを達成するための道筋を決める作業そのものにある。「その過程で経験することで大切なのは、世界を変えながら、自分がどのように変わっていくかということだ」

「個人の影響力というものは、瞬間的には相対的に小さなものかもしれない。けれども、すさまじい衝撃を与えられるのは、そうした小さなステップを積み重ねたその結果なのだ。世の中を、ひとりひとり、町から町、ユダヤ教の聖職者ひとりひとり、キリスト教の聖職者から聖職者、イスラム教の聖職者から聖職者、宗派から宗派、と変えていく。つまり、考え方や人生をひとつひとつ、こつこつと変えていけばよいということだ」

BHAGの決定的な力

彼らの大望がどれほど立派であっても、シンガーのようなビジョナリーな人は、実際の成功と当初の計画の間にどれほどの違いがあるかを想像してもいなければ、歩んだ道筋に似たロードマップをポケットに忍ばせているわけでもなかった。ビジョナリーな人の目標は、彼ら自身がビジョンを構築し、探し求める生き方を実現するための力そのものになっている。ところが、もし二〇年から三〇年前の彼らに、今現在、自分が現実に送っている人生を描いてくれと依頼できたとしても、それを描ける人はほとんどいなかったはずだ。

〈すべての机にコンピュータを〉という、先に紹介したスティーブ・ジョブズのビジョンは現実になった。ただし、アップルはその机の九五%を占めるコンピュータのメーカーにはならなかった。ガンジーは、ヒンズー教とイスラム教を統合するという目標は達成できなかった。ところが、愛情あふれるビジョンを持ったこの人物ほど、平和と自由をもたらす仕事に没頭した人はいないだろう。

大半のビジョナリーな人の場合、その生きざまは、月に狙いを定めたにもかかわらず、偶然、火星に当たったようなものだ。それは、当初の目論見よりはよいけれども、予期しなかった結果になるということだ。最初の段階で探求する心がまえができていなければ、もっとよい目標には当てられなかっただろう。ビジョナリーな人は、計画立案が役に立つことを（少なくとも個人的に）誰よりも早く認めるものだ。ただし、金言が教えてくれるように、計画そのものが役に立つことはほとんどない。計画を立てることなしに前進するのがきわめて難しいという一方で、ビジョナリーな人は長い年月をかけて探し求めているものが、常に期待したとおりの結果になるとは限らない、という事実にも気がついている。

フォーブス誌のスティーブ・フォーブスの忠告によれば、人生でしっかり心構えをしておかなければならない最も重要なものに、思いがけない幸運があるという。フォーブスは言う。「何かを探していると、目をしっかり開いてさえいれば、最後にそれとは別の何かに行き当たるかもしれない」。フォーブスはマクドナルドを育て上げた人物、レイ・クロックの有名な実例をあげる。

ミルクセーキ製造機のセールスパーソンとしてそこそこのキャリアを積んでいた五〇歳代のある日、クロックはたまたま、マクドナルド兄弟が経営するハンバーガースタンドに立ち寄った。「これはいい。もしこの店が大きくなれば、もっとミルクセーキ製造機が売れるはずだ」。ところが、マクドナルド兄弟には自分の期待に応えて商売を拡大する気などなく、それを確かめるとクロックはこの店を買収、その後の顛末はよく知られているとおりだ。事実、自分の知っていることや生きがいに対して常に誠実なビジョナリーな人の場合、ものごとにはなんと、想像以上によい結果をもたらす特性があるものだ、とフォーブスは言っている。

事実、自分の知っていることや生きがいに対して常に誠実なビジョナリーな人の場合、ものごとにはなんと、想像以上によい結果をもたらす特性があるものだ。

これがＢＨＡＧの捉えにくいけれども決定的な力のひとつだ。ＢＨＡＧはたちまち人の頭と心を魅了する。明確な方向を示す。ただし、この方向というものをロードマップと混同してはならない。ビジョナリーな人に前者はあるが、後者はない。月着陸の宇宙開発競争を例にしてみよう。しばしば忘れられてしまう事実に、「一九六〇年代のうちに人間を月に送り込み、無事に帰還させる」というこのＢＨＡＧが発表されたとき、アメリカには実際にこの計画を成就させられる根拠がまったくなかった、ということがある。

この計画の意義は、月そのものにあるのでもなければ、そこへの到達方法がわかっているふりをすることでもなかった。月自体は地球の引力、潮の干満、そして人間の気分変動に関わっている岩の塊に過ぎない。月面着陸の意義は、実際にこの遠く離れた神秘的な天体に旅をしようと考える、その冒険的な姿勢にある。ケネディの宣言によって、アメリカ国民の負けず嫌いに火がついた。科学が、一党独裁的な共産主義に対する民主主義の勝利に例えられるようになる。それは、その方法を知っているかどうかという問題ではなく、そうしなければならないと信じるかどうかの問題だった。

率直に言えば、これこそ大半のビジョナリーな人の生き方であり、いつまでも続く成功の秘密なのだ。あくまでも意義が第一であり、方法論はそのあとについてくる。科学者には、月に向かって打ち上げる方法についていくつかアイデアがあった。ところが、月に着陸し、そして帰還する方法について総合的な知識と言えるようなものを持っていた人はひとりもいなかった。ケネディですらそうだった。目指す方向は明らかだったものの、具体的な計画はまったくなし。ＢＨＡＧ自体はアメリカの夢の入れ物となり、とにかく突き進んで、不透明なことと現実との乖離の橋渡しをするための文脈にもなった。

ＢＨＡＧというものは、この種のあいまいな状況を生き抜くための力になってくれる。月を目指すというＢＨＡＧの場合には、アメリカ国民にとって、現実を無視したとんでもない、しかも耐えられないほど細かな行動方針を受け入れ、月に到達するために取れそうな基本的ステップを具体化するための力になった。公的な失敗を受け入れる、その失敗から学ぶ、進歩する、そして時間をかけて何千もの小さなステップを積み重ねることで成果に結びつけるという、国家レベルの並はずれた勇気を与えてくれた。

大胆なリスクを一歩一歩ものにする

ビジョナリーな人は一歩一歩着実に前進して、大胆なリスクをものにしていく。これこそまさに、ラビ・シンガーが実践していることであり、マイケル・デルが絶えず繰り返してきたことだ。

「私は企業の創業時期を一連の実験のようなものだと考えている」とデルは言いながら、その指先をホワイトボードのほうに向けた。そこには目標を達成できなかった斬新なアイデアが並んでいた。「ほとんどは失敗だった。けれども、会社を潰してしまうほどの大きな失敗はひとつもなかった」

ほとんどの人は、不安な気持ちを抱えたままよい実績を残せないものだ。ビジョナリーな人には残せる。なぜなら不安な気持ちは冒険的な姿勢やイノベーションの敵だからだ。心の中に恐れを植え付け、頭の中を疑問だらけにするからだ。仕事を完遂させるための具体的な作戦がないまま、ボスや同僚あるいは自分のチームに対して、アイデアを最後に売り込めたのはいつのことだったのだろう。ボスや同僚などは、完遂のための細かい手順を要求し、具体的な成果を事前に知りたがっただろうか。

確証が持てることを相手から要求し、保証のないアイデアは受け付けないというのが人の性だ。しかも、保証のあるものなどほとんどない。立派なアイデアや立派なキャリアには、事前に完璧な計画が整っていたわけではないのだ。

マイケル・デルにはこの種のＢＨＡＧがあった。それは明快で自信にあふれてはいたものの、具体性や確実性はあまりなかった。ところが、デルに関する記事や書物を読むかぎり、そのようには思えない。メディアがデルのことを持ち上げ、あたかも大学一年生のときにその寮の部屋のチェストに、人生の宝物の地図を発見したかのような書き方をしているからだ。

ただし、会ってみればわかるように、デルは控えめで地に足のついた人物だ。自分には明確な計画などまったくない、と言う。ただ、それまで誰も足を踏み入れたことのない領域に、思いきって乗り出しただけのことだ。この起業家の心を奮い立たせたのは、計画ではなく、アイデアの、あるいは目標の持つ強烈な個性だった。デルは、小売店を通さず、郵便を使って直接顧客に販売できるのではと考えた。いざ始めてみると、瞬く間にその可能性が立証できた。というのも、なんと最初の一年で八万ドルの利益を記録したからだ。当然、デルは、学位を取るよりも、オースティンにあるテキサス大学の寮のバスタブからコンピュータ機器を売るほうに専念するようになる。

大学を卒業するような時期、デルは株式市場に自分の会社を上場させた最年少の人物になる。ところが、それから一年もしないうちに、会社の倉庫が電子部品の山であふれ返ってしまうという不始末に直面する。それは、顧客にうけると踏んだ、コンピュータテクノロジーのマニア向けシステムだった。デルは既存の小売店を通さないという衝撃的なアイデアで知られてはいたものの、このときばかりは、なんとしても過剰在庫を処分する必要性に迫られていた。会社が潰れる寸前になって、とりあえず、コンプUSAとベストバイの店舗に流すことを決めた。郵便だけで売るというBHAGは、しばらくの間棚上げになってしまう。

この事態を収拾したのもつかの間、同社はまたしても壁にぶちあたる。デルはあるビジネスで赤字を出して苦しんだ。それはのちに収益源となるノート型パソコンのビジネスだった。弱り目に祟り目、ヨーロッパでも高くつくミスを抱え込んだ。デルは株式市場への二度目の上場を取り消さざるを得なかった。

この二度目のどん底からなんとかはい上がろうとするデルの姿を評価して、アップサイド誌はデルを年間最優秀企業再建CEOと認定した。そのときデルは、今では伝説になっているこんなセリフを残している。「この賞をもう一度受け取りたいとは思わない」

すべては自分の責任

大半のビジョナリーな人と同じように、デルがそのジェットコースターのような運命を乗り切ろうとするときにこだわったのは、奇妙に混じり合った責任感とそして冒険的な姿勢だった。このリーダーシップの資質を的確に表す言葉を見つけるのは非常に難しい。イディッシュ語の辞書には、それに近い意味の言葉、フッパーが載っている。ここで述べているのは、このフッパーという責任に対するある種の姿勢、つまり、あらゆる困難をものともせず、善きにつけ悪しきにつけ何かを創造しようとする、世の常識にとらわれない根性が持つ冒険的な姿勢のことだ。この意味において、責任感のあるフッパーは、この言葉から連想される完全な独りよがりの頑固さとは無縁だ。

レオ・ロステンは『イディッシュの喜び（The Joy of Yiddish）』の中で、フッパーの意味を「鉄面皮、厚顔無恥、無遠慮、信じられないほどの根性、他の言葉や言語では表現しきれないほどの厚かましさと頑固さ」と定義している[5]。この定義からもれているのは、長期的な視点を持っているビジョナリーな人には一貫した責任感がある、ということだ。彼らは自分と外の世界の両方同時に、明確な見解を述べる。アカウンタビリティとは、「自分自身が、ある一連の出来事の、あるいは環境の一部として、あるいは原因、要因、あるいは根源として立ち、あるいはそのように認められる」という意味だ。

思いきったアカウンタビリティとは、自分の人生を、そのなりゆきも起こることも、ともに自分の責任だという視点から考える、という意味だ。心配することはない。これはいわゆる人間の潜在的心理療法運動の情報コマーシャルではない。人類の歴史から学べる最高の教訓のひとつがこれだ。つまり、自分の身に起こったことで自分が責められることもあれば、責められないこともある。けれども、そのどちらであっても、そこに関わっていることについては責任がある、ということだ。

人類の歴史から学べる、最高の教訓のひとつがこれだ。つまり、自分の身に起こったことで自分が責められることもあれば、責められないこともある。けれども、そのどちらであっても、そこに関わっていることについては責任がある、ということだ。

ビジョナリーな人は、自分がすべてをコントロールしていると思う、とは断言しない。しかし彼らには、次のように考える大胆さがある。つまり、実際に自分ひとりで（あるいは創造主の力を借りて）何らかの目的を持った人生を築いているのであって、何か別の計画を練りながら、たまたま自分の身に起きる人生を送っているのではない、ということだ。

もしこれが、言葉のうえで矛盾があるように聞こえるなら、つまり、もしそこに逆説や矛盾、あるいは自分の行く末に待ち受けるパラダイムシフトを感じるなら、その考えは正しい。事実、長期的に立派な実績を上げている人の中で、自分の個人的目標を、本質的に冒険的だとか、とても応えられそうにないアカウンタビリティだとか表現する人は、ほとんど見当たらないのだ。

規模は関係ない

組織のために大胆なビジョンを描く場合とは違い、ビジョナリーな人は、のるかそるかの冒険的な行動を起こす個人的な理由を語ることはない。規模は関係ない。狙う目標の大きさやそれに見合った冒険的な姿勢は彼ら自身には関係がない。もしくは、そうした観点から考えるつもりがなかっただけなのかもしれない。

実際に、論理を超越し、しかも既存の考え方の枠組みを確かに越えているこうした数多くの会話には、純粋な熱意が強く感じ取れた。これらのビジョナリーな人は自分のしていることを禅のような雰囲気で捉えている。このような雰囲気に接していると、そうした冒険的な成果を引き出せるのは、彼ら自身が、自分の打ち込んでいることをそれほど冒険的だとは思っていないからではないか、という疑問に襲われるのだ。

『ビジョナリー・カンパニー』の中で、コリンズとポラスはこう書いている。「BHAGが冒険的に映るのは、内部の目よりも外部の目に対してだ。ビジョナリーな企業は、その冒険的な姿勢が神々に対する冒涜になるとは考えなかった。そうした企業が、自ら着手した仕事を完遂させられなかったことが、ただの一度もなかっただけに過ぎない」[6]

ビジョナリーな人の中で、自分の仕事に、使命や天職、大義、あるいは高邁な目的といった恐れ多いレッテルを貼った人はほとんどいない。そうした栄誉はいわれなき苦痛になってしまうこともある。実際には、ビジョナリーな人は「自分の目的はきわめて重要で、達成しなければならない、そうするだけの価値がある」という言い方をする。その目的は真面目なものであり、当然、もっとよい方法で取り組むに値するものだと信じている。しかも今、始めなければならない。長期的な仕事だとはいえ、ぐずぐずしてはいられない。

ビジョナリーな人からは、人生そのものにつながる楽しい、そして苦しい出来事の話が聞ける。ただし、ここで特に強調しておきたいのは、彼らが、どの思いがけない幸運をもたらしてくれる出来事を選んで追い求めればよいか、非常に鋭い嗅覚を持っているということだ。自分にとって大きな意味のあることだけを追いかけようとする。つまり大好きか、あるいはとても無視してはおけないもの、言い換えれば、あまりにも大切で、周りの人たちの意見に従ってではなく、そうした意見に逆らってでも、打ち込むだけの意欲がわいてくるような、そんな生きがいを追いかけるのだ。

ビジョナリーな人は、世の中にすでに存在している成功への障害を、かえって増やしてしまうような、説教じみた話を考えたりはしない。むしろ長期的に成果を重ねている人は、自分の進捗状況を測るための具体的な方法を一所懸命に工夫するものだ。

大切なことを評価する

フィードバックがなければ、人は適応することも進歩することもできない。評価がそうしたフィードバックを与えてくれる。よりよい方法を教えてくれる情報が手に入ったときは必ず、自分の個人資産の口座に貯えをすることを忘れない。これこそ、ビジョナリーな人がしていることだ。

そこでこんな問題を提起しよう。つまり、われわれは勝ち続けているときにだけ、喜んで得点を記録する、という問題だ。勝っていないとなると、本音では、他の誰かが成績表に記入しているのを見たいとは思わない。ところが、ビジョナリーな人の見方は違う。

「CEOの椅子に座ったまさにその日、私は役員会で経営陣全員の目の前に、一枚だけプレゼンテーションのスライドを用意した。そのスライドには、数字をひとつ書いておいた」とジョン・ディア社のトップ、ロバート・レインは言う。

この数字は財務か業務の関数と関係があるのでは、と一部の出席者が言った。そうではなかった。それは一万八〇〇〇という数字で、「今後一年半以内に、従業員を一万八〇〇〇人にする。そのためには、われわれが協力して、団結したチームワークでどのように仕事をするか、という明確な目的を掲げる。すべてはわれわれの最優先の目標につながっている」という意味だった。

部下の人たちと評価の間の調整がカギだ。「われわれは、正しい目標を設定し、そしてその正しい評価方法を考え出すことに実に多くの時間とエネルギーを使ってきた」とマイケル・デルは言う。ことの大小にかかわらず、デルは会社の中で行なわれていることを、まるで犯罪現場での鑑識作業のように細大漏らさず調べ上げた。それは「顧客を本当に喜ばせることを考え出すため」だった。デルは慎重に証拠を見つけ出し、「この製品は人々が好きになるはず、だから、すばらしい製品だと思う」といった言葉にも惑わされなかった。筆者と一緒にダボスの凍てついた雪の上をハイキングブーツとスーツという格好で歩きながら、デルは、一〇代のとき新聞配達の仕事で当初苦労したという例の有名な話をしてくれた。

新聞配達の仕事がどうにか当てずっぽうの状態から抜け出して儲かるベンチャー事業になったのは、人が新しいもの、たとえば新聞の購読を始める、といったことにどんどん金を使おうという気になるのは、自分の生活に大きな変化が起きたときだと気がついてからのことだった。つまり、新しいコミュニティに引っ越す、家を建て替える、子供ができる、結婚するといったときだ。

この観察によって画期的なアイデアが生まれる。それは、自分の配達区域の顧客に起こる生活の出来事や変化に注目することだった。これがきっかけになり、その種のデータを追跡して、顧客の生活のさまざまな場面で生まれる需要を満たすことにした。

顧客データを緻密に分析するという少年時代のこの興味がそのまま、のちに、コンピュータ事業を伸ばすための、顧客の購買性向に対する見識につながっていく。一〇代の少年時代、その新聞配達は成功をおさめ、当時一万八〇〇〇ドルの収入となった。高校時代にBMWを買うのに十分な金額だった。仲間の高校生はまだ小遣いをねだっていた、そんな時代の話だ。

目標に宿る秘密の生命

ものごとに対する評価は、目標に向かう長い道のりで、自分がどのあたりにいるかを判断するために役立つ。けれども、その方向が正しいかどうかがわかるわけではない。「最終的な目標を頭に置いて」とりかかるのは重要なことだ。ただし、もし、本書の冒頭部分を忘れてしまい、だしぬけに独りよがりの目標を設定したり、あるいは周りの人のための目標を設定したりすると、行き止まりにぶつかってしまうことにもなりかねない。

目標設定のプロセスはきわめて有効であると同時に危険な作業でもある。なぜなら、それはいわゆる、丘を戦略的に制圧するという目的を達成するために大きな効果を発揮するにしても、確かにその丘こそが攻めるべき目標だ、という保証はまったくないからだ。目標というものには、初めから無条件でついてくるような保証はひとつもない。つまり、その目標を達成すれば利益を得られる、あるいはその達成のプロセスを楽しめる、という保証もなければ、正しい針路を進んでいるという確認もしてはくれない。目標達成にはもともと、ものごとを達成するための汗や現実的な努力と同じ程度には、必ずしも創造的な着想が必要というわけではない。

スティーブン・コヴィーが、すべてのことは「最終的な目標を頭において」始めるべきだと言ったときのその意味が、少々混乱して伝えられているようだ。

本来コヴィーが訴えたかったのは、頭に置いておくべき目標をどれにするのか自分で判断しろ、ということだった。

「それは必ずしも目標でもなければ、ましてや目的地でもない」とコヴィーは言う。それは汗を流すべき「人生の生き方だ」。

その著書『第8の習慣』（キングベアー出版）の中で、コヴィーはこんなたとえ話をしている。「仮に読者が心臓発作に襲われたとしよう。生命の危機を前にしてどんな目標を最優先に設定するか。自分に残された時間の中で、何をするのが最も大切なことなのか。なぜ、自分が傷つかないかぎり、自分の将来を考えるのと同じ真剣さで、意思決定をしようとしないのか」


人生の相当早い段階では、合理的な衝動を抑え込むことが重要だ。目標というものは、それが本当に自分のものになっていないうちは、成功や達成感の障害になってしまう。これを筆者は〈目標に宿る秘密の生命〉と呼んでいる。それはマイルストーン（里程標）そのものが生命を手に入れるときに認められる。目標はそれ自体のために、あるいは他の誰かの定義によって成功の内容を規定してしまう。必ずしも、本人自身や本人の大切にしている利益共有者にとって重要な意味を持つ成功を規定してはくれないのだ。

　ビジネスの世界について言えば、ゼネラル・エレクトリックのCEOだったジャック・ウェルチの二〇年間の記録はあまりにも有名で、その話は誰にとってもすでに耳にタコ状態だろう。とはいっても、ウェルチのいつまでも続く成功に貢献したとかつて称えられたあるBHAGのことは、まだよく知られていないはずだ。その成功も、ついにはBHAG自体に宿る秘密の生命を獲得してしまった。つまりこうだ。

『ビジョナリー・カンパニー』をはじめとする数多くのビジネス書は、GEのどの事業でもナンバーワン、ナンバーツーのマーケットシェアを獲得しろというウェルチの徹底的に明快な目標を称えてきた。ところが長年にわたって、徹頭徹尾マーケットシェアにこだわったスローガンを強烈に浴びせ続けておきながら、ウェルチ自身が、あれほど熱心に説いていた信念を完全に吹き飛ばして改宗するという、そんな人物に誰よりも先になってしまったのだ。

　この変化が起こったのは、クロトンビルにあるGEの研修センターに、軍のお偉方の一行が招待されたときのことだった。GEという企業は昔から、あらゆる分野の人たちを招いて、互いにアイデアやベストプラクティスの情報交換をしていることで有名だ。その席である大佐がこう主張した。どんな事業でも、ナンバーワンかナンバーツーになれというGEのマーケットシェアの目標によって、会社はあまりにも安易に窮地から脱出できるような仕組みになっている。この発言に、ウェルチはわが耳を疑った。

ウェルチによれば、この大佐は続けて、ちょっとばかり創造力のある人なら誰でも「あるマーケットの規模を小さく見せかけて、ナンバーワンになっていると言えてしまうだろう」と語ったという。もし先頭にいると言いたければ、うまくいっているという評価を「ひじ掛け付きの椅子で生産量がナンバーワンという観点からすればよいだけの話だ。私はすぐにこの仕組みのごまかし方に気がついた」とウェルチは明かしてくれた。

「その考えによって、私は文字どおり目が覚めた」。ウェルチのスローガンは、その最初の段階からＢＨＡＧの目的を弱体化させていたのだ。ウェルチはこのような核心的な考えが、産業界の外は言うに及ばず、同社の外の人物からもたらされるとは、思ってもいなかった。

もっと驚くのは、それがなんと実際に実行に移された、ということだ。かつて大量の人員削減をするとき、その断固とした姿勢から〈ニュートロン（中性子）ジャック〉と呼ばれたこの人物は、自ら進んで、しばしジャックであることをやめ、目指している丘がもはや制圧する必要のない丘であることに気がついた。しばらくの間、司令官、指揮官であることをやめ、一歩退いて目を凝らし、自分が間違った方向に進んでいるボスにすぎないと理解した。

ウェルチは〈目標に宿る秘密の生命〉の典型的なケースに惑わされて、本来の使命を忘れ去ってしまったのではない。手遅れになる前のぎりぎりのタイミングであの〈騎兵隊〉が現れて、驚くべきメッセージを発した、そしてウェルチにはその使命の包括的な意味に耳を傾ける姿勢ができていた、というのは、思いがけない幸運のなせる業だった。その使命とは、ＧＥの成長を目指すことであって、シェアを追いかけることではない、ということだった。

アンディ・グローブにも、似たような啓示があった。世界最大のチップメーカー、インテルの前CEOはどこまでも明快で、いきなりずばりと、急所を衝く問いかけをすることで知られている。一〇誌をはるかに超えるビジネス誌の表紙に登場し、人類の歴史上、掛け値なしに最高の経営者のひとりとして称えられている人物だ。PBSのナイトリー・ビジネス・レポートがウォートンスクールの目利きに、歴史上最高のCEOは誰だと思うかと尋ねたところ、グローブが最高の票数を獲得した[7]。

インテルにとってとりわけ難しい局面を経験していたとき、アンディ・グローブは、かつてインテルのCEOを務めた〈ムーアの法則〉の提唱者ゴードン・ムーアとふたりで、オフィスの低い仕切りの中に座って、同社の将来について考えをめぐらせていた（言うまでもなく、インテルでは、たとえ経営者の立場であっても、その席はオフィスの仕切りの中につくるのが伝統になっている）。

もし、状況がどんどん悪くなる一方で、役員会がグローブを排除してしまったらどうなるか。グローブ本人はこう考えた。つまり、ムーアは間違いなく新しい人物を迎え入れるだろう、その人物は、社外の人間として、その立場に据えられたとき、ほとんどのCEOが積極的に手を着けようとしない仕事、つまり、中核になっている事業からの撤退という仕事を決められる勇気を持っているはずだ。社外の人間なら何か劇的なことをして救いの手を差し伸べられるものの、反対に、それは社内の人間にはできない相談だからだ。というのも、社内の人間の場合、本来の出世コースを順調に上がっていくことに、これまでの自分のキャリアや自我を賭けてしまっているからだ。

グローブが育ったのは、社会主義国のハンガリー。共産党の指導者には決して異議を唱えられず、したがって改革は不可能というそんな仕組みに、グローブは憤りを感じていた。そのユダヤ系の一家は、第二次世界大戦中ナチスから逃れ、グローブ自身も四回名前を変える。最初は身を隠すためそして次は発音しやすい名前にするためだった。アメリカに渡ると大きな夢を抱きながらエンジニアとして人生の再出発を図る。その大きな夢を実現しようと、シリコンバレーにやってきていた。グローブは仲間と一緒に勇気を奮って、役員会の席上、非常識なアイデアを提案する。今振り返ってみると、そのアイデアがインテルを生まれ変わらせ成長させることにつながった。どんなに痛みを伴っても徹底した荒療治をいとわず、インテル最大の事業に固執する計画を廃棄してしまう。このおかげで内部崩壊を免れた。

インテルは幸運を手にしたのだろうか。おそらくそうだ。その恩恵に預かったのだろうか。間違いなくそうだ。アンディ・グローブの人生は、セレンディップの王子の逸話が教えている意義をそのまま反映している。幸運は覚悟を決めた者にほほえみかけるのだ。

自分の目標にどこまでも忠実に振る舞う

思いがけない幸運というものは、次のような人のところにやってくる。つまり、自分に与えられた課題に打ち込みながら、同時に、自分の目標にとって本当に大切なことを達成する針路を維持しているかどうかを判断するための、現実的な検証に踏み出す勇気がある、そんな人だ。そうした冷酷な客観性に裏打ちされて新たな成長が始まり、そしてそれがインテルを救ったというわけだ。

意義を自らの指針として活用することによって、グローブのようなビジョナリーな人は、どこまでも自分の目標に忠実に振る舞う。言うまでもなく、BHAGが生きがいを具体的に教えてくれるとき、ビジョナリーな人にはいつの間にか、思いがけない幸運が与えてくれる最高のチャンスをつかみとる準備ができあがっている。あの三人の王子のように、ビジョナリーな人たちの成功に輝く人生は、幸運のなせる業でもなければ、あらかじめ定められた運命でもない。自分の価値観に生き、神経を鋭敏にすることによって、彼らは、日常の生活、仕事の場面で経験する、避けられない、予見できない、しかも困難な出来事の絶え間なく続く流れを、幸運のほうへと転換できるのだ。

chapter 10

論争を盛り上げる

異論反論が飛び交うのは、お互いの見解を真剣に比較検討しながら真実に迫ろうとするときだ。論争が不毛に終わるのは、相手の誤りをあげつらってばかりいるときだ。

——フレデリック・ウィリアム・ロバートソン

「私がそこに誰かを招き入れるかどうかはわからない。でも、おそらく唖然とすることだろう」とウォーレン・ステイリーは言う。外部の人間がステイリーのスタッフ会議に招かれることはない。

しかし社内の人間はその会議を楽しみにしている。「つまり、アイデアと議論に対する情熱、という意味での思い入れがそこにはある、ということだ」

ステイリーは世界最大級の非公開企業、カーギルの会長兼CEOだ。売上高は七〇〇億ドル以上、デルやマイクロソフト、プロクター・アンド・ギャンブルを上回っている。そしてもし、株式を公開しているとすれば、二〇〇六年のフォーチュン五〇〇のリストでは、上位二〇社の一角を占めているはずだ。

「もし幸運に恵まれて、自分と同じように何かを創造しようという意欲や情熱にあふれた人を採用したなら、その次には、その人との意見の衝突が待っている」とステイリーは言う。

「それは避けられないことだ。現実にわれわれのところでは、世界中から集まった頭のよい人たちが、あまたの事業を経営している。みなそれぞれ、異なるバックグラウンド、違った文化、そして立派な経験を背負っている。これこそ会社が獲得できる最高のものだ。つまり、お互いに周りの人たちを触発し合うようなアイデアや人材の多様性だ。私もそこに飛び込んでいく覚悟ができている。そうするのは実に心地よいものだ」

論争の火に油を注ぐ

直観的な感じはしないかもしれないが、論争に臨んでできる最高のことは、その火に油を注ぐことだ。永続的な成功をおさめている人たちの奇妙な触発的行動スタイルのひとつに、本当に論争を求めている、という姿勢がある。筆者がここで論じているのは、いわばグローブをはずして素手で打ち合うような、残酷なほど歯に衣着せぬ意見交換のことだ。これを一部の専門家は、本音の会話、と呼んでいる。

永続的な成功をおさめている人たちの奇妙な触発的行動スタイルのひとつに、本当に論争を求めている、という姿勢がある。

多くの起業家はこの話題が持ち出されると目を輝かせる。彼らはこの話題を楽しみにしており、その多くは、チームが論争をする会議を、一緒に仕事をするときの恩恵だと思っている、と言う。もしこれがジェリー・スプリンガーの番組で紹介される話のように思えたとしたら、それは違う。なぜかといえば、この種の本音の会話は、個人的な攻撃を意図しているわけではないからだ（とはいっても、やはり面の皮を厚くしておく必要はあるかもしれない）。議論の的になるのはさまざまな問題であって、人ではない。ビジョナリーな人が火をつけるのは、実際のところ、ある種のコントロールできる炎だ。つまりマッチで火をつけながら、もう片方の手にはホースを握っている、という状態だ。その目的は、適切な方法をすべて駆使して論争を促しながら、最上の、最も意欲的で、創造的なアイデアを自分のチームの中から引き出すことだ。

なぜこれがそれほど大切なことなのだろう。セーフコの前会長兼CEO、マイケル・マクガビックは、二〇〇一年にCEOとして同社の舵取りを始め、以来数年間のうちに同社を甦らせ、一〇億ドル近い赤字から史上最高の利益を計上するまでに持っていった。マクガビックは、建設的な論争はどうしても不可欠であり、しかもそれはしばしば生産性と成長の両方に足かせをはめてしまう企業内政治への保険だとも考えている。

マクガビックは言う。「昔のセーフコの文化では、ごますりと部下への仕事の押しつけが当たり前だったと言ってよいだろう。ボスから指示されたことは、あえて何も聞かずに黙って実行するだけだった。もし誰かが『私はそうは思いませんが』と言おうものなら、それは敬意のない行動だと解釈された」

同社の再生を指揮する一方で、マクガビックはこう考えていた。「何か意見のある者はその意見を表明して議論に加わってほしい。その上でわれわれは意見をまとめ、結論を出し、前に進む。そして断固とした姿勢でそれに打ち込む。さまざまな意見の間で正しいバランスをとるのは難しい仕事だ。もし社員が、協調や協力といった言葉がボスの指示をそのまま実行しろ式の昔の仕組みを新しい表現で言い換えただけのものだと感じたら、そのときは、会社の価値が大きく損なわれているということだ。なぜなら、前向きな企業の価値というものは、業績のバランスシートと同じように、経営者が給料を払っている人たちの知恵の総和だからだ。その知恵を最大限に活かさなければ、企業の経営資源を浪費してしまうことになる」。従業員にその創造的な意見を言うチャンスを与えなければ、彼らの頭脳と才能を無駄に使っていることになってしまう。

非難ではなく、問題の解決を

ビジョナリーな人は論争をいとわない。彼らはそれを創造的刺激の源として活かそうとする。もし問題を安心して公にするところが用意できれば、そのときは、一歩間違えればやがて事態を悪化させ潰してしまうような害毒になりかねない強力な力を、建設的な方向に解き放つことになる。もしチームがさまざまな問題を見据えて論争を繰り広げるなら、ビジョナリーな人はそれを歓迎する。しかし、もし人が互いに相手を攻撃するなら、そうした論争は排除される。

国会の黒人派特別会の委員を務めるグロリア・フォックスは、一九八五年にマサチューセッツ州の州議会議員に就任して以来、ほとんど毎日のように論争をしている。「政治とは非常に個人的なものだ。『それは自分にとってどんな意味があるのか』というのが、大半の人が政治に抱く感じ方だ。『最近私に何かしてくれたっけ』というセリフこそ、政治に対する世の人たち大半の思いだ。だからその次には、一歩進んで『議員、あなたはどんな仕事をしたのか』という話になる」、とフォックスは言う。周りの人たちに建設的な発表の場を与えることによって、利己的で後ろ向きな論争を、前向きのエネルギーに変える作業を始められる、とも訴える。「周りの人たちに職務を与える。達成しなければならない仕事を与える。多くの人たちは文句を口にするけれども、彼らは間違いなく、何かしら具体的な仕事を与えられて忙しくしていたいのだ」

さまざまな課題についての論争は、もし手がつけられないまま、そしてはけ口のないまま放置されれば、やがては、破壊的な論争に発展し、混乱を招き、個人に降りかかり、しかも望ましくない結果をもたらすことになるだろう。もっと悪いことには、論争を避けたりすれば、最強のアイデアを解き放つ最高のチャンスをみすみす逃してしまうことにもなりかねない。論争とは、どんなプロジェクトでもその最初の段階ではいわば肥沃な土地であり、もしそこに何も植えられなければ、ただの乾き切った平原になってしまうものなのだ。

重要なカギは、論争が一貫して何か新しいものを生み出すか、あるいは問題を解決することだけに向けられており、相手の非難にはなっていないことを、ビジョナリーな人は確認している、という事実だ。筆者はこれを建設的な論争と呼んでいる。ビジョナリーな人はこれを非常に重要なことだと考えている。

何十年にもわたってＭＩＴ（米マサチューセッツ工科大学）で改革者となってきたマイケル・ダートウゾスは、人間的な感覚をテクノロジーの世界に持ち込もうとした。ところが、一週間もしないうちに、仲間とひどい取っ組み合いになったと言う。

「私は異議を唱えることは非常に重要だと思う。漠然とした共通の目標に向かっているときは特にそうだ。漠然とした目標には賛成しても、いざ、その目標に到達する具体的な方法の話になると反対したり、あら探しをしたりする。われわれはみな、互いに争うようにできている生き物だ。だから私は、もし誰かひとりでも欠けたら、総合的な力が落ちてしまうと思う。違いを認め合い、お互いの緊張感を高めることが大切になる」と忠告している。「彼らは、非常に重要な変革を起こす力になっている」

しかも、建設的な論争をすることによって、チームはその誇大妄想と危うい自己満足を避けられるようになる。「ハネウェルの売上二〇億ドルの事業部門を担当していたとき、私は議論を抑え込むのもそれを盛り上げるのも同じように簡単だと思っていた。しかし、口角泡を飛ばすような生きた議論をしていない、という印象の集団をいくつも目の当たりにした」と、同社の元CEOで『ミッション・リーダーシップ』(生産性出版)の著者でもあるビル・ジョージは語っている。

「CEOになりたてのころ、自分の意見に固執している人たちは、お山の大将というレッテルを貼られていた。もちろん彼らの視点が正しいときもあれば、間違っているときもある。それでも彼らの発想や見識は必要だった。確かなことは、それを重視しない企業はチャンスを逃してしまうということだ。なぜなら、他のアイデアが検討されないまま放置されたり、その断片だけが、やがて会社に認められ採り入れられたりするからだ」

ジョージは続ける。「CEOになりたいという自我と欲求は、ハネウェルにいる間、ときとして邪魔になった。二万人の部下を抱えながら、ひとつの産業としての防衛ビジネスに心から共感しているわけではなかった」。ところが、ジョージが医療器具を開発製造する会社メドトロニックのトップの座に就いたとき、それまで経験した経営者としてのどんな仕事よりも、その仕事はジョージの心をとらえて離さなかった。

「あるスイッチがオンになるのを感じた。そしてそれまでのキャリアではまったく覚えのない姿勢で仕事に没頭した」。本社ビルの豪華な役員専用室で快適に過ごすよりも、多くの時間を割いて現場に出向き、医師や販売部隊、そして顧客と直接話をした。しかも、手術着を着てジョージの会社の製品を使っている医師の脇で、脳、心臓、そして脊椎の手術を見学までしている。個人的に目にした医療行為の数は一〇〇〇件を越えた。

「今すぐ自分にぴったりの職業が見つからなくてもOKだ。けれども、見つけようという努力は常に続けなければならない。あきらめは禁物だ。ぴったりの職業が見つかったら、あらゆるものが変わるはずだ。そうした変わるもののうちのひとつに、周りの人たちに活を入れられる本物の自信をつける術がある。もし自分もチームも情熱にあふれ、本当に大義を信じるなら、そのときは、間違いなく、花火を打ち上げたときのような盛り上がりが待っている。それがメドトロニックの企業文化だ。もし自分のしていることで自分自身のスイッチが入らないのなら、そしてもし、自分の言いたいこと、あるいは貢献したいことを前面に出さないのなら、それは困ったことだ。それは、都合の悪い話や最高のアイデアを聞く耳を持たない、ということだ。そんなことでは、成功はおぼつかない」

論争が協調を生む

お菓子の王様ウィリアム・リグレイはかつてこんなことを言っている。「ふたりの経営者の意見がどんなときにも一致しているというとき、そのうちのひとりは必要ない」。ビジョナリーな人は論争を歓迎するだけでなく、頻繁に開かれる組織内の集会にとっては論争が不可欠だとも指摘する。この種の論争を健全に保つためのカギのひとつが、明快に書かれた基本原則だ。

ステイリーは次のように振り返ってくれた。「カーギルのCEOに就任したとき、私は会社の行動規範を定めようとした。その目的は、どっぷりと漬かり切っていた一部のどうしようもない企業文化を排除することだった。つまり、議論はする、意思決定はする、けれどもそれに賛成はしない、だから、周りの人全員に〈私はその議論に賛成しなかった〉と知らせようとする、そして、できるかぎりそれが成功しないように手を尽くす、そんな文化に浸かり切っていた。それに我慢できるときもあるにはあった。我慢できるときは、一歩引いて長い時間をかけ、周りの人たちとどうしてそのような意思決定をしたのか議論をし直し、決定をし直すことにしていた。これにはうんざりした。何回かそうしたことに巻き込まれた。私は言った、『もし私がここで言いたいことを言い、権限を行使したら、こうしたことはなくせるはずだ』と。なぜなら、それは紛れもない、一種のガンだからだ」

「そこでわれわれは、『議論をしよう、意思決定をしよう、支持しよう』と誓った。そして全員が一所懸命支持すると決めて初めて、集会を散会にしていた。もちろん舞い戻ってきて、『うまくいっていない』というのはOKだ。その場合には後戻りし、それに手を加えて、調整し、大きな変更を加える。ただし、それをうまく機能させようとして、エネルギーを消費することにはなる」とステイリーは言う。

「われわれはみな、姿勢を正す習慣を身に着け、こう言わなければならない。『待て、フレディ、まだ君が発言する番じゃない。今はまじめに聞く番だ』と」ステイリーは笑った。自ら主催する会議では、「われわれはみな、反論の対象になる。面の皮を厚くしていなければならない。しかし、最低でも、私は社員に対して、少なくとも九五%のアイデアは議論のテーブルに載せると約束している。今のところは、われわれの意思決定に同意が得られていないかもしれないが、私が断言できるのは、それは十分に考え抜いた結果だということだ。もし部下の人たちがそのリーダーの意図をよく理解してくれれば、彼らはリーダーに対してそれなりの許容度を与え、それなりの尊敬の念を抱いてくれるはずだ」

論争は、それを看過しないかぎり、有害にはならない。ビジョナリーな人は、建設的な論争を、協調に満ちた永遠に続くプロセスの一環だと考えている。というのも、それは絶えず変わり続ける環境のもとで毎日毎日、われわれを行動に駆り立ててくれるからだ。

「このような会社では、ユーモアのセンスが必要だ。われわれは六〇か国に拠点を持っている。これとは別にカーギルは約一〇〇か国ほどでビジネスを展開し、取引を行なっている。毎日、何か思いどおりにいかないことが起こっている。クリスマスの二日前にＢＳＥ（狂牛病）の発生が明らかになったとき、われわれは社内でこんなふうに言っていた。『もしわれわれの仕事が完璧でひとつも問題が起こらない、となれば、そんな状態には耐えられないだろう』」とステイリーは言う。

大規模な世界展開で複雑な組織になっている企業を経営しながら、カーギルは建設的な論争をうまく利用して、日々避けられない難題に対処し、毎日の仕事でよりよい成果を上げようとしているのだ。

ビジョナリーな人は、建設的な論争を、どこまでも続く望ましい協調態勢を築くプロセスの一環だと考えている。というのも、それは絶えず変わり続ける環境のもとで毎日毎日、われわれを行動に駆り立ててくれるからだ。

〈時〉と〈場所〉を用意する

多くの企業は〈ワークアウト〉集会を開いている。そこではあらゆる課題を残らず俎上《そじょう》にあげなければならない[1]。参加者が本音で率直な議論を戦わせるようになれば、そうした集会は、適切で世の常識に沿った環境をつくり出すための効果的な方法になる可能性がある。つまりそのような環境のもとでは、普通世の常識に沿わないことが仕事の現場でできるのだ。言い換えれば、この種の集会は参加者の関心を個人攻撃からさまざまな現実的問題へと向け直すために活用できる。

というのも、そうした現実的問題は、文句を言ったり名指しで非難したりすることをやめ、安心して本音のやりとりをすることで、解決する必要があるからだ。そうなれば、最悪の恐れと最高の望みがなす術もないままに衝突を繰り返している状態から抜け出して、その両方の原因となっているさまざまな事実をお互いに確認し合える場所が確保できるというわけだ。

これは早ければ早いほどよい。ことを起こすときはその初期の段階で論争を促すことによって、問題が小さいうちに所在を見つけ出し、処置ができるようになるからだ。さまざまな問題に対処し解決するための公の場、つまり時と場所がなければ、比較的小さな問題が頭の痛い足手まといになりかねない。

とはいえ、論争のための時と場所をつくり出すことがすなわち、集会の回数の増加につながる、という意味にはならない。急成長を見せているコマース・バンクの創業者兼CEO、バーノン・ヒルズは、そのチームのメンバーに論争を誘発するための〈パニック・ボタン〉を持たせている。メンバーは経営改善のためなら、いつでもこのボタンを押せる。「われわれには、おバカなルールは絶対に許さないという方針がある。社内には、潰さなければならないおバカなルールを見つけた人には金一封を出すという、現実に実行している方針がある」と微笑みながら、こぶしで机を叩く。「おバカなルールひとつに五〇ドル。会社の全コンピュータには〈おバカなルールボタン〉がついている。そのボタンをクリックすることで、チームのメンバーの誰もが退治すべきおバカなルールを指摘できるという仕組みだ」。この方針が建設的な刺激となり、コマース・バンクの従業員は非常に活き活きとして働き、顧客と会社両方のためにものごとを改善していこうという意欲に燃えている。

そのボタンをクリックすることで、チームのメンバーの誰もが退治すべきおバカなルールを指摘できる。

本音の交響曲を指揮する

この種の非常に活き活きとした建設的な論争が立派な芸術になる、そんな実例をもうひとつ紹介しよう。それは交響曲を奏でるオーケストラだ。事実、情熱的な指揮者が率いるオーケストラの比喩は、リーダーシップの研修ですでにおなじみだ。ここにある皮肉は、一部の指揮者が誰よりも先に、自分は、静かに怒りに震える演奏者を前にしている、そんな独裁者の最悪の例だと認めることだ。

「オーケストラの演奏者というのは、この地球上で最も権限の与えられていない人間だ」とボストン・フィルハーモニーの指揮者ベンジャミン・ザンダーは言う。「実際に、ハーバード大学の多様な職業に関する研究によれば、オーケストラの演奏者は職業の満足度からすると、刑務所の看守の下になることが判明したという。これはある種の悲劇的な発見だ。その理由は、演奏者は声を出せず、仕事中は言いたいことが言えないからだという」

ザンダーは四五歳になったとき、ある啓示を受けたという。「オーケストラの指揮者は音を出さない唯一の音楽家だ」ということに気がついた、と笑った。「〈シンフォニア〉とは、一緒に声を出すことという意味だ。だから、指揮者の仕事は、どの声もみな聞こえているかどうかを確かめることだ。ただ聞こえているだけではなく、美しく響いているかどうかも確かめる。なぜなら、部下の人たちに『黙れ黙れ。静かにしないとこの人の話が聞こえない』というのはごく簡単なことだからだ。ところがそれは、音楽の本筋から完全にはずれている。音楽というものは、演奏者がその表現力を最大限に発揮しながら、つまり情熱的に打ち込み、自分の音をすべて出しながら、しかも、他の演奏者にもその音を聞き取ってもらえて初めて、音楽と言えるのだから」

「そこで私は過激なことを試した」と、ザンダーは茶目っ気のある表情を見せた。「演奏者全員の譜面台にこの白紙をのせてみた。もちろん最初は、ほとんどの人は無視だ。ひと言も書かなかった人もいたけれど、たくさんの人がそこに書いてくれた。それを一枚一枚丁寧に読んだ。彼らに率直な意見を書くよう促したからだ。事実、中には、けいこ中にやって来て、〈まるでクエーカー教の集会所ではないか〉と言った人もいる。私の手もとには三五枚の紙があり、そのどれもに演奏者の言いたいことが書いてある。今では、〈作曲家はこの音符で何を表現したかったのだろう〉とか、〈このフレーズの表現では、トランペットとオーボエで解釈が違うようだ〉といったような現実的な疑問が書かれていることもある。これらは確かに非常に現実的な疑問であり、われわれはそれに答えを出せる。そしてそれが、オーケストラの演奏家には指揮者に声をかける手立てがないだけに、格好のコミュニケーションの方法になっているのだ」

開放的な論争が姿を消すと、皮肉な考え方が頭をもたげてくる、とザンダーは強調する。人はあたかも、また落胆するような結果につながることに関わりたくないかのように行動する。ところが、もし絶えず情熱に訴えかけ、情熱に向かってあくまでも粘り強く声をかけ続ければ、そうした皮肉屋は消えてなくなるだろう。それは完全に姿を消す、なぜなら、皮肉屋というものは、それ以上落胆しないよう自分の身を守る輩に過ぎないからだ。

本音のやりとりに失敗すると、創造的なアイデアは、チームを強くしてくれる共通の資源になるよりも、チームのメンバーが密かに抱え込んでしまう秘密の財産になってしまう。ザンダーは言う。「創造的なアイデアは私のものでもなければ、君のものでもない。われわれみんなのアイデアだ。われわれは、自分の目標達成に力を貸してくれる人たちをことごとく競争相手のように扱い、ゼロサム・ゲームでの生き残りモードに突入する、そんなことがよくあるのだ」

チームがメンバー同士の仕事上のやりとりを互いの点数の奪い合いとして考え始めると、その先には悲惨なことが待っている、とザンダーは警鐘を鳴らす。「勝つか負けるかのどちらかになる。いつも心配し、周りを見渡し、比較し、うまく立ち回り、戦略的に動いて周りの人たちを排除し、そして同じ境遇の仲間よりも有利な立場に立とうとする。『私は果たして合格なのか。それとも周りの人たちのほうが優秀なのか』というなんとも神経症的な世界は、破滅に陥る悪循環そのものだ。われわれのほとんどは、その中で人生の大半を過ごしている。ところが、ビジョンというものは、そんな世界に生きてはいない。ビジョンは本来、人間に対する貢献の中に生きているものだ。これは非常に高邁な印象を与える表現だ。けれども、それが本当のところなのだ」

意識、覚悟、そして論争

ビジョナリーな人は、自分自身の燃えたぎる魂の刺激になることに打ち込むことで同時に何らかの力になりたい、と意識している。それが彼らの覚悟だ。そしてまたＡＮＤの才覚も持ち合わせている。意識を集中させて、自分の考えや行動を意義と一致させ、その覚悟を常に明快にしていれば、論争を盛り上げられる。言うまでもなく、燃えたぎる魂とはちょうど痛みや怒りと同じように精神的緊張だ、とアレックス・フォン・ビダーは語っている。

フォン・ビダーはニューヨークにあるレストラン、フォー・シーズンズのオーナーで、そこは昼どき、ホワイトハウスのウエスト・ウィングよりも活気があると、もっぱらの評判だ。そのレストランの経営とは別に、フォン・ビダーは男性向けのセラピーや精神的向上を目指すグループを先導して、アメリカの国内外を旅している。

「その緊張感（これがまさに論争 contention の定義、つまり緊張感 tension を持ってという意味だ）に包まれると、論争がその場で自分にとって実りのあるものになり、あとになって裏切られることはなくなるはずだ」

アイビレッジ（iVillage）の創業者キャンディス・カーペンターも同じ意見だ。「私はどんなときも、お互いの意見の交換が驚くほど自由で、論議が大歓迎されるような雰囲気づくりに努めてきた」と言う。「それができたのは、部下の人たちにCEOである私と激しい議論ができる環境をつくったからだ。そうなると、たとえ私に向かって、私のアイデアは本当にバカげているという意見をぶつけても、社員は分け隔てなく昇進し、またあらゆる種類の褒賞を受け取れると理解するようになった。そして、自分があらゆる人に対してその知的立場への尊敬の念を抱いていれば、お互いの知的なやりとりからは境界が消えるものだと感じるとき、それが組織に対して非常に開放的な雰囲気を生み出す効果を発揮することになる。反論にも耐えて意見を押し通すのは難しい。けれども、こうした職場の知的な環境は実に活気のあるもので、そこで社員の誰もが知的な面で士気が上がっていくのを目の当たりにするのは、経営者冥利に尽きるものだ」

会議室の中では、最高のアイデアが勝つ

カーペンターは、アイスホッケーのような激しいブレーンストーミングが行なわれる、そんな会議が大好きだ。「こんな会議をした。いつも役員、副社長、上級副社長、そして私がいる。全員、

ひとり残らず、立ったままだ。ひとりとしてこの会議に欠席した人はいなかった。社員たちがかなり多くの会議を開いているなかで、彼らは私にこの会議にはどうしても出席してほしいと頼むようになった。それは戦略性に満ちた会議で、ルールは、会議室の中では最高のアイデアが勝つ、ということになっていた。社員はこの会議が大好きだ。その会議に臨んだ大半の若い社員の姿勢が立派なのには、訳があった。それは、もし自分のアイデアが勝って、言い分が通り、その宿題を達成すれば、会社の行く末に直接的な影響力を発揮できるとわかっていたからだ。私は今まで、これに似た光景にはお目にかかったことがない。非常にエキサイティングだ」

カーペンターの側近のチームがひとり残らず論争を大歓迎しているというわけではない。「確かに、側近のチーム内で、論争に対して恐怖感を抱かせてしまったことがある。中には、私たちの間でフランス革命か何かが起こったと感じた人もいたほどだ。伝統にどっぷりつかった企業出身の何人かは恐れていた。彼らを死ぬほど怯えさせた、なぜなら、囚人に監獄のカギを与えたようなものだからだ。それでも、さまざまな結果がその正しさを証明したと思う。つまり、組織の中で沁み出してきた生きた本物の情報は、トップの座に真っすぐ上がっていく。八枚ものフィルターを通過して、薄められることもない。経営トップは純粋なままで、その洞察を手に入れられる、こうしたことが何回も繰り返し起こったのだ」

人の心を動かす

本章の分析における一番の要点は、人の心を動かすことに尽きる。どこまでも成果をあげ続ける人は、自分が設定した最重要の目標にひたむきに迫ろうとする。ところが、筆者を本当に、それも何度も繰り返し驚かせたのは、次のような事実だった。つまり、彼らは、その目標に迫ろうとするひたむきな姿勢のせいで、成果を上げるための違った方法を教えてくれる多くのアイデアに耳をふさいだり、検討の対象からはずすようなことはない、という事実だ。彼らはこうした努力を重ねているのだ。

映像エンターテイメント企業アイマックスの会長兼社長、グレッグ・フォスターは、それこそが、平均的な映画監督と最高の作品を監督できる潜在能力の持ち主との分かれ目だと言う。創造的な視点では自分の監督した作品にどれほど独善的であっても、潜在能力の高い監督は、他の人たちの見識をきわめて効果的に取り込み、建設的、創造的な論争を展開する。フォスターは言う。「彼らは聞く耳を持っている。若い監督の中には、自分の意見ばかり話したがる人種がたくさんいる。反対にこんな人もいる。つまり、積極的に助け船を求めて、このことに関しては自分の視点に自信がある、けれどもわからない点がいくつかあるから、できれば君の意見を教えてほしい、と言う人だ。こうした人たちは間違いなく成功する」

他の人の意見というのは、ある特定の時点での価値観や思考スタイルというレンズを通して見えているさまざまな経験に基づいた判断だ。そのときどきで、究極の目標に到達するためには彼らの視点のほうが有効かもしれないし、自分の視点のほうが有効かもしれない。いずれにしても、異なる見方を総合するほうが、長期間かけて自分が行こうとしているところにたどりつく願ってもない秘法になる可能性が大きくなる。これこそまさにANDの才覚であって、ORの呪縛ではない。

「普通、人が教育されるのは、自分が常に正しい人間であること、そしてできることなら、他の人が間違っていると主張する、ということだ」と言って指揮者のベン・ザンダーは嘆く。「相手を指差しながら『あなたはそうする必要がある、しなければならない、すべきだ、絶対に』と言うと、その相手が持っている想像力の芽がすべて摘み取られてしまう」

周りの人たちに対して常に自分を正しい存在にしようとすれば、それは電源コードを引き抜くようなものだ。全員の目から輝きが消えることになるだろう。

「自分が何かの貢献をしていると感じるとき、つまり、毎朝起きるたびに貢献していると感じるとき、常に目は輝いているものだ」とザンダーは語ってくれた。

「輝いている目、それに尽きる」

chapter 11

すべてを結集させる

安全安心というものは、たいていが迷信。本来は存在しないものです。人間はいままで本物の安全安心を経験したことはない。長期的に見て、危険を避けるほうが、危険に直接身をさらすよりも安全、ということはまったくない。人生とは、大胆な冒険か無かのどちらかしかないのだから。

――ヘレン・ケラー

一九六七年の暴動が引き金となり、大都市デトロイトは多くのアメリカの都市同様、白人と黒人が激しく対立した。郊外の住まいでくつろぎながら、その暴動の様子をテレビで見ていたある白人の若い主婦は、その光景に激怒する。暴動が収束するとすぐ、中産階級の白人の居住環境に別れを告げて、夫と五人の子どもとともにデトロイト市内にある黒人のスラム街に移り住むことにした。この突然の生活スタイルの変化に、家族は困惑した。これをきっかけにエレナー・ジョサイティスは義父から縁を切られ、義理の兄弟からは改名を迫られる。黒人と白人の宥和《ゆうわ》に熱心に取り組んでいるといううわさが流れると、ジョサイティスは脅迫状や火炎瓶に悩まされるようになった。「震え上がるほど怖い時期がありました」とジョサイティスはつぶやいた。「だからといって、私たちの姿勢が変わったわけではありません」。その活動の力になろうと集まってきた人たちを、ジョサイティスはその非営利団体フォーカス・ホープ（Focus: HOPE）のボランティアとして受け入れた。

この団体は今日、毎月四万三〇〇〇人の年配の人たちや母親、そして子どもに食事を用意、さらに機械操作、機械製作保守、情報技術などの職業訓練、保育園、会議施設、コミュニティの芸術活動、その他幅広い活動の場を提供している。フォーカス・ホープには四〇〇人のメンバーと五万一〇〇〇人の支援者がいる[1]。コミュニティ内の白人黒人、老若男女すべての力を結集すれば、こうしたことができるのだ。

ジョサイティスは言う。「打ち込む価値のあるもので、ひとりの力だけでなし遂げられるものなんてひとつもない。自分ひとりですべてをなし遂げた式の英雄崇拝があまりにも多すぎるのです。ある時点で、私たちはカリスマ的なリーダーの出現を渇望してきました。しかしこれまでは見事に裏切られています。というのも、言葉を巧みに操る経営者が、刑務所行きになったり、過剰な期待にはるかに届かない結果になったりという現実を目の当たりにしたからです。ビジネスやコミュニティの世界で、独創的な仕事の達成は確かに可能でしょう。とはいっても、それは個人ひとりでできるものではありません。同じような方法によって、自分にも独創的な仕事ができると信じて意欲に燃えている人を見つけ出すことが、達成のための要件。つまり、自分以外に、協力してことを起こせるリーダーを見つけ出すことが肝心なのです」

打ち込む価値のあるもので、ひとりの力だけでなし遂げられるものなんてひとつもない。

「つまり、ありのままの自分と、していることとの整合性をとる、つまり、結集させるということです」とこぶしを握りしめながらジョサイティスは言う。話を聞くたびに、その言葉のひとつひとつから、高潔な人柄が滲み出てくるのが感じられる。「何か自分の信じるものに積極的に打ち込むことが必要。その次には、自分に合ったその仕事に没頭し、さらに自分から手を伸ばして、チャンスを掴みに行かなければなりません。もし、リーダーが欲しいのなら、そうした人を採用することも必要でしょう。そのためには、自分が大義とつながっているのと同じように、他の人たちともつながっていると感じる、そんな役割に徹することが必要なのです。こういうふうに感じたとき、ひとつのチームができあがります」

他の人たちを自分のチームに結集させる作業は、人を発見する作業そのものだと言う。「自分と同じような夢の持ち主を見つけ出す。そして、夢に向かってまだ何もしないとしても、彼らをひとりとして視界からはずしてしまったり、離反させたりしないようにする、これ以外にありません」

ビジョナリーな人というのは、その人生のある時点で、〈われわれはみな、ひとりで生きている〉という固定観念を克服してきた。

上院議員のジョン・マケインは、つらい経験を通してこの教訓を学んでいる。

「駆け出しのパイロットだったころ、栄誉というものはすべて見栄に過ぎないと信じていた。ひとつたりとも、欲しいとは思わなかった。与えられた任務はどんなことであっても、自分ひとりの力で最後までできると思っていたからだ。その後、北ベトナムの捕虜収容所に入ったとき、私は周りの人たちが頼りになることを思い知った。それも、最初は身体の健康の面で、そして次に精神の健康の面でも、実際に頼りになった。私が調子を崩したとき、周りの人たちは私を助け、励まし、そして戦場に復帰するために手を尽くしてくれた。私の人生における何ものにも変え難い栄誉は、こうした英雄の集団の中で兵役をまっとうできたことだ。その集団の中で、勇気、思いやり、愛に満ちた数限りない行動をつぶさに観察させてもらった」

驚いたことにマケインは、捕虜収容所で五年半という年月を生き延びた。「その残酷きわまりない経験が自分を変える転機になった」と語っている。しかも、「そのおかげで自信を一層強くし、自分自身の判断を信じることを学べた」とベトナムに感謝し、「周りの人たちと気持ちがつながっていると感じる意識を失わなくてすんだ」、ともつけ加えてくれた。

「本来の自分になれる、そして自分の存在以上の立派な大義に打ち込む集団の一員になれると信じられるのは、人生の何よりの喜びであり自由であって、これにまさるものはない」

――

本来の自分になれる、そして自分の存在以上の立派な大義に打ち込む集団の一員になれると信じられるのは、人生の何よりの喜びであり自由であって、これにまさるものはない。

自分のドリームチームを組織する

ビジョナリーな人にはこんな奇妙な考えがある。つまり、直接会う人たちの多くは、自分のコミュニティやチームのメンバーになる見込みのある人たちだ、という考えだ。そのメンバーの立場は、新入社員、顧客、納入業者、ボランティア、友人、など何でもよい。元従業員でもよい、というのも、次に取り組もうとしている仕事で何かひとつ役割を担ってくれるかもしれないからだ。ここで、強調したいポイントはこうなる。もし、他の人との人間関係がいつまでも続く、と前もってわかるとしたら、彼らと一緒に仕事をする読者の姿勢は変わるだろうか。もし仕事仲間、取引先の人、あるいは顧客がみな、いつもそばにいる存在だとしたら、読者は彼らとの人間関係をどのように構築するだろうか。少なくとも、一緒にいてほしいと思うような頭がよくて才能のある人とはどのような関係を築くのだろうか。

現実の広い世界で身を隠すことは、できない相談だ。短期か長期か、望ましいほうか悪いほうか、どちらの人間関係を築くつもりであっても、同じ人物に出会うのはよくある。この現実を積極的に受け入れる、つまり誰もがみな、自分のドリームチームの長期的なメンバーだと考える、これが人生を大きく変えることにつながるのではないだろうか。

人間関係はいつまでも続く

いつまでも続く成功を手にしたいなら、人間関係とは、場合によってその立場を変える人たちと長続きするよう築くものだ、と考えればうまくいくはずだ。この立場を変える人たちというのは、具体的には、ときには協力してくれる、ときにはこちらから彼らに協力する、ときにはこちら側の組織の枠から離れて、顧客、取引先、規制当局者あるいは競争相手になる、そんな人たちのことだ。もし彼らを自分の仮想チームにいると考えると、唯一変わるのは彼らの立場だけで、お互いの人間関係は依然として変わらないままなのだ。

もちろん、彼ら全員を味方につけることはできない。全員を自分のチームに引き留めておくこともできなければ、そう望むこともないだろう。ところが、長期間にわたって立派な業績を残している人たちの言動を見ていると、そして長年にわたって人のつながりが豊かに深くなっていくさまを見ていると、ほとんどの人は、そのつながりを心から大切にしているのがはっきりとわかる。彼らは実力のある人をチームの味方につける、そうした実力者がどこにいようと関係ないのだ。

従業員、ボランティア、パートナー、顧客、取引先、隣人といった立場は、時間の経過とともに変化するにしても、その一方で、築きあげてきた人のつながりやチームはいつまでも変わらない。そのような見方をさらに発展させれば、そのときは、長い将来のことを見据えながら、いつまでも続く人間関係を築き上げる心構えができあがる。そして、自分の人間関係がいつまでも続くと信じれば、その人間関係をどこまでも大切にする行動をとるようになるだろう。

言葉を信じるな、信じられるのは行動だけだ

ビジョナリーな人は、夢の実現に力を尽くしてくれる高い能力の持ち主を採用し、大切にしなければならない、という話を、過剰と思えるほど多くの時間を使って力説するものだ。ナポレオン・ヒルがその読者などのファンに対して、指導者の集団を形成すべきだ、つまり、地域のＰＴＡ、教会、あるいは大手企業の経営陣など、どんな場合であっても、共通の関心と志のある個人的な役員

会といった集団を組織しろ、とアドバイスしているのは有名な話だ[2]。

筆者がインタビューしたビジョナリーな人たちは、このことをあたかも大ニュースだと言わんばかりに話してくれた。しかも大半の人が、このことをもっと早い時期に、学校時代か仕事の駆け出しのころに学んでおけばよかった、と言っている。彼らに会うたびに筆者が繰り返し耳にするのは、彼らがいかに優秀な人材を確保しているか、という話だ。つまり、自分の時間のかなり大きな部分を割いて、これといった人材を、つまり彼らの表現を借りればAクラスのプレーヤー、最高の才能の持ち主、リーダー、実力者、優秀なマネジャー、最高ランクのエグゼクティブ、守り神、聖人、といった人たちを、徹底的に調査し、仲間に引き入れ、育てている、そして実際にそうした人材のことを、夢を実現するために力を尽くしてくれている、あるいは実際その仕事に打ち込んでくれていると評価している。ビジョナリーな人がひとたび部下の優秀さを話し始めると、それをさえぎるのは、至難の業だった。

この人材の話が月並みな話に聞こえるのは、それが実際に月並みな話になっているからだ。CEOによる年次総会の話やそのアニュアルレポートに書かれた文章には、判で押したように、従業員がいかに貴重な資産であるかという文句にお目にかかるはずだ。

事実、たいていの人は仲間についてリップサービスをするものだ。ただし、そのリップサービスが本人の本音かどうかはわからない。目の当たりにしているのが本物の姿かどうかを判断する方法のひとつは、このポラスの原則「言葉を信じるな、信じられるのは行動だけだ」という原則をあてはめることだ。永続的に立派な業績をあげている人の行動を観察すれば、その違いがわかるだろう。彼らの言行は一致している。周りの人たちは、現実の言葉と実際の行動のずれを手がかりにして、その人の価値観や人格を判断する。その行動と言動が一致しているときは、誰でもうまくことを運べるものだ。周りにいい顔をしようとするご都合主義の誘惑にはなかなか逆らえないにしても、ビジョナリーな人は、自分の核心的な価値観と言葉、そして行動の間の整合性がとれているとき、自分が正しい筋道を進んでいると感じられる、だからこそ当然、自分のチームに適材を引き留めておける、ということに気がついている。

上院議員のジョン・マケインは、自分の価値観と言葉、そして行動の整合性を軽く見てご都合主義に走るとどうなるか、その痛い教訓を正直に説明してくれた。

「自分にとってうまくいきそうなことに手を着けてさえいれば、当座は、自分の計画どおり進歩させたり前進させせたりできるかもしれない。けれども、もしそれが自分の心底信じていることでなければ、長い目で見て、成功はおぼつかない。過去の仕事を振り返ってみれば、周りにいい顔をするようなご都合主義に走った行動をしたときには、そのあとで必ず後悔したものだ。問題解決を引き受けたときこそ、たとえそのときその立場になろうという人が少なくても、いつもその日一日が終わるころには、私の立場は正しかったとはっきりしたものだ」

「ちょっとした実例を紹介しよう。合衆国の大統領選挙に出馬したとき、サウスカロライナの南部連合旗の問題が大きな争点だった。当時その旗が、サウスカロライナの州議会議事堂にひるがえっていた。これが集票につながると思ったことから、私はこう言った。『それは州の問題だ。私の問題ではない』。これは明らかに、問題に対する臆病な姿勢だった。私は大統領選に破れ、同時に、自らの臆病さをさらしてしまった。その後、私の人気は低迷、謝罪はしたものの、何の意味もなかった。問題が重要だったまさにそのときに、自分で正しいとわかっていた道筋ではなく、政治的な道筋のほうを取ってしまったのだ」

もっと確実な道をとれるはず、とマケインは語ってくれた。つまり、自分が正しいとわかっていることにあくまでこだわる、これ以外にない。そして続けてこう言った、わからないことがあれば、わからないと言えばよい。事実、ビジョナリーな人は、答えのわからない質問を受けたときには、たいてい、ゴールデンタイムのテレビ番組では決して使われないような言葉を口にするものだ。それは誰でも公衆の面前で言える最も挑発的で勇ましい言葉ではないだろうか。現実に、チベット仏教の世界的聖人で、生涯をかけて世界中の宗教心の相互理解を図ろうと努力しているダライ・ラマでも、平然とこの言葉を使っている。それも過去少なくとも五つの大都市で公に口にしているのだ。ラマが、微笑みを浮かべながら何の抵抗もなく言うその言葉は「私にはわからない」。これが自分には答えのない質問に対する答えだ。

引きつったような笑い声がラマの聴衆の間で広がるのが普通の光景だろう。聴衆が静まり返って腰を下ろすと、ラマは舞台の上でにっこりとほほえんでいる。それはまるでレプラコーン（アイルランドの妖精）が坊主頭になり、オレンジ色の袈裟とスニーカーを身に着けたような姿だ。いわゆる専門家が全国ネットのテレビ番組で自分の教養や専門をはるかに越えたテーマを議論し、自分の知らないことに対する意見をお互いに怒鳴り合う、そんな世界にあって、ラマのこの答えは衝撃を受けるほど単純ではないか。

耳にした当座は頼りなさそうに聞こえるにしても、「私にはわからない」は、世界中の誠実な人や永続的に立派な業績をあげている人を見きわめるために使える、ある種のコード、あるいはキャッチフレーズになっている。その相手と秘密に交わす誠実さとの握手のようなものだ。答えの見当たらない質問をぶつけられたときは、しばし誠実な姿勢を見せるのに十分な間を置き、相手の人たちが知恵のある答えを聞こうと固唾をのんで身を乗り出すのを見計らって、こう言えばよい。「私にはわからない」。これには驚くほどの効果があり、相手がそれに納得するだけの余地を生み出してくれる。

多くのビジョナリーな人は個人個人、世界に名だたる知性の持ち主だ。とはいっても、実際には、大半のことについて、ほとんど、あるいはまったく知識がない。読者が本書をここまでずっと漫然と読んでいたとしても、結構。けれども、これだけはぜひ心に刻んでほしい。

大切なこと、それは意義だ。意義はあらゆるものの原動力になっている。ビジョナリーな人は自分の意識の照準を自分の生きがいに合わせ、その生きがいについて多くのことを把握している。彼らは自分の生きがいについての、つまりさまざまな顔を持つ情熱についての専門家だ。彼らは自分の専門の守備範囲については、責任を持った発言をする。それ以外のことに対しては、こう言うのだ。「私にはわからない」

大切なこと、それは意義だ。意義はあらゆるものの原動力になっている。ビジョナリーな人は自分の意識の照準を自分の生きがいに合わせ、その生きがいについて多くのことを把握している。

ダライ・ラマが真剣に取り組んでいることはたくさんある。彼には、そのすべての答えがわかっているわけではない。他の偉大な宗教的リーダーと同じように、いくつかの重要なことについては、実に詳細なしかも深い知識がある。それはビジョナリーな人が、ものごとの事と次第にきわめてうるさいからだ。

彼らはその目標と価値観というふたつの観点に基づく自分の発言に徹底して気を配っている。彼らが受ける質問はたいてい、情熱的に打ち込んでいるその目標や使命に何かしら関係のあるものだ。まるで壊れたレコードのようだ。「私にはわからない」を口にしたそのわずか数秒後には、自分の情熱や目標について実際に考えていることを話し始める。周りの人たちが失敗したとき、ビジョナリーな人は、どうしてその行動が目標達成の力にならなかったのかを説く。また一方、チームのメンバーが優秀な成果を上げたとき、ビジョナリーな人は、その仕事が目標や価値観にとってどれほど力になったのかを説く。本質からはずれないよう、懸命に働いているのだ。

ここでは、人間というものは基本的に言語を話す存在であり、言語を理解して行動するものだということを確認しておこう。ビジョナリーな人は言語を使って、現実に対する考え方を共通にし、そのパートナーやチームのメンバーにとっての意義を明確にしようとしている。行動は言語を通して初めて、具体的に起こされるのだ。

彼らは常に直観的に、三つの輪を動かして互いに調和がとれるよう努めている。意義を持っているものはすべて、思考スタイルの輪に分類される。この思考スタイルが次に言葉と行動に、そして行動スタイルへと姿を変え、彼らの生きがいを支える力となる。彼らはあらゆる機会を捉えては、目標と意義を繰り返し確認する。

言葉の力

「私は言葉には気をつけている、なぜなら、言葉は人を傷つけるからだ」とジョー・ニコラス・ジュニアは警告する。そしてこう続ける。「間違ったことを言っている自分に気がついたとき、あるいは妻のボニーが同じことをしたときは、ふたりで本来の道筋に戻るように努めている。口にする内容は本当に大切だ。言葉はその本人が意図している方向と一致していなければならない」

ニコラス・ジュニアは常に、自分の言葉と行動が自分の意図と一致しているかどうか、そして自分のしようとしていることとの整合性がとれているかどうか、ということに気をつけている。ただし実際のところ、それほどの自信や意欲を感じないこともあるようだ。「私にはそんなときがよくある。ただし、もしこれらの三つのこと、つまり言葉、行動、そして意図の三つを首尾よく一致させれば、すべてがうまくいくはずだ」

立派な業績をあげている人たちは本能的、直観的に言語を使う。その対象は自分が達成しようとしているものに絞られている。人間はものごとをなし遂げるために言葉を使うこともあれば、ものごとを台無しにするために使うこともある、とニコラス・ジュニアは言う。だからこそ、自分の言葉でどのように人が動いてくれるのか、自分の頭の中で聞こえる言葉で自分自身どのように動いているのか、ということに細心の注意を払う。もし読者がこの記述に疑問を持つなら、筆者は、その疑問を投げかけた読者自身の頭の中で聞こえた声について書いている、ということを付け加えたい。自分の人生のあらゆることがわかっているからこそ、頭の中で聞こえる声は、自分自身の目標達成の力になるのと同じ程度に、害毒にもなる可能性もある。

立派な業績をあげている人たちは本能的、直観的に言語を使う。その対象は自分が達成しようとしているものに絞られている。

その声に乗っ取られたり、いつの間にか気づかないうちに長期的な目的を骨抜きにされたりするのは禁物だ。

自分の言葉や行動を通して専念しようとしている対象は、自分の指導力に大きな影響を及ぼすだけでなく、さまざまな研究によれば、健康にも大きな影響を与えるという。「驚くことに、ストレス障害は、本人がストレス対処法の講習に参加したあと、悪化することがよくあると言われている。この種の講習会では、参加者に自分の生活で一層ストレスを感じる方法を教えているのかもしれない」と作家のアル・シーバートは言っている[3]。

言葉や行動が、人の気持ちを高揚させてくれることもある。それは自分の姿勢を本来の姿に保つための力にもなる。その反対は起こらない。永続的な成功をおさめている人はこんなふうに言う、つまり、強力な言葉と整合性のとれた行動を武器に必死に前進しようとするとき、自分の持っている有害な考えや感情を捨て最後にはそれを克服することは、偶然の産物ではない、と。

「ときどき、力ずくで自分のさまざまな感情を取り戻す必要があるかのように感じたり、頭の中ではそうした感情がテロリストに拉致されたように感じたりすることがある」とリーダーシップ関連の著作者テリー・ピアースは言う。「しかし、自分を有利な立場に置く、そんな目的を達成するための力になる言葉と行動とを武器に敵を懐柔することによって、その闘いを回避できる」

ビジョナリーな人が自分の発言や行動に細心の注意を払うとき、そしてその発言や行動が、そのときどきの感情に流されず確実に長期的な目標そのものに向かっているとき、彼らは不思議なことに、自分の姿勢がよくなったことに初めて気がつくのだ。そして、それが今度は彼らが成功するための〈生態系〉の形成につながっていく。

自分の〈生態系〉を機能させる

「自分の夢を徹底的に追い求めよう。チャンスは一度しかない。自分を取り巻く環境にぶつかっていくのか、それとも自分が環境に染められてしまうのか、ふたつにひとつだ」とビル・ストリックランドは言う。ビッドウェル・トレーニングセンター、そしてマンチェスター・クラフツマンズ・ギルドのCEOで、かつて、全米芸術基金でエキスパンション・アーツ・パネルの議長を務めたこともある人物だ。その生涯にわたる芸術への情熱を原動力にして、貧困に苦しむ何千人もの人たちを立ち直らせてきた。

「貧しい人たちは、悲惨な環境の外に身を置いた自分の姿を想像できない。もし私が世界に誇れる建築物を建てられるなら、その建物を開放してあふれんばかりの光と豊かな雰囲気が味わえるなら、人生そのものをもっと楽観的に考えるようになるはずだ。物理的にそうした空間に身を置いているという現実のおかげで、気質が変わり、態度が変わり、自意識が変わる。私はそれが、貧困から抜け出せずに文字どおり人生の落伍者だと感じている、そんな人たちを生まれ変わらせるための、最初のステップだと信じている」

物理的な環境は、人が必死に果たそうとする使命を支えてくれる〈生態系〉全体の中でも重要な部分だ。打ち込む価値のあるもので、ひとりの力だけでなし遂げられるものなどひとつもないということが前提だとすれば、自分の生態系には、個人的なチーム、組織、そして自分の時間を過ごす場所が入ってくるはずだ。

環境を整えるためには次の五つの要素を活用すればよい。それは、構造、文化、システム、テクノロジー、そして物理的な舞台装置だ。長期的に成功するか失敗するかの分かれ目は、これらの要素と、自分を突き動かしている動機や成功に欠かせない姿勢との整合性をいかにうまくとれるか、というところにある。その〈生態系〉にあるあらゆるものによって、自分自身やチームが触発されることもあれば、やる気が失せることもある。それは個別にではなく、生態系のあらゆるものがまとまって機能しているからだ。

自分の夢にあるいは組織的な環境にふさわしい人材をどれほど巧みに集めたところで、相手の内面にまで大きな影響を与えられるわけではない。ここでは、ひとりひとりの個人的な経歴や経験、つまりその成功と失敗のすべてのことを指している。その人生のさまざまな場面から、とにかくこちらがほしいと思っている以上の情報は手に入るだろうが、たとえその人を変えられなくても、理解するためにはその情報以外の何かが必要なのだ。元プロフットボールのクォーターバックで、殿堂入りしたスティーブ・ヤングはこんな名言を残している。「罵声を浴びるのが大好きな人がいる。その一方で罵声を受けると落ち込んでしまう人もいる。この違いを知っていて損はない」

われわれの内面は、みな違っている。願望、動機、目標、見識、文化的な影響など、どれもみな違っている。人が大きな影響力を直接発揮できる対象は、相手の外側にあるものに限られる。もし組織のリーダーの立場になれば、あるいはある部門を担当していれば、その人に課せられた仕事は、自分のチームの置かれた環境、つまり仕事をして成功を目指そうとしている環境全体を考えることだ。その環境が、つまり部下の人たちを取り囲んでいるものが、果たすべき仕事について紛らわしい信号を発信すると、その結果、部下は的外れの行動を起こすことになる。

ここでしばらく、これを個人的な話にたとえて、読者が次のような組織に身を置いているとしよう。ボスはあるひとつのことを要求している、組織からはその他の仕事に対して報酬を与えられることになっている、そして仕事仲間はまた別のことを考えている。読者はどの信号に反応するだろうか。その反応は、自分が何者か、そして自分の歴史とは何か、ということに大きく左右される。

もし読者の父親が非常に独善的な親だったら、ボスの言ったことに大きく（あるいは小さく）反応するだろう。もし読者が本当の社会的動物だったら、仕事仲間の言ったことに反応するだろう。本物の野心家で七歳のときに新聞配達を始めていたら、報酬制度の内容に大きく反応するだろう。あなた自身の具体的な内面によって、反応する対象は変わってくるはずだ。もし組織内の信号同士の整合性がうまくとれていれば、そのときわれわれは、読者の反応の仕方がある程度読めるだろう。

永続的な成功のための基本モデルをつくる基礎はふたつある。それは第一に、自分自身に、チームに、そして自分の組織に、どんな行動をさせたいのかを理解する。そして第二に、自分自身も含めてそのシステムを通して、自分が自分に対しても出している信号、そして動機のすべての整合性をとる、このふたつだ。これを言うのは簡単だ。しかし、どんな個人にとっても組織にとっても、実行に移すのは至難の業だ。たいていの人や組織は高いレベルの調整まで手が届かないものだ。われわれはみなこれまで、環境に逆らってでも、ものごとを達成しようと努力する立場を経験してきた。これはしばらくの間はできるけれども、本当にきびしい仕事であり、なかなか長くは続けられないものだ。

奇跡を求めて

筆者は三人とも、エグゼクティブ、コンサルタント、教師、そしてコーチとして、文字どおり何万人もの人たちと一緒に仕事をしてきた。そのキャリアを通じて、個々の人たちが奇跡的な成長を遂げている姿を目の当たりにしてきた。辞書によれば、奇跡とは、通常とはかけ離れた現実の出来事となっている。この定義をもとにすれば、本書のためにインタビューした人たちはみな、奇跡的な人生を送っていることになる。

「それは遺伝子、それとも環境のなせる業なのか」という議論はできるだろう。しかしなぜ議論をしようとするのだろうか。前者には手の打ちようがないのに対して、後者は実にさまざまな手が打てるはずだ。科学でさえ、人はその内面にある非遺伝的なものに何らかの働きかけができる、と結論づけている。環境に対しては徹底した修復ができるはずで、それは自分の頭の中から始まり、そしてそれには、筆者が〈徹底した環境衛生〉と呼んでいるものが必要になる。

これはどうしろという意味だろうか。それはつまり整合性をとれ、ということだ。そのためには、自分の情熱や目標と相反するものをことごとく、自分の人生から排除しなければならない。排除の対象には人も入っている。冷徹な表現ではあっても、そう言わざるを得ない。それが現実だ。われわれは、ありのままの自分自身と自分が生み出したいもの、このふたつを支えてくれるものも、あるいはこのふたつを傷つけるものも、その両方を自分の人生に取り込んでしまう。そのどちらなのかを賢く見きわめよう。もちろん、これはひとつのプロセスであって、照明のスイッチのように単純ではない。厳しいプロセスであり、少し時間がかかることもあるだろう。

筆者が驚かされるのは、長く成功を続けている人が、この整合性をとるための手法について、徹底的に異なるバージョンをいかに利用しているか、ということだ。それは彼らが家にいても、あるいは世界で最も高額のコンサルタントを雇っていても、あるいは先端的なソフトウェアを使っているフォーチュン五〇〇社級の企業にいても、関係ない。たくさんのビジョナリーな人が活用している単純で強力な習慣をひとつ紹介しよう。

自分では嫌になり、縁を切りたいと思っているのに、いつもしてしまう行動をひとつ選び出す。周りの環境の中でその行動に喝采を送るものすべて、そしてその行動を阻止するものを残らず見つけ出す。そうすれば、前者のリストのほうが後者のリストよりもはるかに長いことがわかるはずだ。

その次に、自分の好きな行動、つまり、成功のためには本当に重要であるにもかかわらず思うようには起こってくれないものをひとつ選ぶ。そして同じ分析をする。したいと思っているこうした行動を阻止するもののリストは、前に進むための原動力のリストよりもはるかに長くなるはずだ。

これは、行動を補強する、あるいは妨害する、その結果として目標や目的の達成を簡単にするあるいは難しくする、そんなせめぎ合いの問題だ。そのコツは、現実の発言や動機と、自分が本当に望んでいる行動との整合性を図ることだ。これは個人の生活の場面でも、仕事の場と同じようにあてはまる。

「ある人のゴルフのプレーを見れば、その人の生き方がわかる」とフレッド・シューメーカーは言う。現在、現役最高のゴルフコーチのひとりだ。

人はシューメーカーに、ゴルフをする目的は心の平安だと言っている。つまり、緊張感からの解放がたまらない、そして友だちと気の置けない付き合いができる、自分そのものでいられる、そして気ままに過ごせる、そんな機会が手に入るのがよいのだ。ところが、シューメーカーが彼らに、ゴルフの講習会にどんなことを期待しているのかと問いかけると、「彼らは『スライスぐせをなくしたい』とか『ショートゲームの腕前を上げたい』『スコアを伸ばしたい』『パワーを強化したい』など、およそプロゴルファーが望むことを次々に並べ立ててくる」

最初の答えでは、楽しむことだという。二番目になると、もっぱら自分のゴルフの欠点ばかり並べ立てる。ゴルフの場合も、人生と同じように、目標と意義との整合性がとれなくなると、問題が起こるものだ。ゴルフ、人生、そしてビジネスでは、将来のある時点で、あらゆることがやっとうまくいったというときに、満足感が得られることを待ち望んでいる人があまりにも多い。皮肉なことに、「楽しみがなければ、自分が追い求めているものを達成するスタミナも情熱も手に入る見込みはないだろう」とシューメーカーは言う。目標はそれに着手した瞬間からある程度の満足感を得られるようにすべきだ。それこそが、自分にとって意義があるかどうかを知らせるリトマス試験紙の一枚なのだ。

生きがいのある人生を紡ぐ

筆者は、絶えず整合性を図る作業に打ち込むためには、人並みはずれた使命感、自制心、そしてときには人一倍の勇気が必要だと考えている。

永続的な成功（そして幸福も、もしそれが成功に対する個人的な定義の構成要素ならば）を与えてくれるものは、例の三つの輪、つまり意義、思考スタイル、そして行動スタイルの輪を、自分の生活や仕事と整合性がとれるように動かす日々の作業と努力以外には見当たらない。この世に生きているかぎりずっと続く挑戦だからこそ、それは、全身全霊をかけて飛び込んでいくべき冒険なのだ。

ここまで書き進めてきた仕事そのものが、筆者にとってはひとつの人生だった。ここまでと書いたのは、ビジョナリーな人から、いつまでも続く成功というものにはいつまでも続く使命感が欠かせないということを学び、そしてこれから先も、まだまだ学ぶことが残っているからだ。伝説のテレビ番組作家でプロデューサーのノーマン・リアは、自分の成功の基準は、社会的に重要な会話に対するアンテナとしての役割を果たしてきたかどうかだ、と言っている。

筆者は本書が、われわれ全員にとって役に立つ、成功についての絶え間ない会話のアンテナとしての役割を果たすことを願っている。とりあえず、もし、筆者が見つけた秘密といったようなものが今あるとすれば、それは次のようなものだろう。

もしいつまでも続く成功を望むなら、そのためには、自分にとって生きがいのある人生を紡ぐことだ。

付録──『ビジョナリー・ピープル』への道のり

背景と方法論

その道の頂点にいる人に、つまり自分の能力を最大限に活かす道を探り当てた人に会うたび、筆者は心の奥底まで揺さぶられる経験を重ねてきた。自分の能力を活かせる人たちの人生からさまざまな発見ができたことは、本書を執筆するうえで最大の喜びでもあった。並はずれた人たちとのやりとりによって、非常に有益なデータを豊富に手にすることができた。彼ら本来の生活を送れるようにした核心的な発想や行動を掘り起こすために、考え出さなければならないプロセスもいくつかあった。

非常に立派な業績の持ち主でさえ、正確に自分のたどってきた道を説明しきれないときもある。つまり、彼らはひたすら自分の仕事に打ち込んでいるだけで、打ち込んでいるという意識がほとんどないのだ。ここで筆者はこの意識という言葉を、「自分が何をしているのか、そしてそれはなぜかが具体的にわかっている」という意味で使っている。言い換えれば、多くの成功をおさめている人たちは、たいてい、自分が実際に何をしているのか、そしてそれはなぜかということを、必ずしもいつも具体的に意識しないまま、実りのある仕事に取り組むのに余念がない、ということだ。すぐれた調査によって、ここに潜んでいる多くの謎を解き明かせる。それはシャーロック・ホームズよろしく推理を働かせるようなものだ。さまざまな謎が解き明かされていくうちに、われわれ凡人もみな、自分自身の能力をその限界近くにまで引き上げてくれる、そんなすばらしいコーチングを受けられるはずだ。そうなれば、われわれは自分が何者であっても、胸を張れるような存在になる術を身に着けられるだろう[1]。

ここで、それなりの好奇心のある読者全員のために、このプロセスの全体像について紹介しておきたい。そのデータの中には非常に説得力のあるものがあり、成功に対する筆者の考え方や世の中の人々にとっての成功の意味が以前よりずっと深まったことは間違いない。また、筆者の行動の一部も以前より進歩したことも確かだ。読者自身にも以下の記述によって同様の思考力に恵まれるかもしれない。

『ビジョナリー・カンパニー』の読者には、そこで採用された調査方法を特徴づけていたのは次の三つの要素だった、ということを思い出していただきたい。

① サンプルの抽出――CEO七五〇人を調査し、彼らが最もビジョナリーだと評価する企業を

最大五社まで列挙するように依頼（このプロセスによって最終的には一八社が残り、ビジョナリー・カンパニーとして取り上げられた。これとともに、比較対照のグループとしても一八社が取り上げられている）。このふたつのグループを手がかりに、調査対象となるCEOを選び出した。

a　まず、五〇〇人のCEOを、一九九〇年のフォーチュン五〇〇社リスト二種から、つまり全米最大の製造企業のリストとサービス企業のリストから、層化抽出法によって選び出した。

b　二番目に、CEO二五〇人を、公開、非公開それぞれで最も成長速度の速い企業に関するインク誌のリストから選び出した。最も推薦の多かった一八社をビジョナリー・カンパニーのサンプルセットとした。

c　以上に加えて、選び出した企業には少なくともふたりのCEOが経営にあたったという歴史の長さを要求した。最終的に残ったサンプルの中で、最も社歴の浅い二社の企業の場合でも、創業年は一九四五年だった。

②　歴史的視野――あらゆる企業の経営の歴史に関しては細大漏らさず、書籍、雑誌や新聞の記事、博士論文、修士論文、そして企業の過去の資料といったものをもとに研究し尽くした。

③ 比較グループ――ビジョナリー・カンパニーには個別に、比較企業が以下の条件で選ばれた。

a ビジョナリー・カンパニーとほぼ同じ時期に創業している
b 同じ業界で事業を展開している
c ビジョナリー・カンパニーの有力な競合相手である
d これまで紹介されたCEOの調査ではほとんど取り上げられたことがない
e 一九九〇年時点でビジネスを展開していた

本書においては、筆者は独自の徹底した調査を二種類行なって、その両方を手がかりに成功をおさめている人たちの特質に迫る見識を検討し比較した。これらの二種の調査は『ビジョナリー・カンパニー』のときの調査とは本質的に異なっている。それには数多くの重要な理由が存在している。そのひとつの理由をあげると、本書が焦点を当てているのは、あらゆる分野の個人に対してであって、証券取引所に登録されている組織に限定しているわけではない、ということだ。一〇年以上にわたり、リーダーたちは筆者に対して、あらゆるタイプの組織における成功やリーダーシップについて、もっとすぐれた洞察力を示せと要求し続けている。そこで、この二種の新たな研究によって、筆者は『ビジョナリー・カンパニー』から〈ANDの才覚〉の原理を実践に活かすチャンスに恵まれた、というわけだ。

探求的な現地調査

本書のために行なった二つの研究のうち、最初の研究は、一〇年に及ぶ現地調査によって、つまり、永続的な成功をおさめている人たちの実に多種多様な集団との個人インタビューを繰り返すことによって、初めて完結した。インタビューはときに、実際の活動をつぶさに見るための最高の場所で、つまりリーダーの住まいやオフィスで、あるいはコミュニティや仕事の現場に移動する道すがら、行なっている。この手法によって、さまざまなリーダーの現実の姿が観察できた。具体的には、公開企業はもちろん、非営利のコミュニティ組織、政府機関、大小の非公開企業のリーダー、そして一匹狼（学校の教師や科学者からエンタテイナー、運動選手、作家まで）といった、多くの優れた人たちだ。

このプロセスによって、研究室にこもっていたり、伝統的な調査の手法に頼っていたりしていてはとても望めないような洞察や仮説があふれんばかりに手に入った。二番目の研究では、最初の研究から明らかになった重要な発見を改めて検証した。これには独自のワールド・サクセス・サーベイが大いに役に立った。

最初の研究では次の方法論を採用した。

① サンプルの抽出——筆者がインタビューしようと興味を持った人たちは、伝統的な意味での成功を何十年も続けている個人、つまり、あまたのノーベル賞受賞者、政府やコミュニティの首長、教師、科学者、オリンピック出場選手などだ。もちろん、ピューリッツァー賞、グラミー賞、ピーボディ賞、そしてアカデミー賞の受賞者、大小企業のCEOなども含まれる。

a こうした人たちを特定するために、筆者は多方面における定評のあるリストを改めて検証した。具体的には、タイム誌の最も影響力のある人物、もちろん、特にフォーブス誌やフォーチュン誌といった有力なビジネス誌で年間を通して、最も立派な、成長速度が最高の、あるいは最高の称賛を受けている、そんな人たちの栄誉のリストだ。筆者はまた、オプラ・ウィンフリーのユーズ・ユア・ライフ賞の受賞者をはじめ、非営利団体によって称賛された注目すべき個人のリストにも目を通した。雑誌や新聞、あるいは他の機関から抽出した成功をおさめている人たちのリストは、『ビジョナリー・カンパニー』で実施したCEO調査の代わりとして立派に通用すると筆者は考えている。

b　インタビューの対象になった個人は、振り分けの作業を通して、それぞれ興味、業界、性別などのさまざまに分類される。選別された個人は、ひとつあるいは多数の分野で最低二〇年以上強烈な影響力を発揮していることが求められる。この最低二〇年という条件は、『ビジョナリー・カンパニー』で、少なくともふたりのCEOの世代を要件として確立した最短社歴の基準と軌を一にしている。

c　筆者は何百人かの人たちに声をかけ、最終的には一九九六年から二〇〇六年までの間に二〇〇人以上の人たちと個人インタビューを行なった。

②　歴史的視野――それぞれのインタビューの準備段階で、筆者は書籍、雑誌や新聞の記事、そして組織のウェブサイトや歴史的な資料にあたって、それぞれのテーマについて、関連する個人の経歴情報を検討した。ただし、ある人が幼少のときから現在までの自分の人生をどのように考えているのか、外部の情報を手がかりにして判断するのは不可能であるため、筆者はその個人が自分自身について語った内容、そして長い時間をかけて自分の人生やキャリアを築き上げてきたことに対する見方について語った内容を、情報源として使うことにした。

a　データの収集源は、シナリオのない探求的で幅広い分野をカバーしたインタビューで聞き出したさまざまな話題だ。そうしたインタビューの焦点は、個々の人生における成功やリーダーシップと、そのキャリアの指針となった原理原則だった。インタビューで最も苦労したのは、こうした並はずれた人たちの人生における核心的な原動力を白日のもとにさらすことだった。筆者は、強烈な影響力のある個人に関する研究を徹底的に行なったと考えている（しかし結局、読者が筆者の報告する結論に対しての最高の評価者だ。読者にとって意味があるだろうか、そして役に立つのだろうか）。

b　何百件というすばらしい個人インタビューの内容は、本書でこれまで紹介してきた含蓄のあるさまざまな言葉を材料にしながら、組織的テーマコード（後述）と行動面からの視点によって分析され、コード化されてきた。この研究で採用された方法論とデータ分析手法に関するもっと詳しい内容は、本書のこのあとのセクションでとりあげる（資料一を参照）。

③　比較グループ——筆者は、本書の執筆過程の早い段階で、ある比較セットを使ってわれわれの結論を検証するための手法が必要になることに気がついていた。たとえ、成功の定義が異

なる数多くの比較対象者から、コントロール・グループを構築するのは例外なく困難だったとしても。筆者は公開企業に関する研究をしていなかったため、『ビジョナリー・カンパニー』と同じプロセスは採用できなかった[2]。そのかわり、過去一〇年にわたって積み重ねた個人インタビューとは根本的に違った方法で、回答者から無作為にサンプリングした結果をもとに、独自の調査、つまりワールド・サクセス・サーベイを開発し監督するとすれば、筆者の結論が妥当かどうかを確かめるのも有益だと信じていた（資料一を参照）。その結論は注目すべきもので、個人インタビューにおける一〇年間の現地調査に対して信じられないほどの深みや洞察を付け加えてくれた。

ワールド・サクセス・サーベイ

本書の草稿の段階で、スタンフォード大学を拠点にした筆者のチームは、自主的なインターネット調査を案出、実施しようとして、次のような仲間の協力を仰いだ。ピアソン・プレンティス・ホール、ペンシルベニア大学ウォートン校、そしてモスコウィッツ・ジェイコブズ・インク（ＭＪＩ）のｉイノベーション部門。筆者がワールド・サクセス・サーベイと名付けたこの調査は、筆者による世界中の永続的な成功をおさめている人たちとのインタビューから探り出された内容を立証する目的で考えられたものだ。

二〇〇六年の春、筆者は〈Knowledge@Wharton《ナレッジ・アット・ウォートン》〉の読者に声をかけ、成功についての世界的な調査に参加するチャンスがあると伝えてみた。**Knowledge@Wharton** はインターネット上の出版物で、一〇〇か国に及ぶマネジャー、教育者、そしてさまざまなレベルの専門家たちがその読者になっている。筆者はその読者に、世の中の人たちが成功をどのように考えているのかというテーマに関する世界的な調査への参加を求められた（資料二参照）。参加を希望する人たちが指定されたリンクをクリックすると、その調査への参加方法を簡単に説明した画面が現れる（資料三参照）。最初の一週間で三六五人が応募、その結果をこの分析に反映させた。

人の構成を見ると、回答者は三分の二が男性、三分の一が女性であり、年齢別では三五歳以下が二三%、三五歳から五四歳までが五七%、五五歳以上が二〇%となっている。また全回答者のうちの六五%がアメリカ在住、残りの三四%が海外で、その内訳はアジアが一三%、ヨーロッパが九%、その他の地域が一二%だった。

この調査では、ハワード・モスコウィッツ博士の売りもの、〈アイデアマップ〉というテクノロジーを使っている。これは消費者動向の研究に応用されているひとつの手法だ。モスコウィッツ・ジェイコブズ・インク(MJI)の仕事の論理的基盤は、実験の仕組みづくりと数理モデル化にある。アイデアマップはコンジョイント分析の手法と、モスコウィッツ自身が名付けた〈心の代数学〉の分析から発展したものだ。このアイデアマップ調査のフォーマットによって、回答者は一連のスクリーンに反応するという仕事に専念させられる。ここには、たとえ回答者が自分の感じていることを明快に説明する力がまったくなくても、それでも結果ははっきりと現れる、という発想がある。それぞれのスクリーンには〈成功のメニュー〉が表示される。そのメニューには、筆者が行なった個人的なインタビューで語られたさまざまな発言をもとにした、〈永続的な成功〉についてのさまざまな解釈、あるいは姿勢の独特な組み合わせが載っている。それはたとえば、成功の定義についての考え方、失敗、目標設定、責任追及に対する人の感じ方、といったものだ(資料四参照)。

回答者はそれぞれ、こうした経験的に開発された成功のメニューに対して回答する。つまり、一(非常にお粗末)から九(大変よい)までの評価の数字を使って、各メニューが〈永続的な成功についての回答者自身の見方〉をどの程度表現しているのか答えるというわけだ。モスコウィッツ・ジェイコブズ・インクが一九八〇年代の後半から一九九〇年代にかけ、他に先駆けてアイデアマップという検証の手法を開発しその有効性を立証してきた。この手法によって、他の杓子定規な調査手法で浮かんでくるような〈ゲーム感覚の〉行動よりも、直観的な回答や正直な反応が返ってくるようになった。こうした方法で、この調査は、成功につながる要因について世の人たちが感じている本音の部分を明らかにした。

回帰分析と影響度の点数

数字による評価の回答とテスト刺激（成功のメニュー）とを関連づける回帰分析（資料五〈回帰モデル〉参照）によって、成功の解釈三六種のひとつひとつに対する（肯定的あるいは否定的な）貢献度がわかる（資料六参照）。これらの数字は、成功の解釈それぞれの絶対的な影響度を計測し、その影響度を他のすべての解釈と比較するための基礎になる。その結果は、この調査における三六種の成功の解釈全体として、大きな数字の幅が認められる。その差は、上は、成功につながる非常に前向きの関係を示す高い数字としてのプラス二一から、下は、非常に後ろ向きの関係を示すマイナス二八まで広がっている（筆者の経験では、この調査の場合、プラス六以上またはマイナス六以下の数字によって、重要な注目すべき結果を把握できる）。こうした数字の大きな差によって、回答者が示した強い思い入れがより鮮明になり、こうした思いを明確に理解する手がかりを与えてくれる。

回答者はまた、仕事の面と個人的な面で、つまり公私両面で、自分自身がどの程度成功していると思うかという問いにも答えを出している。これらの自己確認作業は、分析のために、回答者を成功している／していないというグループに分けるための基礎となる。この調査に参加した三六五人の内訳は以下のとおり。

- 三五％が、自分自身は公私両面で成功していると思っている
- 三一％が、自分自身は公私両面ともに成功していないと思っている
- 二三％が、自分自身が成功しているのは個人的な面だけだと思っている
- 一一％が、自分自身が成功しているのは仕事の面だけだと思っている

そしてまた、各グループの結果を分析することによって、筆者は成功の原動力に関する一連の異なる信念を具体的に把握した。〈成功している〉人たち、ここではSグループと表現する人たちの考え方と、自分自身は〈成功していない〉と思っている人たち（Uグループ）が抱いている考え方とを比較した。アイデアマップから導き出された結論から、筆者は両方のグループ間で人の心の動きを分けてしまうものの正体が理解できるようになった。

最後に、筆者は非常に重要な属性、つまり、性別、年齢などを検証し、こうしたグループが成功と成功している人たちをどのように見ているかという点で認められる違いに迫るさまざまな見識を

明らかにした（セクション4で議論する）。

全体的な結論

この調査によって、独自の驚くほど透明な比較対照のための資料が手に入り、これが筆者の個人インタビューから得られた重要な発見を補強してくれた。最も重要な結果の中には、成功をおさめている人は自分の目標、大義、あるいは天職を追い求めるときに他人の同意をあてにはしないという事実が改めて確認された、ということもあった。成功している人たちは社会的な重圧があるからではなく、社会的な重圧に逆らっても自らの責任をまっとうする。彼らは他人が気に入っていることよりも、自分が大好きなことに必死に打ち込んでいる。たった一度の挫折によって自分を見失ったり拘泥したりすることはない。スケープゴートを探すこともなければ、思うようにことが運ばないときに非難がましいことを口にすることもない。それどころか、成功をおさめている人たちは、効果的な仕事をして自分の追い求めている成果を達成することを第一に考えるのだ。

調査の参加者が自分自身を〈成功している〉あるいは〈成功していない〉どちらの評価をするにしても、それとは関係なく、すべてのグループは、成功についての伝統的な辞書の定義、つまり、誰もが認めるような名声、富、力を手に入れることという有名な定義は、もはや、彼ら自身にとっての成功の意味を表現してはいないと言っている。たとえば、高い知名度や豊かな富がすばらしい成果だと言ってみたところで、世の人たちはすでに、成功を、〈独創的なことをする〉、〈いつまでも続く衝撃を与える〉、そして〈自分の充実感に満ちた人生を懸命に送る〉ことだと定義するようになっている。永続的な成功をおさめている人たちの場合特別なのは、この定義以下のところで満足するつもりなどない、ということだ。

第七章と第八章で議論したように、ビジョナリーな人は自分の失敗や成功を、データとして大切に採り入れる。そして自分の能力を向上させるために活用する。成功をおさめている人たちはまた、自分のしていることに愛情を注ぐことが、成功に不可欠な条件だと言っている。事実、第二章では、自分が大好きなことをしないでいるのは危険だ、なぜなら、情熱を持っている人がその情熱を燃やし続け、やがてはその仕事で自分の上を行くからだ、という検証をした。グローバル経済のもとでは、中途半端な気持ちで仕事をしている人ならそれが誰の場合であっても、世の中には、その人の仕事を奪おうと虎視眈々と狙っている人たちがあまた存在しているはずだ。自分が打ち込んでいることに対する情熱は単なる創造に向かう衝動ではない、それは競争のための必須条件なのだ。

調査研究はまた、三つの姿勢、つまりマインド・セットの分野に関する筆者の考えに大きな突破口を開いてくれた。これらの重要な姿勢のグループから得られた回答のデータによって、筆者のものとのインタビューに対する洞察が一層深まった。つまり異なるグループの人たちがどんな行動をとるか、その傾向を明らかにできた。こうしたマインド・セットのグループは、成功の多種多様な側面に魅力を感じている。彼らは、彼ら自身が自分を表現する内容によってではなく、さまざまなテスト刺激に対する実際の反応によって、何者かが定義される。実際の反応とはつまり、彼らの考えている内容と、そして彼らが成功をどのように考え理解しているかということだ。これについてはセクション３で議論する。

セクション1——成功をおさめている人たち

この調査で、公私ともに自分は成功していると答えている、全体の回答者の三五%は、成功に結びつくものが何かということについての、非常に強い信念の持ち主だ。

このグループは、成功をおさめるために必要なのは、重要なことを起こそうとするひたむきな姿勢だと信じている。これが重要だ。独創性が発揮されるような何かが生まれなければならず、そしてその価値はいつまでも維持されなければならない。彼らはそれ以下のものではとうてい満足しない。

成功をおさめている人たちは、次のようなアイデアを高く評価する。

● 「成功とは、独創的な仕事ができ、その衝撃がいつまでも続くことを言う」(プラス一四点)

ただし、幸福の概念には、彼らが成功を評価するために使う他の物差しと比較して、それなりの前向きの反応があるに過ぎない。

● 「成功とは、自分が幸せということだ」(プラス六点)

成功をおさめている個々の人たちは、成功を自分の充足感という観点から定義する場合が多い。富、あるいは社会的な認知度を基準にすることはない。

● 「成功とは、充足感に満たされるような人生に打ち込むこと」（なんとプラス一三点）

これに対して

● 「成功とは、名声、富あるいは権力を手に入れること」（マイナス一五点）

この自己実現をあくまで追求する姿勢は、独立独歩の姿勢と表裏一体だ。こうした人たちには、周りの人たちを頼って自分が望んでいることを達成するための方法を聞き出そうという気持ちは一切ない。彼らは単に自分のために取り組んでいるだけではなく、同時に自分の流儀で取り組もうとしているのだ。

● 「自分の目標への正しい針路を維持するためには、周りの人たちの意見に耳を傾けるのが一番だ」（マイナス二〇点）

個人的には自分が達成したいことと、その達成のための方法とに集中するにしても、彼らは〈一匹狼〉の群れではない。むしろその反対だ。彼らはよい人間関係を築いてその恩恵に浴《よく》すること、そして他の人たちと互いに仲間でいることの大切さを理解している。

●「成功とは、さまざまな人たちと強いつながりや絆をつくることだ」（プラス九点）

また、成功をおさめるというのは、そうした人たちに失敗の経験がない、という意味ではない。それどころか、失敗を経験したとき、彼らはそれを学習のための重要なツールとして活かしている。こうして、将来に成功をおさめるための条件を改善している。自分の負った傷を知恵に転換させているというわけだ。

●「私は、自分の成功よりも失敗から学ぶことのほうが多い」（プラス七点）

彼らは自分だけにしかない情熱を理解し、それぞれの情熱ひとつひとつに、それにふさわしいと考える時間を割り振っている（同じ割合でもバランスのとれた割合でもない。自分の気持ちのおもむくままに時間を決めている）。

●「私にとってバランスとは、仕事、家族、個人的な興味、そしてコミュニティに適切な時間をかける、ということだ」（プラス一〇点）

●「私にとってバランスとは、仕事、家族、個人的な興味、そしてコミュニティに同じだけの時間をかける、ということだ」（マイナス六点）

彼らは、何が大切で、それをものにするために行動を起こすことを自分で自由に決断できると思っている。

●「成功とは、有意義なことに打ち込む自由があるということだ」（プラス九点）

さまざまな挫折を経験しても、彼らは自分が最も関心のあることを放棄することはない。

●「挫折をしても、自分の情熱や大義を捨て去るつもりはない」（プラス七点）

彼らは、別の目標を達成するためなら自分にとって重要なものを犠牲にしなければならないという考え方を排斥する。彼らは両方とも、ものにしようとする。筆者が個人インタビューで教えられたように、永続的な成功をおさめている人たちは〈ORの呪縛〉よりも〈ANDの才覚〉のほうを信じている。

● 「私は、両方をとろうとするよりも、ふたつのうちのどちらかひとつを追い求めたい」は非常に後ろ向きである（マイナス一五点）

成功をおさめている人たちはまた、あらゆるキャリアステップがあらかじめできあがっている、という考えも排除する。それよりも、彼らは自らの人生における各ステップでの生きがいのほうに専念する。そして次に取り組むことを決めるときには、既定の計画よりも実際の行動が自分にとってどんな意味があるか、という評価を手がかりにしようとする。筆者の個人インタビューでわかったように、彼らはこうした自分の関心のあることに意識を集中する。実際にそれに打ち込もうとするとき、彼らはロードマップに頼るのではなく、その過程で自分自身に巡ってくる思いがけない幸運を自分のものにするだけの力を発揮するのだ。

● 「私のキャリアは私が自前でつくったロードマップに正確に乗ってきている」（マイナス一六点）

● 「残りの人生で自分自身のしたいことは、これまで常にはっきりとわかっていた」（マイナス一〇点）

右に紹介した一連の信念から、Sグループの行動が理解できる。その一方で、自分は公私ともに成功していないと考えている人（回答者の三一％）の信念を検証してみると、そこに多くの類似点があることがわかる。すると当然、問題は、どうして違いが生まれるのかということになる。Uグループが有意義なことをしたいと思っているのに対して、Sグループは Uグループ以上にそれが重要だと思っている。それが成功をおさめている人たちにとって人生における優先事項であるのに対して、自分が成功していないと口にする人たちにとって、それは優先事項というよりも自分がしたいことなのだ。

●「私の人生の最優先事項は、有意義なことをすることだ」（Sグループの場合プラス一四点、Uグループならプラス三点）

Sグループはまた、愛情は自分の仕事にとって必要不可欠というその信念を譲らない。一方、Uグループは自分の仕事に愛情を持つというこの必要性にどちらかといえばこだわらない。

●「私には、自分の大好きな仕事に打ち込むことが絶対に必要だ」（Sグループの場合プラス七点、これに対してUグループの場合にはプラス一点）

失敗から学んで前進することの重要性をあくまでも信じ、Sグループは〈非難合戦〉に異を唱える。これに対してUグループは、この問題に対して確固とした意見がない、と答えている。あるいは、彼らはおそらくその非難を受ける立場に置かれているため、それが日常の出来事だと解釈しているのかもしれない。

●「思うようにことが運ばないとき、たいていの人はスケープゴートを探すと思う」（Sグループの場合マイナス一七点、Uグループならマイナス三点）

自分が成功していないと考えている人たちは、その仕事に不安を抱え、自分のすることすべてに一人前の姿を見せなければと感じている。成功をおさめている人たちはそんなことよりも、自分の生きがいに意識を集中させ、仕事をしていく中で自分が周りの人の目にどの程度一人前に映っているのか、気にするようなことはない。

●「私が何に打ち込んでいようと、間違いなく一人前の結果を出さなければならない」（Uグループの場合プラス一〇点、Sグループはマイナス二点）

成功をおさめている人たちは、自分の仕事に対する周りの人たちの目を気にしない。これも筆者の個人インタビューで明らかになったように、永続的な成功をおさめている人たちは、周りの人たちから好かれていることよりも、自分が大好きなことに真剣に取り組もうとする。自分自身の情熱を、平凡な取り組み、あるいは優先度の低いことがらとして扱うようなことはない。成功している人たちは自分にとって有意義なことを一人前にこなそうと意識を集中させて、実際それに打ち込もうとする。手当たり次第にどんなことにでも手をつけるようなことはしない。

自分は成功していないと口にする人たちも、その人生で輝いている人たちの仲間として受け入れられることを望んでいる（あるいは受け入れられたと感じている）。一方、Ｓグループはそんなことをあまり気にしているようには見えない。

● 「大切な人が私の情熱を追い求めるのを支援してくれる」（Ｕグループの場合プラス八点、Ｓグループでは〇点）

筆者の個人インタビューで教えられたように、永続的な成功をおさめている人たちは、生きがいがあるからこそ、有意義なことに打ち込もうとする。そして実際に、知名度や社会的な重圧を気にせず、そうした有意義なことに打ち込んでいる。

セクション2──「仕事の面での成功」対「私的な面での成功」

筆者は俎上にのせた成功の解釈三六種すべてに対する回答を分析し、自分は仕事の面で成功していると答えた人たちが与えている影響を、私的な面で成功をおさめていると答えた人たちのそれと比較した。筆者は成功の概念がこのふたつの世界で違った解釈をされているのかどうかを見きわめ、もし違っているのなら、どのように違っているのか確かめようとした。

この調査研究で明らかになった証拠から、仕事の面で成功をおさめている人たちは、その成功の要因についての信念が、私的な面で成功をおさめている人たちの信念とぴたりと一致している、という紛れもない事実が確認できた。

- この調査研究で三六種のそれぞれに対する評価点によって、仕事の面で成功していると考えている人と、私的な面で成功していると考えている人との間には大きな違いは何もないことがわかった。

これらの回答者は、どんな分野であっても、永続的な成功をもたらすものには普遍性があると信じている。

セクション3――姿勢面の三グループ

この調査のために採用したアイデアマップの技術を使ってデータを分析して、個々の回答者によるマインド・セットの重要な違いを割り出し、それらを分類する。三六種の具体的な要因のどれをもって成功したと考えるのかを改めて検証してみると、同じマインド・セットに分類された人たちが、同じ姿に見えるのだ。筆者が初めてマインド・セットの分類結果を見たときには、筆者に語りかけていたその内容の持つ力に気がつかなかった。

率直に言えば、われわれは危うくこの新たな側面を見落とすところだった。というのも、他との脈絡のない独立した調査の取り組み、つまりワールド・サクセス・サーベイといったものが、筆者のもともとのインタビューで学んだあまりにも多くの内容を再確認させてくれたことに激しい衝撃を受けたからだ。それをここで議論の対象にしてよいのかさえ、よくわからなかった。ところが、モスコウィッツは筆者に対して、もっと詳しく研究するべきだと主張した。その理由はこうだ。姿勢の分類には説得力があり、その統計データはわれわれに、この調査に参加した人たちの具体的なマインド・セットについて、何か重要なことを伝えようとしているのだ。

この科学的な調査がアイデアマップのアルゴリズムによる計算だけをもとに発見した内容と、筆者が個人インタビューを通して集めた、より深くそして膨大な資料とを比較してみることが、何より必要だ。そこでこのアルゴリズムを応用し、回答者の刺激に対する反応のパターンの違いをもとにして、この研究における回答者ひとりひとりについての結果をまとめあげた（この調査では、成功の解釈が示される順番がふたりとして同じだったことはない。なぜなら、個々の回答者はさまざまな要素を任意に並べ替えられた順に見せられたからだ）。類似のパターンを示した人たちは同じマインド・セットのグループに入れられた。彼らが誰か、そしてまた、自分をどのように語ったかは関係がない。このすぐれた統計的分析から、調査では特徴的な三種のマインド・セットが明らかになった。その手がかりになったのは、もっぱら回答者の成功のメニューに対する反応の仕方だ。これらのグループの違いはこのあと紹介する。筆者は何かに気づいていた、しかしそれは何だったのか。

われわれの調査ディレクターは、ボニータ・トンプソン。さまざまな点と点を見事につなぎ合わせるというこの並はずれた才能の持ち主は、より深く観察することによって、もうひとつ発見をした。つまりトンプソンは次のことに気がついたのだ。調査に現れたデータの中で筆者が客観的に見ていたものは、意義、思考、そして行動という三つの〈輪〉であり、これは本書で筆者が自分たちの方法論を説明するために使っていたものと、まさに同じではないか。アイデアマップの調査によって、実際に、永続的な成功には姿勢の面から三つの特徴的な側面がある、それは意義、思考、そして行動だ、という事実が独自に確認された。この事実に筆者は本当に驚いた。そのうえ、調査のデータによって、人がこの観点でそれと気がつかないまま持っている（筆者も最初のうちはまったく気づかなかった）姿勢面における注目すべき嗜好の存在が明らかになった。それは、これらのグループが成功の解釈の仕方について一致していない、ということではない。それは、何かのときには、個人個人誰もが次にあげる三種の側面のひとつに少しばかり強く軸足を移す傾向がある、ということだ。その三種の側面とは次のとおりだ。

● 意義——————独創的な仕事をする、有意義なことをする（サンプル中四四％）
● 思考スタイル——自分の時間をその情熱に振り向ける（サンプル中二九％）
● 行動スタイル——達人になる、仕事に愛情を注ぐ（サンプル中二七％）

これらの姿勢には人の属性による顕著な違いはまったくなかったという事実をここで確認しておきたい。年齢、性別、そして地理的な所在には関係なく同じ結果だった。

さらに付け加えると、それぞれのグループが自分は成功している人間だと答える傾向は、次の図で示すように、三つのグループでともに非常に似通っていた。

われわれの他のサンプルのグループと同じように、姿勢についての三つのグループ、つまり意義、思考そして行動の各グループはすべて、成功の意味については一致している。

●「成功とは、独創的な仕事をして永続的な影響力を生み出せるということだ」

	サンプル総数	意義グループ1		思考スタイルグループ2		行動スタイルグループ3	
	N	N	%	N	%	N	%
サンプル総数	365	160	44%	105	29%	99	27%
公私ともに成功	129	53	33%	39	37%	37	37%
公だけ成功	39	15	9%	12	11%	12	12%
私だけ成功	83	36	23%	24	23%	23	23%
公私ともに不調	114	56	35%	30	29%	27	27%

そして成功ではないという意味では、

● 「成功とは、名声、富そして権力を手に入れること（ではない）」

ところが、これらの三つのグループが、他の質問の場合には明確に、ときには劇的に、違っていることがある。

■ 意義

これは三グループの中では最大で、回答者の四四％で構成されている、〈独創的な仕事をする、有意義なことをする〉ことを重視するグループだ。この意義重視のグループに入れられている人たちは、他のふたつのグループに入れられている人たちよりも、公私両面で自分が成功していると考える傾向が少ないようだ（〈意義〉に関しては、自分が公私にわたって常に人生のあらゆる場面で本当に充実し、文字どおり成功をおさめていると感じるのは難しい相談だ。意義を管理するというリーダーシップの重要な職務は決して遂行されない、と語るのはウォーレン・ベニス教授。南カリフォルニア大学のリーダーシップ研究所の創立者兼会長だ)。

このグループの特にきわだった特徴は、他のふたつのグループよりも、独創的な仕事をする、あるいは永続的な衝撃を与えることに強い思い入れを持って打ち込んでいるということだ。ところが、他のふたつのグループと違って、このグループの人たちは、周りの人たちのすべてに対して、意義について公私両面で共通の意識を持つよう要求する。

●「ボスは私が有意義で重要だと信じることを支持してくれる」(プラス九点に対して、他の人たち〈他の二グループの平均、以下同〉の場合マイナス七点)

このグループをきわだたせているもうひとつの大きな特徴は、彼らの個人的な充足感に対する取り組み方が、いくらか強いことだ。

●「成功とは、個人的な充足感を満たしてくれる人生を送れる、ということだ」(プラス一二点に対して、他の人たちの場合プラス七点)

■思考スタイル

二番目は、〈自分の時間を自分の情熱に振り向ける〉ことを重視するグループだ。回答者の二九%がこのグループに入っている。このグループの特にきわだった特徴は、自分の本当の情熱が何かを認識することと、それらのさまざまな情熱をバランスよく燃やすよう行動することに、強い関心を持っていることだ。彼らは自分の個性を認識しており、単に社会の期待に反応しているのではない。つまり、次のようなことだ。

- 「私にとってのバランスとは、適切な長さの時間を、仕事、家族、個人的な興味、そしてコミュニティそれぞれに振り向けることだ」（なんとプラス二二点に対して、他の人の場合プラス四点）
- 「いくつもあるさまざまな情熱を追い求めることによって、自分の実力や創造力が向上する」（プラス一二点に対して、他の人たちの場合プラス一点）

このグループの二つめの特徴は、自分の見方と他の人たちの見方との間にある不協和音に気がつかないということだ。一方、他のふたつのグループ（全体の人数の三分の二を占める）の人たちは、〈論争を盛り上げる〉。何か意義のあることを打ち立てようとするときにつきものの、創造的な議論を歓迎するのだ。

●「私の見方に与しない見方を教えてほしいと周りの人に促すことが、私にとっては重要なのだ」（マイナス八点に対して、他のふたつの場合なんとプラス一二点）

●「自分の生きがいをまっとうするためには、大切な人たちの願いに反して前進することが必要になるかもしれない」（マイナス一一点に対して、他のふたつの場合プラス五点）

また、このグループの人たちは、他の人たちとの意見の衝突を好まないにもかかわらず、挫折した経験から学ぶことを歓迎する。永続的な成功をおさめている人たちがインタビューで答えてくれたように、彼らは失敗を大切に活かそうとする。

●「私は自分の成功よりも、失敗から多くのものを学んでいる」（プラス一〇点に対して、他の人の場合プラス三点）

意義を重視するグループ（一番目のグループ）の得点はプラス七点、これに対して行動スタイル重視のグループ（このあとで紹介する二番めのグループ）で、失敗を活かすことにあまり意欲的でない（マイナス三点）。

■行動スタイル

三番目のグループは、〈達人になる、仕事に愛情を注ぐ〉ことを重視するグループで、回答者の二七％がこれに入る。他のふたつと違って、この行動スタイル重視の人たちは自分の仕事が大好きだ。

●「私が本当に大好きな仕事に取り組むことが絶対に必要だ」（プラス一五点に対して、他の人たちの場合〈他の二グループの平均、以下同〉マイナス二点）

しかも、彼らはまた、自分が次のような点で達人になりたいとも思っている。

●「周りの人たちがどのように思っても、私は、立派な仕事に取り組むことによって、一番意欲をかきたてられる」の点数が高い（プラス一二点に対して、他の人たちの場合プラス一点）。

さらに、このグループの人たちは、それ自体のためにものごとをなし遂げ、完成させることが大好きだ。自分の達成する目標に非常に満足し、決して落胆しない。

●「目標を達成するとそれが自分にとってほとんど意義のないことだとわかる、ときどきそんなことがあってがっかりすることもある」は、このグループとしては非常に低い点数だ（マイナ

ス二一点に対して、他の人の場合マイナス二点）

整合性を図ることは絶対に必要だ。つまりこのアイデアマップの調査研究によって、世の人たちは個人として、三つの輪（意義、思考、行動）のうちのひとつに最も強く共鳴する傾向があることが確認された。われわれの多くが社会によって定義されたような〈バランス〉で苦しめられているのに対して、この調査研究と筆者のインタビューから明らかになったのは、われわれが追求している本質的なバランスとは、三つの輪の整合性を図ることかもしれない、ということだ。つまり、何がわれわれの生きがいなのか（意義）、そうしたことをどのように考え、そしてどのように自分の時間を情熱にさけばよいのか（思考）、そしてそれらを達成するためにはどのような取り組み方をすればよいのか（行動）、この三者の整合性を図ることだ。われわれが求めているバランスというのは、自分が個人的に定義したさまざまな顔を持ちながら、しかも有意義だと感じている情熱を見つけ出すことではないのか。つまり、自分の創造的な思考をさらに盛り上げ、さらに行動に駆り立て、それらをはっきりとした形にしてくれる、そんな情熱の追求だ。

セクション4――属性によるカテゴリー

全体的に見て、公私ともに成功していると感じている人たちの成功についての考え方には、年齢層と性別による違いが存在している。女性はどちらかと言えば、男性よりも公私ともに成功していると感じている人が多い（女性四〇％に対して男性三三％）。年齢別では、年齢が高いほど成功していると感じている人が増加する。たとえば五五歳以上では五九％。これに対して、四五歳以下では二〇％という数字だ。

● 男性女性ともに、「成功とは、独創的な仕事をし、永続的な衝撃を与えられることをいう」が永続的な成功についての最も重要な解釈だと考えている（それぞれプラス一二点、プラス一六点）。

ところが、男性には、成功を周りの人たちの意見に逆らって〈立派な仕事〉をすることに結びつける傾向もある。つまり、

● 「周りの人たちがどのように考えようが、私を最も駆り立てるのは立派な仕事への取り組みだ」（プラス六点、女性の場合はマイナス一点）

女性は男性よりも、個人的な人のつながりと幸せを重視する傾向がある。

● 「成功とは、周りの人たちと強固な人間関係を築き、絆を深めることだ」（プラス一一点、男性の場合プラス三点）

● 「成功とは自分自身が幸せになることだ」（プラス九点、男性の場合プラス一点）

どの年齢層の人もすべて、成功の核心的な解釈は「成功とは、独創的な仕事をし、永続的な衝撃を与えられること」だと認識しており、成功のさまざまな解釈についても広い範囲で類似性を示している。

ところが、高い年齢層（五五歳以上）の回答者は、この成功に対してより高いレベルの情熱を示している。つまり、他のどの年齢層よりも高い数字になっている。

● 「自分の人生におけるおもな優先事項は、有意義なものに取り組むこと」（プラス一四点、他の年齢層の場合プラス八点）。

● 「意義のあることに打ち込まないでいるのは苦痛だ」（プラス九点、他の年齢層の場合プラス一点）。

個々の国における違いについての結論を導き出すためには、それがどんな結論であっても、われわれのサンプルは実に細かいところまで分類される必要があり、そうなると細かすぎて信頼性に欠けてしまうだろう。ところが、筆者は地域ごとのデータの中にさまざまな変数が多数あることを確認して、さらに調査研究を進めれば、もっと金脈を掘り起こせるだろうと大いに喜んだ。さらに徹底した調査を国ごとに実施してこれらの洞察を深め明らかにすることには、十分な価値があるはずだ。

この調査研究によって、成功のカギを握っているのは何か、そして世の人たちにとって成功とはどんな意味があるのかという観点から、〈永続的な成功〉についての世界的な考え方が明らかになった。成功の伝統的な定義は、筆者の個人インタビューはもとより、この調査でも完全に否定されている。社会がその伝統的な定義をいまだに守っているのは驚きだ。社会全体とまでは言わなくても、すでに辞書に書く成功の意味を定義し直す時期にきているのは明らかだ。筆者は成功についての読者の定義を知りたいと思っている。それを辞書の出版社に伝えたいからだ。ぜひ、www.SuccessBuiltToLast.com にアクセスしていただきたい。

資料一　個人インタビューと他のデータ分析

ステップ1　探求的質問

本書の執筆を始めて以来、筆者にとって印象深かったのは、成功やリーダーシップの意味を探求するための質問の中に、確立しているもの、客観的によくわかるもの、あるいはいつの時代にも通用するものが非常に少ないという事実だった。たとえば、筆者には、辞書に書かれている成功の定義を変更したり拡大したりしようという大規模な国際的キャンペーンが行なわれるのを、これまで目にした経験がない。また、組織、ビジネスパーソン、パートナー、両親、コミュニティのリーダー、あるいは総体としての社会にもっと役に立つような有意義で建設的な代替案を見つけ出そうとする、そんな大規模な運動にもお目にかかったことがない。筆者が願い、意図しているのは、本書の海外での出版がきっかけとなり、成功の定義を改善させる試みが次々と行なわれることだ。

事実筆者は、実際のプレゼンテーションの場面で、成功と意義を同時に俎上にあげて議論をすれば、その会議室は大いに盛り上がるという現象を経験した。それは、出席者が自分にとっての生きがい（個人として、そして組織として）と成功の本来の意味についての先入観、あるいは理想的な概念を正当化しようと、必死になるからだ。

筆者が感じた情熱はまた、本書の執筆の過程で蓄積したインタビューの中から注目すべきものを選び出す探求的な手法を実践するための大きな力になった。相手の人たちはこのインタビューを受けたいと願っていただけでなく、彼らは筆者がこのテーマに対して非伝統的な手法をとったことを大いに歓迎した（あるいは安堵した）。

筆者が初めて故ピーター・ドラッカーと連絡を取り、本書のためのインタビューを依頼したとき、個人インタビューに加え、それから先はリーダーシップの調査の開発にも興味があると伝えた。しかしドラッカーは「それはすべて終わった話だ」と警告してくれた。筆者が、少なくとも本書執筆の最初の時点で、次のようにふたつの観点から形式的な手法と縁を切ったことに、ドラッカーもまた他の人たちと同様に歓迎してくれた。

A　リーダーがリーダーシップそのものよりも成功についてどのように考えているのかということに注目する

B　この作業を、標準化された質問をするのではなく、自由回答形式の探求的なインタビューとして実践する

われわれ筆者三人はみな、長い間、リーダーを相手にコーチし、助言し、そしてインタビューをするという経験を重ねてきた。本書のために行なったインタビューのきっかけは、一〇年前、個人

と組織両方の場合の、成功とリーダーシップに関する直観的な見方や現実を把握するという、実践的な仕事上の興味だった。現実の人たちとの実際のインタビューには、それぞれの筆者が自分の仕事を進めてきた数多くの作業の中で、より実りのある議論を盛り上げてくれる偉大な力があった、と筆者は信じている。ちなみに筆者の仕事というのは、エグゼクティブ研修プログラム、講義、出版、そして公共放送番組の制作やコンサルティングなどだ。

　長年にわたって、われわれ筆者はでたとこ勝負で、世界中の企業、職業、そしてコミュニティ組織の数限りないリーダーと直接会う段取りをつけ、シナリオのない本音のやりとりを繰り返してきた。「はじめに」で議論したように、この方法によって、筆者には今までにない新鮮な視野が手に入り、伝統的な仮説をひねくりまわしているかぎり発見できないような、直観的でない知識や視野の領域に分け入る機会に恵まれたと信じている。

　こうしたインタビューは科学的な試みとして始まったわけではない。したがって、筆者は慎重に四つのステップで構成されたプロセスを通して、データを整理した。それは処方箋を見つけ出すためではなく、読者に考えていただくための興味深く役に立つアイデアを発見するためだった。

　第一のステップは世界中に散らばっているビジョナリーな人に、研究室的なお定まりの環境ではなく、彼らが普段身体を動かしている環境で会うことだった。筆者は彼らのオフィスや住まい、あるいはまた、滞在先のホテルの部屋や会議室で、彼らと話をした。そうしたインタビューではまず、自由な答えが返ってくるような質問から切り出した。たとえば、「成功をどのように定義するか」、あるいは「何十年も前に、現在の自分になろうと計画したり、想像したことがあるか」といった質問だ。定番になっている質問のリストをもとにした特定の答えを引き出そうとするのではなく、関連する質問を続け、返ってきた答えの意味をさらに深く理解しようとした。それが終わると、インタビューを組織的テーマコードによって検証し、分析した。

ステップ2　内容分析——組織的テーマコード（Organizational Theme Codes）

筆者はインタビューで議論された対象の広大な視野をカバーする話題の領域、つまり組織的テーマコード（OTC）を見きわめた。簡単に一〇〇以上のカテゴリーを見つけ出せたかもしれないし、もしくは、ひとりひとりのそのデータとの関わり合いをもとに、もっと少ない数のOTCに絞り込めたかもしれない。いずれにしろ最後の分析で、筆者は複雑な説明が必要になる、難解な、あるいは技術的なOTCを避けるように努めた。代わってもっぱら注目したのが、実践的でわかりやすい二一のテーマとそのサブカテゴリーだった。これらはリーダーシップや成功、リスクを冒す、失敗、そしてグローバル化といった、テーマとして経営者のチームとの議論でよく話題になったものだ。これらのOTCをもとにして、インタビューの内容をふるいにかけた。

このOTCでインタビューのやりとりをコード化することによって、当初三〇〇ページ以下に抑えようとした書籍に盛り込める限界以上に、はるかに多い数のアイデアが生まれてきた。圧倒的な数の参加者に決まって現れる、きわめて客観的なこうした回答は分析され、最終原稿にまとめられた。こうして生まれた多くの発見は、前述のアイデアマップ調査でも確認されていることがわかるはずだ。筆者は、将来の調査、書籍、そして記事に備えて、こうした多くのOTCを再度検討し掘り下げたいと思っている。以下に筆者がインタビューのプロセスで使ったOTCを列挙する。

● リーダーシップ——視野、役割、意義
● リスク——リスクをとる、リスクを乗り切る
● 失敗——失敗から学ぶ、回復力、頻度
● 苦痛——苦悩、公平さの欠如、痛みをバネにする、痛みに耐える
● 自信——自信の役割、自尊心
● 集中力——明快さ、割り切り、時間/経営資源の管理、目標の選定、持続力
● 測定可能性——目標を評価する能力（大小両方の目標とも）
● 信頼——尊敬する、真剣に聞く、信頼感を育てる、信頼の重要性
● 価値観——中核的価値観の役割
● 変化——変化の主導、変化の過程で周りの人たちを助ける
● 成長——生長を促す、成長を主導する、変化の必要性
● 頂点/最高——最善を尽くす、製品の品質

● イノベーション——創造性、イノベーションの盛り上げ方、イノベーションに対する経営資源の割り振り、イノベーションの必要性としての失敗のパラドックス
● 文化——組織の文化、目標、アイデアあるいは情熱を支える文化の創造
● 世界的規模／環境——グローバル化、アイデアの多様性、勝つのは常に環境
● 投資者——顧客、株主、コミュニティや供給業者の役割、そしてそれらとの関係
● 新規事業——新規事業、新しいサービスあるいはアイデアに対する特別な必要性
● チーム——人の管理、自分自身の管理と同時に以下のサブカテゴリーの管理
・権力——権限を譲り渡す、他の人たちに責任を持たせる、チームのメンバーに経営資源を与える、周りの人たちを通して経営する
・技量——他にリーダーを育てる、訓練、チームを育てる、指導教育をする
・褒賞／認知／報奨／感謝——目標を鮮明にするために褒賞を活用する、目標を確認するために褒賞を活かす
・整合性——目標／容認との整合性を図る
・報奨——成果に金銭で報いる、そしてそれをしないことから生じる結果
・視点（POV）——チームに対して目標と意義を説明する、一貫性
・論争——論争を盛り上げる、論争を管理する
● 恐れ——恐れを管理する、周りの人たちが恐れを管理するのに力を貸す
● 準備——自分の宿題に取り組む、準備に欠かせないのは計画

●情熱——情熱の役割、自分の仕事や生活に愛情を注ぐ（あるいは注がない）

筆者はOTCにぴったりはまるようなパターンを個人インタビューの中で見つけようとした。とは言っても、そうしたパターンのひとつを相手が口にする回数を単に数えるというワナに落ち込んだことはなかった。たとえば、筆者は〈恐れ〉という言葉を、その分野に分類する目的で聞き出そうとはしていない。相手の話を総合的にとらえて、その発想をどこにコード化すればよいかを判断した（筆者は、リーダーはよく恐れと付き合ったり恐れを感じたりはするけれども、その言葉を使うことはほとんどない、という事実に気がついた。男性の場合は特にそうだった）。

インタビューの相手が〈準備〉という言葉を二三回も、つまり他のOTCの三倍も口にしたとしても、そのときに、その人には常に準備ができている、あるいは計画を立てているという結論に飛びついたところで、実際に組織の中で準備がどのような役割を果たしているのか、あるいは本人自身の戦略でどの程度有効なのかは、わからないだろう。また、どの一言が現実の行動に結びつくのかということも、わからないだろう。〈準備〉という言葉をコード化する方法を見つけるという真剣な努力の過程では、インタビューの相手が意図した文脈や発想を見落とす可能性もある。

多くの著者と同じように読者も、永続的な成功をおさめている人たちにはあらかじめ用意したロードマップがある、あるいは彼らはここだと思い込んでいる目的地に導いてくれる地図に常に従っている、と思うかもしれない。しかし実際には、ビジョナリーな人が今の自分の位置を最初から思い描いていたと言うことは稀だった。彼らは準備のことを、自分のテーマや分野、あるいは目前の職務に〈深く切り込むこと〉だと考えていた。そうしたテーマや職務とは、自分の人生のある時点で自分自身を必死にさせてくれる、しかもそれには意義があると感じさせてくれるようなものだ。

リーダーが頻繁に〈愛〉や〈情熱〉という言葉を口にしたとしても（筆者のインタビューではそうだった）、筆者は単にその回数を勘定するだけで終わるつもりはなかった。むしろ、それをさらに突き詰めて、実際にその相手に質問することを通して、そうした言葉にどんな意味が込められているのかを明らかにしようとした。これは単なる調査ではできないことだ。相手の話の流れによく耳を傾けることによって、リーダーが一般的な意味で愛を語っているのではないことが一層明白になった。多くの人は、チームメンバーや、従業員、顧客への気持ちを口にしながらも、同時に、筆者による具体的なインタビューでは、非常に違った論点を披露してくれたのだ。彼らが筆者に強調したのは、自分の仕事に愛情を注がなければ、それに愛情を持った別の人に打ち負かされるだろう、という話だった。

たとえば、インタビューであるひとつの言葉が出てくる頻度をただ数えていただけなら、筆者も自分たちの研究で最大の非直観的な洞察のひとつを、つまり論争を盛り上げるという考えを、完全に見落としてしまっただろう。この言葉自体は、話の中で口にされることは稀だった。けれどもビジョナリーな人は自分の〈チーム〉とのつながりをいつも、あたかも大好きなプロのアイスホッケーチームと一緒にプレーしているような関係のように表現していた。

　また、このインタビューの手法による大きな収穫は、変化に対する――筆者の意図ではなく――彼ら自身の意図を確認するための余裕や忍耐力を生んだことだ。自分の頭にある目先の課題にこだわらず相手の意図を探り出そうとするとき、現実に起こっていることについて違った絵が描け、すばらしい発想も生まれてくる。事実、何度も繰り返しリーダーの興奮した声を聞かされたのには驚いた。それは彼らが仲間と一緒に過ごす、それも儀礼的な協力や友だち付き合いのためでなく、創造的で、生産的で、そして議論が活発に行なわれる集まりのために過ごす時間をどれほど楽しみにしているかという話をしてくれるときのことだった。多くのビジョナリーな人は、そうした内輪の光景を部外者には見せたくないと言っているほどだ。

　文字になった自己評価や調査にはそれなりの価値がある（筆者のサクセス・サーベイで確認したように）。とはいえ、間違いなく、会ってさまざまな課題を議論するという経験に代わるものはない。筆者はインタビューの対象となったビジョナリーな人に実際に会うという、またとない幸運に恵まれた。世の中の人たちは相変わらず互いに誤解を招くようなことをするにしても、われわれには、よく聞き、よく観察してその文脈を見きわめ、さらに、あるアイデアを適切なＯＴＣコードにおさめるためのヒントになる個々の言葉はもちろん、行動のサンプルも探り出す、そんなチャンスがあるはずだ。

ステップ３　行動の視点（Behavioral Point of View）

次のステップは、データや文脈の観察を別の視点から眺め、どのようにしてさまざまな発言を組み立て直し、それを調査の要素として役立たせればよいのかを見きわめることだった。言い換えれば、もしインタビューのときに示されたり語られたりした核心的な特質やセリフを把握できるのだとすれば、永続的な成功をおさめている模範的な人は、行動の視点から、その会話における文脈の中で自分自身をどのように語る（あるいは、語らない）のだろうか。

セリフの例を五件あげる。いずれも、のちに世界的な研究の一部になったインタビューで語られたものだ。筆者は各ОТСで、このようなセリフを数えきれないほど検証した。これらは三六種の解釈を完成させるために活用され、最終的にはワールド・サクセス・サーベイにつながった。

a　私は自分の（後ろ向きの）感情や挫折のせいで、自分の追い求めている大義や目標の重要性を台無しにするようなまねはしない。

b　私は自分の過ちや弱点を言い訳にして、それを自分の能力のなさに結びつけるようなことはしない。自分の成功からはもちろん自分の失敗からも同じように学べると、いつも考えている。

c　私がくだす最高の決断では、あらゆる選択肢を取り込んでいることがしばしばある。人生が〈どちらか一方〉の問題であることはほとんどないからだ。

d　私の取り組んでいることに対する他の人たちの考えに影響されて、しなければならないことをやめる、ということはない。

e　二〇年、三〇年前に、現在の自分の姿を思い描くのはどう転んでも無理だった。自分がしていることが大好きになり、自分の得意分野でできることをひとつ残らず確実に理解することによって、幸運というものをつかんできた。そのための学習を怠ったことはない。怠ることはできないし、そのつもりもない。なぜなら、それが自分の現実の姿だからだ。自分に疑問がわいたら、さらに深く突っ込んで学習する。

ステップ4　ワールド・サクセス・サーベイ

このプロセスにおける最後のステップは、本書のために行なった筆者の二番目の研究に、つまり、筆者の個人インタビューで提起されたさまざまな問題に対するサイコグラフを応用した統計的な検証に着手することだ。すでに述べたように、スタンフォード大学を拠点にした筆者のチームは、その再検証に取り組んだ。協力してくれたのは、ピアソン・プレンティス・ホール、ペンシルバニア大学ウォートン校教授ジェリー・ウィンド、そしてモスコウィッツ・ジェイコブズ・インクのｉイノベーション部門だ（FiSite《ファイサイト》リサーチのマーケティング調査担当ディレクター、チャック・ロウシュも、この調査の実施を支援してくれた）。

モスコウィッツ・ジェイコブズ・インクの仕事の論理的な基礎は、実験的な（統計学的な）設計と数理モデル化だ。そのテクノロジーとソフトウェアは同社独自のもので、この分野では第一人者のハワード・モスコウィッツ博士の研究がその基礎になっている。ハーバード大学の実験心理学の博士号（統計的実験の設計と精神物理学が専門）を持ち、その革新的な業績に関して一四冊の著作と三〇〇以上の科学論文を執筆、自ら〈消費者心理の代数学〉と名付けたものの内容を明らかにしている。この代数学の対象は、消費者向け製品のイノベーションから、食品調査、社会問題、健康、株式市場そして大統領選挙までと幅広い。モスコウィッツと研究者チームは、筆者と協力し、すでに紹介したアイデアマップという共同でコンピュータ化した発想開発テクノロジーを応用することによって、ワールド・サクセス・サーベイを開発し、採り入れ、そして評価する仕事をした。

資料二

ワールド・サクセス・サーベイへの参加の勧誘文を紹介する。これはKnowledge@Whartonのニュースレターに掲載された。

リーダーシップと変革　どうして成功している人たちは成功を続けられるのか

そのとき、『ビジョナリー・カンパニー』の原理原則がどの程度の範囲まで個人に応用できるのかという問題が提起された。これに触発された新たな調査研究が、一冊の書物、つまり「ビジョナリー・ピープル」につながり、今年、ウォートン・スクール・パブリッシングから出版されることになっている。共著者であるマーク・トンプソンとスチュワート・エメリーが、この著作についてKnowledge@Whartonに語ってくれた。さらに付け加えれば、このふたりは成功について人々がどのように考えているのかというテーマで世界的な調査を実施している。この調査へのリンクは次のサイトにある。

http://knowledge.wharton.upenn.edu/article/1451.cfm

資料 三

この調査への参加方法を簡単に紹介する。指定のリンクをクリックすると参加方法が現れる。

このセクションでは、簡単な〈テスト〉を用意してみた。それを成功のための〈メニュー〉と呼ぶ。

画面に現れた各メニューを読む。このメニューには成功をおさめている人の特徴が並んでいる。

次に、〈永続的な成功〉のためのメニューを紹介したこの表現についてどのように考えるか。もちろん、成功を〈ほぼ完璧に〉述べたものもあれば、〈まったくの的はずれ〉の表現もあるだろう。

この調査によって、永続的な成功の意味を改めて定義し、世界中の至るところで成功についての建設的な対話を巻き起こす機会が手に入るはずだ。

次の画面に、成功のメニューが現れる。一画面ごとにひとつ現れる。

それぞれのメニューを読んで全体的なアイデアとしてまとめ、簡単な一から九の数字でその重要度を判定する。

この〈メニュー〉はあなたの考えている「永続的な成功」をどの程度的確に表現していますか。

1　まったく表現していない……9　とてもよく表現している

この回答作業に対する〈感謝〉の印として、五〇人に抽選で『ビジョナリー・ピープル』を進呈する。

さらに、このワールド・サクセス・サーベイへの集計結果を、メディアに発表する前にすべての参加者に送る。しかも、本書の第一章の内容を無料でダウンロードできるリンク先をお知らせし、本書の購入にあたって使用できる五〇％の割引券もつける。

インタビューの終わりには、〈分類用〉の質問がいくつか用意されており、参加者は永続的な成功についての自分の考えと他の参加者の考えとの違いが理解できる仕組みになっている。

このワールド・サクセス・サーベイに参加するのに必要な時間は約一五分。

この調査に参加するために、〈続ける〉を押してください。そして成功についての〈本音の意見〉を述べてください。

ご協力を感謝します。

資料 四

〈成功のメニュー〉の画面に現れる内容例

〈モットー〉――成功とは金、名声、そして力を手にすること

〈逆境〉――ことがうまく運ばないとき、大半の人はスケープゴートを探そうとするものだと信じている

〈キャリア〉――周りの人たちがどのように考えようと、私を駆り立てているのは、立派な仕事をしようという意欲だ

〈価値観〉――私の人生で最優先にしているのは、意義のあることをする、ということだ

この〈メニュー〉はあなたの考えている「永続的な成功」を、どの程度的確に表現していますか？	1 2 3 4 5 6 7 8 9
	1まったく表現していない ～9とてもよく表現している

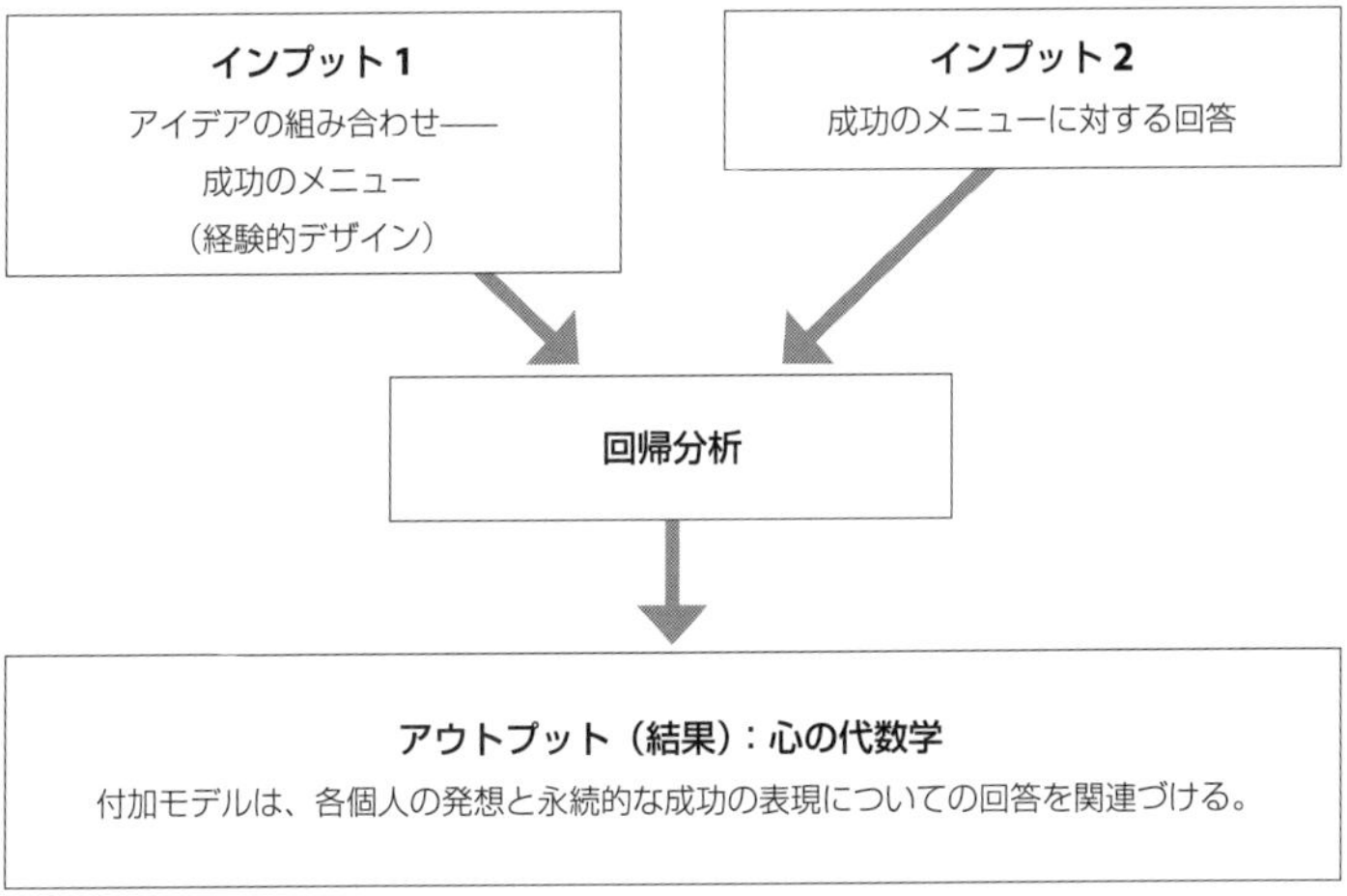

資料五

回帰モデル

統計学が得意な人にとって、筆者のモデルは簡単なはずだ。それぞれの人に対して、さまざまなアイデアの組み合わせ（インプット1）、たとえば、短い話あるいはメニューから始める。参加者は、評価の数字を示す（インプット2）。筆者は簡単な統計（回帰）を使って個々の人の発想が、全体としての成功のメニューに対する回答にどのような影響を与えているのか検証する。

〈永続的な成功〉の付加モデルには次の要素がある。

- 要素が与える影響の点数（効用）――要素が総体的な〈永続的な成功〉に及ぼす影響度を示す。

プラスの点数なら、その要素によって成功を自覚する可能性が高くなることを示している。マイナスの点数なら、その要素によって成功をおさめる可能性が高くなるわけではないことを示している。

● 付加定数——〈成功のメニュー〉にある特定の要素や発想にはあてはまらないけれど、自分が成功していると考えている回答者（総数は一〇〇）の数を表す。

このシステムによって、よく似た考え方の人たちのグループが形成される。つまり、どのメニューの項目（要素）が永続的な成功を表現しているかという解釈の点で、よく似たパターンを見せている人たちのことだ。これがマインド・セットによる分類であり、筆者には大変参考になった。

● 詮索的な態度や教科書的な回答はまったくなし——最後に、アイデアマップのシステムはインタビューの間、画面が変わるごとに無作為に変わるメニューを示しながら機能するために、〈インタビューの詮索をする〉ようなことをしたり、あたりさわりのない教科書的な回答をして逃げたりするのはほぼ不可能になる。インタビューを始めるとすぐに回答者は緊張をほぐし、聞かれるとすぐ正直な〈本音の反応〉を返してくる。その答えはとにかく速い。回答者は普段と同じように反応し、しばしば標準的な調査を台無しにしている標準的な防御の壁をすぐに取り払ってしまう。

資料 六

ワールド・サクセス・サーベイの影響の点数

テスト刺激（われわれの〈成功のメニュー〉）への評価回答に関わる回帰分析（資料五参照）によって、われわれの調査における成功の解釈のひとつひとつに対する影響度（プラスあるいはマイナス）が明らかになる。これらの点数は成功の解釈おのおのの絶対的な影響度を測り、そしてその影響度を他のものと比較するための基礎となる。その結果はこの調査における成功の解釈全体にわたって、実にさまざまな点数となって現れている。次の表では、この調査における三つの姿勢面でのグループに対する回答を紹介している。具体的には、成功につながる非常に前向きの関係であるプラス二一という高い点数から、非常に後ろ向きの関係であるマイナス二八という低い点数までの幅がある（筆者の経験からすれば、この調査の場合、プラス六以上の点数、あるいはマイナス六以下の点数が重要で注目すべき結果の目安となる）。こうした幅の広い点数の分布によって、回答者が示している強い感情が浮き彫りになり、そうした感情を明確に読み解けるようになる。この発見のサンプルとして、次に、三つの姿勢の面でのグループにおけるあらゆる人の違いの比較を紹介したい。この魅力的なデータを切り刻んで分析するための方法は数多く存在する。これはそのうちのひとつに過ぎない。

	意義 グループ1	思考スタイル グループ2	行動スタイル グループ3
基数	160	105	99
定数	36	40	41
モットー：成功とは独創的な仕事をして、永続的な影響を与えられること。	17	8	12
価値観：人生で最優先にしているのは、有意義なことに打ち込むこと。	9	12	6
モットー：成功とは、個人的な充足感にあふれた人生を送ること。	12	7	6
バランス：私にとってのバランスとは、仕事、家族、個人的な関心、コミュニティに〈適切な〉時間を割くこと。	4	21	3
モットー：成功とは有意義なことに取り組む自由があること。	9	8	2
モットー：成功とは、周りの人たちと強力な人間関係を築くこと。	6	7	3
逆境：私は自分の成功よりも、失敗から学ぶことのほうが多い。	7	10	-3
逆境：挫折したからといって、自分の情熱や大義を〈捨て去る〉ようなまねはしない。	10	5	2
キャリア：自分が本当に惚れ込んでいる仕事に打ち込むことが絶対に必要だ。	-2	-1	15
モットー：成功とは、自分が幸せなことだ。	3	1	8
リーダーシップ：成功は私生活と職業生活の両方で大きな目標をたてるところから生まれるものだ。	11	-7	3
キャリア：他の人たちがどのように考えようと、自分自身を駆り立てるのは、立派な仕事をするという意欲だ。	-5	10	12
価値観：私が最高の成功をおさめるのは、チームが私の価値観を共有してくれるときだ。	2	2	7

	意義 グループ1	思考スタイル グループ2	行動スタイル グループ3
リーダーシップ：私にとって非常に重要なのは、私自身の見方とは相いれない見方を忘れるな、と部下に促すことだ。	14	-8	9
価値観：自分の人生の選択に指針を与えてくれる明確な価値観が、存在していると信じている。	2	-3	3
情熱：多くの異なる情熱を追いかけることによって、自分の実力や創造力が向上する。	1	12	2
逆境：意義のあることをしないでいるのは苦痛だ。	7	4	-7
情熱：大切な人たちが自分の情熱を追いかける力になってくれる。	4	2	2
リーダーシップ：打ち込んでいる対象が何であっても、私は間違いなくそれを一人前にこなす。	7	-6	7
逆境:挫折しても、自分の情熱や大義を〈疑問に思う〉ような羽目には陥らない。	6	3	-10
バランス：永続的な成功のためには、私生活で長期的な人間関係を築かなければならない。	-5	6	-10
リーダーシップ：自分の生きがいを実現するためには、大切な人たちの願望に逆らうことが必要になるかもしれない。	3	-11	8
リーダーシップ：私のボスは、私が有意義で重要だと信じていることを支持してくれる。	9	-14	1
バランス:私にとってのバランスとは、仕事、家族、個人的な興味、そしてコミュニティに〈平等に〉時間を割り当てることだ。	-8	1	-12
逆境：ある目標を達成してみると、自分にとってほとんど意味がなかったと気づいてがっかりすることもある。	-2	-2	-21
価値観：人生で大きな転換点を迎えたときは、自分の価値観の一部を考え直し、変えてみるとそれが役に立つ。	-7	-5	-2

	意義 グループ1	思考スタイル グループ2	行動スタイル グループ3
キャリア：これまでずっと、自分の残りの人生でしたいことがはっきりわかっていた。	-22	-11	-6
リーダーシップ：自分の疑問や判断、そして懸念をすべて、チームと共有するつもりはない。なぜなら、それよりも、目標を達成するために何が適当かということを、ある程度の信頼性を失っても、伝えることが重要だからだ。	-5	-19	-14
価値観：自分の人生を導いてくれる情熱がひとつ、つまり〈ただひとつの大きなこと〉がある。	-10	-9	-12
キャリア：自分が本当に大好きな仕事に取り組むのは嬉しいけれども、必ずしも現実的なことではない。	-19	-9	-5
価値観：ビジネスに携わっている人の大半は、名声、金、あるいは権力を手にしたいという意欲が、その原動力になっていると信じている。	-11	-14	-20
バランス：ふたつの選択肢を両方とも追いかけるよりも、その片方を追いかけるほうがよい。	-16	-3	-14
モットー：成功とは、名声、金、あるいは権力を手に入れることだ。	-11	-21	-19
キャリア：これまでのキャリアを通して、自分がつくったロードマップに忠実にしたがってきた。	-18	-24	-6
逆境：ものごとがうまくいかなくなったとき、たいていの人は身代わりを探すものだと信じている。	-10	-10	-20
キャリア：自分の目標への正しい針路を維持するためには、周りの人たちの意見を信頼するのが一番だ。	-28	-18	-14

人は動物であるかぎり、その命が永遠に続くことはない。けれども、人間であるからこそ、その歴史や記憶の中に永遠に生き続けられる。自分の生きがいを追い求めた結果、それが周りの人たちだけでなく、広く世の歴史や人の記憶にも刻まれる偉業になるなら、個人にとって、それほど幸せなことはない。

そうした幸せな人生を自らの手でつくりだしている人、そうした人を、著者はビジョナリーな人と言っている。翻訳をした者の特権で、さらに勝手な解釈を許していただければ、それは〈沈黙は金〉をよしとする不言実行の人ではなく、自らの信念をもとにその使命や目標に命懸けで取り組むと〈公言し〉、そのうえで実行する、有言実行の人、ということだろうと思う。

ただし、この〈ビジョナリーな〉という言葉は、ある意味で本書のための造語であって、これに違和感を抱く読者がいるかもしれない。とはいえ、原書の著者本人も適切な表現には困ったらしく、原書で使われている言葉〈ビルダー（つくる人、築き上げる人）〉もまた、英語を母国語にする人たちにとって、必ずしも違和感のない表現ではないという。

したがって、本来なら、ビルダーにあてる本書での訳語は、〈つくる人〉とするのが適当なのかもしれない。〈つくる〉とすれば、そこには自ら手を下すという含意もあり、事実、本書の著者のひとりポラスがジェームズ・コリンズと共に著した『ビジョナリー・カンパニー』の邦訳もそうなっている。その意味では、〈つくる人〉は前著の表現をそのまま踏襲しているというわけだ。〈つくる人〉を本書の著者にならって、やはりそのまま踏襲すべきかどうか（あまたの『ビジョナリー・カンパニー』の読者には踏襲するほうが歓迎されるだろう）、訳者としては大いに悩んだ。『ビジョナリー・カンパニー』では議論の対象が企業に限定されているので、〈つくる人〉にあえて異論を差し挟む余地はないとしても、本書の議論の対象は〈人〉あるいは〈人物〉そのものであって、その広がりはビジネスの世界だけにとどまってはいない。また、〈つくる〉のままでは、その〈つくる人〉の知性や信念といった脳の前頭葉の活動まで十分に含意しているとは言いがたい。勢い余って、あえて言わせていただければ、〈つくる人〉という言葉は、前後の文脈なしにいきなり目にした人にとって、なかなか理解しにくいのではないか。『ビジョナリー・カンパニー』を読んでいない本書の読者なら、なおさらだろう。訳者としては、そうした読者に対しても最大限の敬意を払わなければならない。

こうした考えから、あえて〈ビジョナリーな人〉という訳語をつけることにした。

本書は、確かにポラスの前著作『ビジョナリー・カンパニー』の議論を大きく発展（つまり対象を〈企業〉から〈人〉そのものへと拡大）させてはいるものの、時系列の上であとに出版されたから続編だ、というものではない。あくまで独立した著作だと考えたいし、実際にもそう言って間違いないはずだ。したがって、読者の理解がより深まると信じて、前著作の訳語を一部変更した。ただし、『ビジョナリー・カンパニー』の読者にも変更前変更後の訳語の対応はすぐに理解していただけるものと思っている。

原題 Success Built to Last の〈Success《サクセス》〉を一義的に〈成功〉と読んでしまうと、本書を理解するための視野を狭くしてしまうかもしれない。著者の言うサクセスとは、もちろん成功という意味もあるけれど、この拙文の冒頭に書いた表現をそのまま使えば、歴史や記憶に残る、という意味もあるのではないか。このことは、本書の議論を読んでいただければご理解いただけるものと思う。

本書の内容について、あえて訳者ごときが付け加えられるようなことはひとつもない。ただしまことに勝手ながら、個人的な話を許していただけるならば、私こそ、この邦訳の読者第一号だ。なぜなら、本書によって、私自身が自分の仕事に対する姿勢を教わり、今後の人生の目標を改めて考えさせられたからだ。まことに僭越ながら、ひとりでも多くの読者が私と同じような経験をなさることを願っている。

本書の翻訳という願ってもない機会を与えていただいた英治出版とそのスタッフの方々に、この場を借りて心から感謝したい。

二〇〇七年三月十九日　宮本　喜一

キース・レズリー　Keith Leslie　▶ セイブ・ザ・チルドレンに携わる、ネパール・ヒマラヤの現地オフィスディレクター†

† これらの人物とのインタビューは筆者の調査研究の過程で実施、本書の内容にも十分反映されている。けれども、すべての人たちの見識を詳しく盛り込む余地が見出せなかった。ここに、インタビューした多士済々の人物を銘記しておきたい。インタビューに応じてくださったことに感謝している。

「Endnotes」「Biography」は、それぞれ406ページ、400ページから始まります。

ヨー・ヨー・マ　Yo-Yo Ma　▶ グラミー賞受賞チェリスト、国連平和大使

ジェームズ・マーチ　James March　▶ スタンフォード大学社会学名誉教授

マイク・マクガビック　Mike McGavick　▶ 保険会社セーフコ CEO 元 CEO

ジョン・マケイン　John McCain　▶ アリゾナ州選出上院議員

マツイ・トオル　Toru Matsui　▶ 埼玉医科大学神経外科医†

コスタス・マルキデス　Costas Markides　▶ ロンドン・ビジネス・スクール戦略部門会長†

ネルソン・マンデラ　Nelson Mandela　▶ 南アフリカ共和国元大統領、ノーベル平和賞受賞者

ラッセル・ミーンズ　Russell Means　▶ 俳優、アメリカインディアン運動初代ディレクター†

チャールズ・ミラー　Charles Miller　▶ エイブリ・デニソン会長兼 CEO（すでに退職）†

シャロン・ミラー　Sharon Miller　▶ セントジョーゼフ協会財団の経営者†

ゴードン・ムーア　Gordon Moore　▶ ムーアの法則を唱える、インテル共同創業者

アラン・ムラリー　Alan Mulally　▶ ボーイング・コマーシャル・エアプレーン CEO†

ジョン・モーグリッジ　John Morgridge　▶ シスコシステムズ会長†

フィリップ・モネゴ　Philip Monego　▶ 起業家、ヤフー初代 CEO†

ジェリー・ヤシノウスキー　Jerry Jasinowski　▶ 全米製造業者協会元会長†

スティーブ・ヤング　Steve Young　▶ 元サンフランシスコ・フォーティナイナーズのクォーターバック、起業家

ムハンマド・ユヌス　Muhammad Yunus　▶ グラミン銀行創業者

ジェリー・ユルゲルセン　Jerry Jurgensen　▶ 大手金融会社ネイションワイド CEO†

スーザン・ライオンズ　Susanne Lyons　▶ ビザ USA 最高マーケティング責任者†

コンドリーザ・ライス　Condoleezza Rice　▶ アメリカ国務長官

マーサ・ライトマン　Martha Reitman　▶ 薬品開発に取り組む医師

ロブ・ライナー　Rob Reiner　▶ 映画監督、制作者、俳優、教育運動家

シェリー・ラザラス　Shelly Lazarus　▶ オグルビィ・アンド・メイザー・ワールドワイド CEO

ジャック・ラ・ラン　Jack La Lanne　▶ "フィットネス界のゴッドファーザー"

ノーマン・リア　Norman Lear　▶ 一流テレビプロデューサー

ジョー・リーバマン　Joe Lieberman　▶ コネティカット州選出上院議員†

レイチェル・ナオミ・リーメン　Rachel Naomi Remen　▶ コモンウィール・ガン支援プログラム医療担当ディレクター

エド・リディ　Ed Liddy　▶ オールステート会長兼 CEO†

カール・ルイス　Carl Lewis　▶ 陸上競技選手、新記録でオリンピックの金メダルを獲得†

ヘクター・ルイズ　Hector de J. Ruiz　▶ AMD 会長兼 CEO

パトリシア・ルーソー　Patricia Russo　▶ ルーセント・テクノロジーズ会長兼 CEO

クラウス・ルフト　Klaus Luft　▶ ドイツのサービス会社 MATCH 創業者†

ロバート・レイン　Robert Lane　▶ ジョン・ディア CEO

サリー・フィールド　Sally Field　▶オスカー受賞俳優、監督

シド・フィールド　Syd Field　▶南カリフォルニア大学、映画脚本のグル†

キース・フェラッジ　Keith Ferrazzi　▶マーケティング・ストラテジスト、『一生モノの人脈力』の著者

スティーブ・フォーブス　Steve Forbes　▶フォーブス誌編集長

グレッグ・フォスター　Greg Foster　▶アイマックス・フィルム会長

グロリア・フォックス　Gloria Fox　▶マサチューセッツ州議会議員

アレックス・フォン・ビダー　Alex von Bidder　▶ニューヨーク・フォーシーズンズ・レストラン共同オーナー

フノ・ユキトシ　Yukitoshi Funo　▶北米トヨタ会長兼 CEO†

ジョン・シーリー・ブラウン　John Seely Brown　▶ゼロックス元チーフサイエンティスト

リチャード・ブラム　Richard Blum　▶投資家、ディベロッパー、米国ヒマラヤ財団創設者†

リチャード・ブランソン　Sir Richard Branson　▶ヴァージン・グループ創業者

ケン・ブランチャード　Ken Blanchard　▶『1分間マネジャー』著者

アジム・H・プレムジ　Azim Premji　▶ウィプロ・テクノロジーズ会長

デニス・ブロッソー　Denise Brosseau　▶女性起業家フォーラム共同創設者†

ジム・ヘイク　Jim Hake　▶起業家、スピリット・オブ・アメリカ創立者†

ジョン・ヘーゲル　John Hagel　▶テクノロジー・マネジメント・ストラテジスト、作家†

ジェフ・ベゾス　Jeff Bezos　▶アマゾンドットコム創業者、CEO

バイラ・ビチェ・フレイベルガ　Vaira Vike-Freiberga　▶ラトビア大統領

フランシス・ヘッセルバイン　Frances Hesselbein　▶リーダー・トゥ・リーダー研究所会長

エリック・ベナム　Eric Benhamou　▶スリーコム、パームの元 CEO

ウォレン・ベニス　Warren Bennis　▶南カリフォルニア大学ロサンゼルス校リーダーシップ研究所創設所長

ゴビンダッパ・ベンカタスワミー　Govindappa Venkataswamy　▶何百万もの盲目の人を救った眼科医

エド・ペンホート　Ed Penhoet　▶ゴードン・アンド・ベティ・ムーア財団理事長

ディキシー・ホーニング　Dixie Horning　▶カリフォルニア大学サンフランシスコ校女性総合医療センター†

ラリー・ボシディ　Larry Bossidy　▶ハネウェル・インターナショナル、アライド・シグナルの元会長

ノーマ・ホタリング　Norma Hotaling　▶薬物中毒と売春から女性を救い出すセージプロジェクト創設者

デビッド・ポトラック　David Pottruck　▶EOS 航空 CEO†

ボノ　Bono　▶アイルランドのロックバンド U2 のリードボーカル、社会活動家

キム・ポレッセー　Kim Polese　▶起業家、ソフトウェアの用語“Java”の案出者†

ワンダ・ホワイトヘッド　Wanda Whitehead　▶カサ・ディ・ミール、小学校教師†

ポール・デニンガー　Paul Deninger　▶世界的投資銀行ジェフリーズ・ブロードビュー会長†

ブライアン・デュペロー　Brian Duperreault　▶保険会社のACEリミテッド会長†

マイケル・デル　Michael Dell　▶デル創業者・会長

デズモンド・トウィッグ・スミス　Desmond Twigg-Smith　▶ホルアロア・コーヒー、農場主†

リチャード・ドーチ　Richard Dauch　▶アメリカン・アクスル共同創業者・会長兼CEO†

ロバート・ドール　Robert Dole　▶元アメリカ上院多数党員内総務、大統領選候補者†

ピーター・ドラッカー　Peter Drucker　▶経営科学の父

ケン・トンプソン　Ken Thompson　▶ワコビアCEO†

トミー・トンプソン　Tommy Thompson　▶元米国保健福祉省長官、ウィスコンシン州知事†

ビル・ナイ　Bill Nye　▶技術者、コメディアン、エミー賞受賞プロデューサー

フィル・ナイト　Phil Knight　▶ナイキ創業者†

ラーズ・ナイバーグ　Lars Nyberg　▶スウェーデン中央銀行副総裁、NCRコーポレーション元CEO†

クリフ・ナス　Cliff Nass　▶人間とデジタルメディアの相互作用に関する専門家†

クレイグ・ニールとパトリシア・ニール　Craig and Patricia Neal　▶ハートランド・サークル創業者†

ジョー・ニコルズ・ジュニア　Joe Nichols, Jr.　▶メールショップのネットワークの起業家

ダビア・ネルソン　Davia Nelson　▶ピーボディ賞受賞プロデューサー†

マリリン・カールソン・ネルソン　Marilyn Carlson Nelson　▶世界最大の非公開企業CEO†

ボニータ・バーゲン　Bonita Bergin　▶自立介助犬協会、国際アシスタンスドッグ協会創設者†

ペニー・パターソン　Penny Patterson　▶ゴリラ基金創設者

マーカス・バッキンガム　Marcus Buckingham　▶リーダーシップ論者、元ギャラップ社役員†

アラン・バックマン　Alan Bachman　▶紛争解決仲裁者、元フローリスト†

ウォーレン・バフェット　Warren Buffett　▶投資家、フォーブス誌の長者番付で2006年度世界第2位

C・N・パラマシバン　C.N. Paramasivan　▶インドにある世界的なボランティア活動を推進する組織の創立者†

デビッド・バリー　David Barry　▶ピューリッツアー賞受賞ユーモア作家

ファブリツィオ・パリーニ　Fabrizio Parini　▶ギラデリチョコレートCEO†

ロン・バロン　Ron Baron　▶投資信託会社バロン・キャピタル創業者†

キンダー・ハント　Kinder Hunt　▶ハリウッド読み書き能力プロジェクト（HELP）創業者†

テリー・ピアース　Terry Pearce　▶作家、コーチ、リーダーシップ・コミュニケーション社長

デビッド・ピョット　David Pyott　▶アラガンCEO、ボトックスはじめさまざまな製品のプロデューサー†

バーノン・ヒル　Vernon Hill　▶コマース・バンコープ創業者・CEO

ファイアーホーク　Firehawk　▶教師、医師、デジタルメディアで活躍する芸術家†

ジェンスン・ファン　Jen-Hsun Huang　▶ビデオチップメーカーエヌビディア創業者

ラビ・イスラエル・シンガー　Rabbi Israel Singer　▶ 世界ユダヤ人会議
スリニバス・スクーマー　Srinivas Sukumar　▶ コウダーマ・ソリューションズ社長、元 HP 役員†
スティーブン・スターガーター　Steven Stargardter　▶ ジョン・F・ケネディ大学学長†
デビッド・スターン　David Stern　▶ 全米プロバスケットボール協会（NBA）コミッショナー
グロリア・ステイネム　Gloria Steinem　▶ フェミニスト作家、ミズ・マガジン誌創刊者†
デビット・ステインドル＝ラスト　Br. David Steindl-Rast　▶ ベネディクト僧†
ウォーレン・ステイリー　Warren Staley　▶ 米国最大の非公開企業カーギル CEO
ビル・ストリックランド　Bill Strickland　▶ マンチェスター・クラフトメンズギルド CEO
ネイディーン・ストロッセン　Nadine Strossen　▶ 米国自由人権協会会長
リック・スモーラン　Rick Smolan　▶ 写真家、『America 24/7』「Day in the Life series」の著者†
ジョン・セイン　John Thain　▶ ニューヨーク証券取引所 CEO †
ポール・セーガン　Paul Sagan　▶ アカマイ CEO、エミー賞受賞者†
マーティン・ソレル　Sir Martin Sorrell　▶ 広告代理店グループ WPP 創業者兼 CEO †
ジョージ・ソロス　George Soros　▶ 資本家、慈善事業家†
マイケル・ダートウゾス　Michael Dertouzos　▶ MIT コンピュータ科学研究所元所長
ウェイン・ダイアー　Wayne Dyer　▶ 心理学者、作家†
ローラ・D・タイソン　Laura D'Andrea Tyson　▶ ビジネススクール学部長、大統領補佐官†
エスター・ダイソン　Esther Dyson　▶ 作家、起業家、科学技術者
ドナ・ダビンスキー　Donna Dubinsky　▶ ハンドスプリング元 CEO、クレイナー・パーキンス副会長†
ダグラス・ダフト　Douglas Daft　▶ コカ・コーラ初のアメリカ人以外の CEO（すでに引退）†
ダライ・ラマ（俗名テンジン・ギャッツオ）　Dalai Lama (Tenzin Gyatso)　▶ 第 14 代ダライ・ラマ聖下
ミルトン・チェン　Milton Chen　▶ ジョージ・ルーカス教育財団エグゼクティブディレクター
ジョン・チェンバース　John Chambers　▶ シスコシステムズ会長・社長兼 CEO
エレイン・ラン・チャオ　Elaine Lan Chao　▶ アメリカ労働長官、アメリカの閣僚の一員に任命された初のアジア人女性†
モリス・チャン　Morris Chang　▶ 台湾セミコンダクター・マニュファクチャリング創業者†
カレン・チャン　Karen Chang　▶ 金融サービス会社のボード・アドバイザー、元役員†
アンバー・チャンド　Amber Chand　▶ 先住民族の工芸家たちの作品を流通している
ディーパック・チョプラ　Deepak Chopra　▶ 内科医、作家†
リン・ツイスト　Lynne Twist　▶ 作家、慈善事業家†
ディーター・ツェッチェ　Dieter Zetsche　▶ ダイムラー・クライスラー会長
デズモンド・ツツ　Desmond Tutu　▶ ノーベル平和賞受賞者、元レソト主教
ティナ・デ・スーザ　Tina de Souza　▶ 心理学者、アフリカ系ブラジル人医師
ロバート・ディーツ　Robert Diutz　▶ 公認会計士、国税庁職員†

リチャード・コバセビッチ　Richard Kovacevich　▶ウェルズ・ファーゴ元会長兼 CEO
ジェフリー・コプラン　Jeffrey Koplan　▶疾病対策センター元ディレクター†
マーバ・コリンズ　Marva Collins　▶二人の大統領から教育長官就任を要請された学校教師
ジェイ・コンガー　Jay Conger　▶ヘンリー・クラビス・リーダーシップ・インスティテュート、クレアモント・マッケンナ校教授†
マーク・サイトウ　Mark Saito　▶カフナ・ハワイアン医師†
ポール・サフォー　Paul Saffo　▶未来研究所ストラテジスト兼ディレクター†
ベンジャミン・ザンダー　Benjamin Zander　▶ボストン・フィルハーモニー管弦楽団指揮者
アーサー・サンド　Arthur Sands　▶バイオテクノロジー企業レキシコン CEO†
ジャック・ジア　Jack Jia　▶ベイノート創業者、インターウーブン元 CIO
ロビン・シーガル　Robin Segal　▶ユナイテッド・イン・ハーモニー創業者、ホームレスの子どもの世話をしている†
ブルース・シートン　Bruce Seaton　▶アメリカン・プレジデント・コス元 CEO†
ロベルタ・ジェイミソン　Roberta Jamieson　▶ナショナル・アボリジニ・アチーブメント財団 CEO
ジェイソン・ジェニングス　Jason Jennings　▶作家、マーケティング・リーダーシップ・アドバイザー†
ピーター・ジェニングス　Peter Jennings　▶ ABC テレビ「ワールド・ニュース・トゥナイト」元ニュースキャスター†
シーラ・シスル　Sheila Sisulu　▶世界食糧計画、元駐米南アフリカ大使†
ウィック・シモンズ　Wick Simmons　▶国際テニス殿堂会長、ナスダック元 CEO†
タミー・ジャーニガン　Tammy Jernigan　▶ローレンス・リバモア国立研究所元宇宙飛行士兼科学者†
ウィリアム・シャープ　William Sharpe　▶ノーベル賞を受賞した経済学者†
イヴォン・シュイナード　Yvon Chouinard　▶環境問題専門家、登山家、パタゴニア創業者
フレッド・シューメーカー　Fred Shoemaker　▶作家、ゴルフコーチ
エリック・シュミット　Eric Schmidt　▶グーグル会長兼 CEO
ルディ・ジュリアーニ　Rudy Giuliani　▶前ニューヨーク市長
チャールズ・シュワブ　Charles Schwab　▶チャールズ・シュワブ創業者兼 CEO
クラウス・シュワブ　Klaus Schwab　▶世界経済フォーラム創設者兼エグゼクティブ・チェアマン
エレナー・ジョサイティス　Eleanor Josaitis　▶人権教育組織フォーカス・ホープの共同設立者
ビル・ジョージ　Bill George
▶メドトロニック元 CEO、『ミッション・リーダーシップ——企業の持続的成長を図る』の著者
クインシー・ジョーンズ　Quincy Jones　▶グラミー賞受賞プロデューサー
スティーブ・ジョブズ　Steve Jobs　▶アップル共同創業者・CEO、ピクサー CEO
デボラ・ジョンソン　Deborah Johnson　▶牧師、インナー・ライト・ミニストリー創業者

ラリー・エリソン　Larry Ellison　▶ オラクル CEO †
ディーン・オーニッシュ　Dean Ornish　▶ 予防医学研究所創立者 †
ポール・オッテリーニ　Paul Otellini　▶ インテル社長兼 CEO †
ウィリアム・オニール　William O'Neil　▶ インベスターズ・ビジネス・デイリー紙創立者 †
マデレーン・オルブライト　Madeleine Albright　▶ 女性初のアメリカ合衆国国務長官 †
ペン・オン　Peng Ong　▶ インターウーブン創業者
ジミー・カーター　Jimmy Carter　▶ 第 39 代合衆国大統領、ノーベル平和賞受賞者
キャンディス・カーペンター　Candice Carpenter　▶ i ビレッジ設立者
イレーネ・カーン　Irene Khan　▶ アムネスティ・インターナショナル初の女性（初のアジア人イスラム教徒）リーダー †
ブルース・カッツ　Bruce Katz　▶ ロックポート・シュー・カンパニーおよびウェル創業者 †
ドナ・カッツィン　Donna Katzin　▶ 南アフリカで貧しい人たちに対する信用供与をする非営利団体を設立 †
イバ・カラザース　Iva Carruthers　▶ サミュエル・デウィット・プロクター事務局長 †
ボブ・ガルビン　Bob Galvin　▶ モトローラ会長兼 CEO †
ガイ・カワサキ　Guy Kawasaki　▶ テクノロジー起業家、アップルのマッキントッシュ開発者 †
ジャック・キャンフィールド　Jack Canfield　▶ リーダーシップ・アドバイザー、『こころのチキンスープ』の著者
ロバート・キヨサキ　Robert Kiyosaki　▶ 『金持ち父さん 貧乏父さん』の著者
ニュート・ギングリッチ　Newt Gingrich　▶ 元アメリカ下院議長 †
ジェーン・ブライアント・クイン　Jane Bryant Quinn　▶ 金融コラムニスト、作家
ジェームズ・クーゼス　Jim Kouzes　▶ 『信頼のリーダーシップ』の共著者
チャールズ・グッドウィン　Charles Goodwin　▶ FBI ハワイ支局 特別捜査官 †
ジェライド・クライスターリー　Gerard Kleisterlee　▶ ロイヤル・フィリップス・エレクトロニクス社長兼会長
サンディ・クライマン　Sandy Climan　▶ エンターテイメント・メディア・ベンチャーズ社長 †
ビル・クリントン　Bill Clinton　▶ 第 42 代アメリカ大統領
ジョン・グレイ　John Gray　▶ 『ベスト・パートナーになるために——男は火星から、女は金星からやってきた』の著者 †
サリー・クロウチェック　Sallie Krawcheck　▶ 世界最大の銀行シティグループの CFO、証券会社スミス・バーニー元 CEO †
アンディ・グローブ　Andy Grove　▶ インテル元会長兼 CEO
ビル・ゲイツ　Bill Gates　▶ マイクロソフト共同創業者、世界一の大富豪
ハーブ・ケレハー　Herb Kelleher　▶ サウスウエスト航空共同創業者 †
スティーブン・コヴィー　Steve Covey　▶ 『7 つの習慣——成功には原則があった！』の著者
マーシャル・ゴールドスミス　Marshall Goldsmith　▶ エグゼクティブ・コーチ、作家 †
コリン・ゴダード　Colin Goddard　▶ OSI 製薬 CEO †

BIOGRAPHY

われわれ筆者は実に多くの魅力的な人物に次々に会う機会に恵まれたことを感謝している。ここで紹介するリストには、これまでインタビューをした多くの人物があげられている。ただし、量的な調査、つまりワールド・サクセス・サーベイの参加者は含まれていない。本書で一貫して述べてきたように、われわれのインタビュー対象者は、成功の手本として読者に薦める“栄えある賞の受賞者”リストを作成するために選び出されたのではない。得意にしている分野で 20 年以上にわたって影響力を発揮している人たちに共通するものを明らかにしたかった。彼らから学んだ最も衝撃的な教訓に、次のようなものがあった。つまり、手本をあてにしてはならない、ということだ。はじめから、あるいは羨望から、誰か他の人の定義が必要だと決めつけるようなまねをせず、自分独自の成功の定義を見つけ出さなければならない。

われわれは、本書の内容をさらに発展させるために会うべき人たちに関する、読者の話、読者の調査研究、そして提言などが送られてくるのを楽しみにしている。

ランス・アームストロング Lance Armstrong ▶ ツール・ド・フランスで 7 回優勝†

ラマニ・アイアー Ramani Ayer ▶ ザ・ハートフォード・ファイナンシャル・サービシズ・グループ会長兼 CEO †

クララ・アダムズ・エンダー Clara Adams-Ender ▶ アメリカ合衆国陸軍准将（退役）

マヤ・アンジェロウ Maya Angelou ▶ 作家、詩人、俳優

レイ・イェー Ray Yeh ▶ 『The Art of Business』著者、アイ・シー・スクエア研究所シニア・フェロー†

ジェフ・イメルト Jeff Immelt ▶ GE 会長兼 CEO †

メグ・ウィートリー Meg Wheatley ▶ バーカナ研究所共同創業者†

アン・ウィンブラッド Ann Winblad ▶ ベンチャーキャピタルのヒューマー・ウィンブラッド共同創業者兼テクノロジスト

ジャック・ウェルチ Jack Welch ▶ 著述家、GE 元 CEO

バーバラ・ウォー Barbara Waugh ▶ HP ラボ・ワールドワイド人事担当マネジャー兼ワールド e インクルージョン共同創業者

アリス・ウォータース Alice Waters ▶ シェ・パニーズのエグゼクティブ・シェフ、オーガニック料理を普及させた

バーバラ・ウォルターズ Barbara Walters ▶ アメリカのテレビ局初の女性ニュース番組アンカー†

シーリーン・エバーディー Shirin Ebadi ▶ ノーベル平和賞を受賞した初の女性イスラム教徒†

して、思う存分追求のできる魅力的で有効な方法なのだ。同時にこれは、へたをすれば互いに聞く耳を持たないような激しい議論をうまく仕切るための非常に効果的な手法でもある。

第11章

[1] Focus: HOPE. "Eleanor M. Josaitis," *About Focus: HOPE.* http://www.focushope.edu/about.htm#josaitis.

[2] ナポレオン・ヒルはアメリカで最も早く、個人の成功についての本を著した。その最も有名な作品『思考は現実化する』は不朽のベストセラーのひとつだ。Hill, Napolean. *Think and Grow Rich.* New York, NY: Fawcett Books, 1960.［ナポレオン・ヒル著『思考は現実化する』（新装版）、田中孝顕訳、1999年］

[3] 主体的な人、つまり、自分の人生を自分でコントロールしていると感じている人は、自分の生き方を外の力に頼ろうと考えている人よりも、意思が固く強靱だ。Siebert, Al. *The Resiliency Advantage.* San Francisco, CA: Berrett-Koehler Publishers, 2005.

付録

[1] Feynman, Richard P., et al. *The Pleasure of Finding Things Out: The Best Short Works of Richard P. Feynman.* New York, NY: Perseus Books, 1999.

[2] コリンズとポラスが『ビジョナリー・カンパニー』で比較対照となる企業の選び方を考えているときに使った比喩は、競馬だった。2頭の馬が同時に（創立年月日）同じ場所で（業界）スタートを切る、距離も同じ（1990年まで）。基礎となる質問は、「走っているとき、ビジョナリーな馬がしていることで、相手の馬がしていないことは何か」だった。この比較を企業という文脈の中で応用することが、『ビジョナリー・カンパニー』にとっては都合がよかった。ところが、個々の人の場合には、たちまち問題をはらむことになってしまう。人の誕生年月は組織（馬）の設立年月と並行してとらえられる。けれども、業界と並行して考えられるものとは何だろう。それは教育か、職業、会社、組織の提携先、それとも他にいくつも可能性のある要素なのか。どのようにして、比較対照となる人を選び出すのか。それは筆者の研究における永続的な成功をおさめている人と同じレベルの成功をおさめていないという基準がもとになる。"敗者"を選ぶのか。たいして成功していない個人を選ぶのか。それはどう判断するのか。『ビジョナリー・カンパニー』では、比較対照の企業を選ぶための中心的な要素として成功に着目するようなことはなかった。『ビジョナリー・カンパニー』の調査で、企業のふたつのグループが記録した業績に違いがあることは、企業を選び出したあとで発見した。選び出す前ではなかった。永続的な成功をおさめている人は競走馬のように見える。けれども、彼らは自分たちが非常に成長した何十年もの間、もし競争することに凝り固まっていたなら、その成功は難しくなっていただろうと考えている。結局、本書『ビジョナリー・ピープル』執筆の基盤となっている2件の研究における最も重要な発見のひとつは、個人だけが、成功の意味についての自分の感覚に基づいて自分自身の成功の規準を定義できる、ということだ。そしてさらに、偉業、名声、富、権力を測る伝統的な規準は、長年にわたる努力の結果であって、永続的な成功をおさめている人の信念のシステムを働かせる要素の産物ではない、ということだ。

http://www.m-w.com/dictionary/empathy.

[2] Murty, L.S., and Janat Shah. "Compassionate, High Quality Health Care at Low Cost: The Aravind Model," interview with Dr. G. Venkataswamy and R.D. Thulasiraj, *IIMB Management Review*, September 2004, http://www.aravind.org/downloads/IIMB.pdf.

[3] Huntsman, Jon M. *Winners Never Cheat*, pp. 113. Upper Saddle River, NJ: Wharton School Publishing, 2005. ［ジョン・M・ハンツマン著『「賢いバカ正直」になりなさい 信念の経営者ハンツマンの黄金律』住友進訳、2006年、英治出版］

[4] ジョー・ニコルズによれば、その道路の部分は後に再設計され、改修された。なぜなら、通行車両などのせいで道路が傷み、明らかにそれが原因で他の事故も起こったからだ。そのうちにも、ニコルズは自分の人生を再構築した。市当局が75,000ドルで和解に応じたとき、ニコルズはそのささやかな資金を活かそうと自分の会社に注ぎ込んだ。

第9章　※本章、本文中の[3][4][6]は、本書訳者によって翻訳されたものです。

[1] The American Heritage Dictionary of the English Language, 4th ed. "serendipity." *The American Heritage Dictionary of the English Language*, 4th ed. http://www.bartleby.com/61/93/S0279300.html.

[2] Remer, Theodore G., ed., with Introduction and Notes. *Serendipity and The Three Princes: From the Peregrinaggio of 1557*. Norman, OK: University of Oklahoma Press, 1965.

Merton, Robert K., and Elinor Barber. *The Travels and Adventures of Serendipity: A Study in Sociological Semantics and the Sociology of Science. Princeton*, NJ: Princeton University Press, 2004.

[3] Collins, James C., and Jerry I. Porras. *Built to Last*, pp. 94. New York, NY: HarperCollins, 2002. ［ジェームズ・C・コリンズ、ジェリー・I・ポラス著『ビジョナリー・カンパニー』山岡洋一訳、1995年、日経BP社］

[4] 同上

[5] Rosten, Leo. *The Joys of Yiddish. Pocket Books*, 2000.

[6] Collins, James C., and Jerry I. Porras. *Built to Last*, pp.105. New York, NY: HarperCollins, 2002. ［ジェームズ・C・コリンズ、ジェリー・I・ポラス著『ビジョナリー・カンパニー』山岡洋一訳、1995年、日経BP社］

[7] Brown, Jeffrey, Sandeep Junnarkar, Mukul Pandya, Robbie Shell, and Susan Warner. *Nightly Business Report Presents Lasting Leadership*. Upper Saddle River, NJ: Wharton School Publishing, 2005.

第10章

[1] リーダーシップ・コンサルタントのジム・ムーアは、組織の価値観やミッション・ステートメントを議論の対象にする集会を主導している。あるマネジャーのグループが弁護にまわり、別のグループが追求する側にまわる。それはまるで法廷のようだ。これは、放っておけば神聖で手をつけられなくなるような政治的に正しくない問題に対

Hoover Institution: Stanford University. 2006. "Condoleezza Rice: Thomas and Barbara Stephenson Senior Fellow." *Hoover Institution*. http://www.hoover.org/bios/rice.html.

The White House. "Condoleezza Rice, Secretary of State." *The White House*. http://www.whitehouse.gov/government/rice-bio.html.

Manafian, Lisa. "Power from Within." *The Black Perspective*, November 19, 2004, http://www.blackperspective.com/pages/mag_articles/spring2002_rice.html.

[4] Kettmann, Steve. "Bush's Secret Weapon." *Salon.com*, March 20, 2000, http://dir.salon.com/story/politics2000/feature/2000/03/20/rice/index.html.

[5] アイオワ州立大学のブラッド・ブッシュマンとケースウェスタン大学のロイ・ボーマイスターは、低い自尊心の持ち主に現れるのと同じように、あるいはむしろそれ以上に、大いなる自信は社会病質人格にも現れる可能性があることを突き止めた。Goode, Erica. "Deflating Self-Esteem's Role in Society's Ills." *New York Times*, October 1, 2002, http://query.nytimes.com/gst/fullpage.html?sec=health&res=9A02EEDA1538F932A35753C1A9649C8B63.

自尊心はそれだけで成功に結びつくわけではない。事実、大いなる自尊心の持ち主は、失敗や挫折がもたらす結果に対して26%傷つきやすい。それは、思いがけない結果が彼らのセルフイメージに与える破壊的な影響のせいだ。(Coover and Murphy, 2000). Niven, David. *100 Simple Secrets of Successful People*. New York, NY: HarperCollins, 2002.

第7章

[1] Enberg, Dick. *Humorous Quotes for All Occasions*. Kansas City, MO: Andrews McMeel, 2000.

[2] 上位のマネジャーのうち、その84%の人が自分の人生で"不快な時期"と付き合わなければならなかったと言っている。その中には、キャリアのリスクにさらされた人もいれば、長時間労働をしたり、慣れないスキルを身に着けたりした人もいる。とはいえ、彼らに言わせれば、雇用や昇進、成功を追求するためには犠牲は避けられないものだ（Atkinson, 1999）。成功をおさめられなかったと感じている人たちのうち、その64%が、他の人たちが設定した具体的な標準を指摘して、そこまでに達する能力が自分にはなかったと言う。(Arnold, 1995). Niven, David. *100 Simple Secrets of Successful People*. New York, NY: HarperCollins, 2002.

第8章

[1] ミリアム・ウェブスター・オンラインディクショナリーに掲載されている第1番目の定義では、筆者が指摘する点を包括してはいない。2番目の定義がお薦めだ。「1. 主観的な状態を、客体に想像的に反映し、その客体が主観的状態で満たされていると見えるようにすること。2. 理解していることを示す具体的な行動。把握していること、細かく神経を配っていること。客観的な意味での感情、思想、経験を交えずに現在、あるいは過去の他人の感情、思想、経験を、代わりに経験すること」Merriam-Webster. 2005-2006. "empathy." *Merriam-Webster Online Dictionary*.

[1] Collins, James C., and Jerry I. Porras. *Built to Last*, pp. 222. New York: HarperCollins, 2002. ［ジェームズ・C・コリンズ、ジェリー・I・ポラス著『ビジョナリー・カンパニー』山岡洋一訳、1995 年、日経 BP 社］

[2] 同上

[3] Collins, James C., and Jerry I. Porras. *Built to Last*, pp.229. New York: HarperCollins, 2002. ［ジェームズ・C・コリンズ、ジェリー・I・ポラス著『ビジョナリー・カンパニー』山岡洋一訳、1995 年、日経 BP 社］

[4] Bloom, Harold. "Heroes and Icons: Billy Graham." *Time*, June 14, 1999, http://www.time.com/time/time100/heroes/profile/graham01.html.

第 5 章

[1] Penguin Group (USA), Inc. 2004. "Tom Clancy." *Tom Clancy*. http://us.penguingroup.com/static/packages/us/ tomclancy/bio.html.

[2] この小説をもともと出版したのはネイバル・インスティテュート（米海軍研究所）プレス。同プレスが出版した最初の小説で、現在でも最高のヒット作となっている。Clancy, Tom. *The Hunt for Red October*. Annapolis, MD: Naval Institute Press, 1984. ［トム・クランシー著『レッド・オクトーバーを追え』（上下）伊坂清訳、1985 年、文藝春秋］

[3] Ibarra, Herminia. "How to Stay Stuck in the Wrong Career." *Harvard Business Review* (December 2002): pp. 40-47.

[4] Patagonia, Inc. 2006. "Company History." *Company Info*. http://www.patagonia.com.

[5] Waxman, Sharon. "The Oscar Acceptance Speech: By and Large It's a Lost Art." *Washington Post*, March 21, 1999, http://www.littlereview.com/goddesslouise/articles/oscrpost.htm.

[6] Collins, James C., and Jerry I. Porras. *Built to Last*. New York, NY: HarperCollins, 2002.

[7] 本書に収録されている「付録――ビジョナリー・ピープルへの道のり」を参照。

[8] Commencement address by Steve Jobs, CEO of Apple Computer and of Pixar Animation Studios, June 12, 2005, http://news-service.stanford.edu/news/2005/june15/jobs-061505.html.

第 6 章

[1] The Gorilla Foundation. 2003. "Penny Patterson, Ph.D.: President and Director of Research." *The Foundation*. http://www.koko.org/foundation/ penny.html.

[2] 自分が成功していると考えている人の 68％が、取り組んでいる仕事の少なくともひとつの分野で自分は専門家だと言っている。(Austin, 2000). Niven, David. *100 Simple Secrets of Successful People*. New York, NY: HarperCollins, 2002.

[3] Russakoff, Dale. "Lessons of Might and Right." *Washington Post Magazine*, September 9, 2001, W23, http://www.washingtonpost.com/wp-dyn/articles/A54664-2001Sep6.html.

[2] さまざまな問題に対する独創的な解と交換に金を差し出そうとする研究者は、独自のアイデアを生み出す人たちの能力と金銭的な報奨が関係のないことを悟っている。創造力は、その問題に対する純粋な興味と上役が創造力を評価しているという信念の産物である場合の方が多い。

[3] Girl Scouts of the United States of America. 1998-2005. *Who We Are.* http://www.girlscouts.org/ who-we-are/.

[4] Leader to Leader Institute. 2006. "Frances Hesselbein Biography." *About the Institute.* http://www.pfdf.org/ about/fh-bio.html.

[5] Csikszentmihalyi, Mihaly. *Flow: The Psychology of Optimal Experience*. New York, NY: HarperCollins, 1990.［M. チクセントミハイ著『フロー体験 喜びの現象学』今村浩明訳、1996 年、世界思想社］

第 3 章

[1] 生まれたときの名前はマルゲリーテ・アン・ジョンソン。マヤ・アンジェロウという名前になったのは、20 代、パープル・オニオンというキャバレーでダンサーとしてデビューしたあとのことだ。

[2] Angelou, Maya. *I Know Why the Caged Bird Sings*. New York, NY: Random House, 1969.［マヤ・アンジェロウ著『歌え、翔べない鳥たちよ マヤ・アンジェロウ自伝』矢島翠訳、1998 年、立風書房］

[3] ウェイクフォレスト大学におけるアメリカ研究のＺ・スミス・レイノルズ教授として生涯の職を保持している。

[4] その職責でもっとも長く働き続けてきた企業のリーダー 10 人のうち 7 人は、これまでに経験した最高の成果と最悪の成果の両方とも、大したことはないと思っている。自分の成功や失敗の原因は何だと思うかと尋ねられると、人は成功の話をするとき、失敗の話に比べて 7 倍、一生懸命答える可能性が高い。この傾向は経験の浅い労働者の間で 19%大きい。彼らは成功を誇り、失敗に対する責任を人に負わせようとする。つまりそのプロセスから何も学ばないのだ。(Moeller and Koeller, 2000.) Niven, David. *100 Simple Secrets of Successful People*. New York, NY: HarperCollins, 2002.

[5] Ibarra, Herminia. "How to Stay Stuck in the Wrong Career." *Harvard Business Review* (December 2002): 40.

[6] Brown, Jeffrey, Sandeep Junnarkar, Mukul Pandya, Robbie Shell, and Susan Warner. *Nightly Business Report Presents Lasting Leadership*. Upper Saddle River, NJ: Wharton School Publishing, 2005.

[7] Bono and Bill Gates. Press conference, World Economic Forum, New York, NY, February 3, 2002.

[8] 2004 年 5 月、世界報道自由の日の世界新聞協会のインタビューからのボノの引用。http://www.reference.com/browse/ wiki/Bono.

第 4 章

ENDNOTES

序章

[1] Collins, James C., and Jerry I. Porras. *Built to Last*. New York, NY: HarperCollins, 2002（改訂版。初版は 1994）.［ジェームズ・C・コリンズ、ジェリー・I・ポラス著『ビジョナリー・カンパニー』山岡洋一訳、1995 年、日経 BP 社］

[2] 本書に収録されている "Biographical Index" を参照。

[3] Kosman, Joshua. "Innovators of Our Time, Smithsonian magazine's 35 who made a difference." *Smithsonian Magazine*, 36:8 (November 2005): 87-88.

[4] 本書に収録されている「付録——ビジョナリー・ピープルへの道のり」を参照。

第 1 章

[1] *Encarta World English Dictionary*, ed. Anne Soukhanov. (New York, NY: St.Martin's Press, 1999) s.v. "success."

[2] Wipro Limited. 2006. "Azim H. Premji." *About Wipro*. http://www.wipro.com/aboutus/azim_profile.htm.

[3] アリス・ウォーターズは農民の市場と健全で持続可能な農業の強力な支持者だ。1996 年、シェ・パニーズの 25 周年の記念に、シェ・パニーズ財団を創設し、エディブル・スクールヤードに見られるような文化的教育的プログラムの支援を始めている。

[4] 赤、緑、青は加法混色の原色であり、混ぜると白になる。黄色、シアン、マゼンタは減法混色の原色で、全色を混ぜ合わせると黒になる。(Annenberg Media. 1997-2006. "Primary Colors." *Workshop 3*. http:// www.learner.org/channel/workshops/sheddinglight/highlights/highlights3.html.)

[5] Tarrant, John J. *Drucker: The Man Who Invented the Corporate Society*. New York, NY: Van Nostrand Reinhold, 1976.［ジョン・J・タラント著『ドラッカー　企業社会を発明した思想家』風間禎三郎訳、1997 年、ダイヤモンド社］

[6] Brigman, June, and Mary Schmich. "Brenda Starr." Tribune Media Services, http://www.comicspage.com/ brendastarr/brenda_characters.html.

第 2 章

[1] (Sparrow, 1998). Niven, David. *100 Simple Secrets of Successful People*. New York, NY: HarperCollins, 2002.

著者紹介

ジェリー・ポラス　Jerry Porras

スタンフォード大学ビジネススクール名誉教授。ジェームズ・コリンズとの共著『ビジョナリー・カンパニー』は25か国語に翻訳され、全世界で100万人以上の読者を獲得。専門は組織行動・組織変革。世界各国を巡り、経営者に対して先見性のある企業についての講演を続けている。

スチュワート・エメリー　Stewart Emery

ヒューマンポテンシャルムーブメント生みの親のひとり。アクチュアライゼーションズ社、初代CEO。多数の国でセミナーを開催。これまで30年の間に12000人以上の人たちを指導。一世を風靡したマスターカードの「プライスレス・キャンペーン」をコンサルタントとして主導した。

マーク・トンプソン　Mark Thompson

コーチ／アドバイザー。シュワブドットコムの元エグゼクティブ・プロデューサー。本書の基礎となった数多くの資料を、世界中のビジョナリー・ピープルとの個人インタビューを通して収集分析。フォーブス誌による評価では、アメリカ国内一流のベンチャー投資家とされる。

訳者紹介

宮本喜一　Yoshikazu Miyamoto

翻訳家、ジャーナリスト。1948年奈良市生まれ。71年一橋大学社会学部卒業、74年経済学部卒業。同年ソニー株式会社に入社し、広報、マーケティングをおもに担当。94年マイクロソフト株式会社に入社し、マーケティングを担当。98年独立して翻訳を始め、『ジャック・ウェルチ わが経営』（日本経済新聞出版社）『IBMを蘇らせた男ガースナー』（日経BP社）『トム・ピーターズのマニフェスト』（ランダムハウス講談社）をはじめ、数々のビジネス書翻訳を手がける。また自著『マツダはなぜ、よみがえったのか？』（日経BP社）もある。

●英治出版からのお知らせ
本書に関するご意見・ご感想を E-mail（editor@eijipress.co.jp）で受け付けています。
また、英治出版ではメールマガジン、Web メディア、SNS で新刊情報や書籍に関する
記事、イベント情報などを配信しております。ぜひ一度、アクセスしてみてください。

メールマガジン：会員登録はホームページにて
Web メディア「英治出版オンライン」：eijionline.com
ツイッター：@eijipress
フェイスブック：www.facebook.com/eijipress

ビジョナリー・ピープル

発行日　2007 年 4 月 25 日　第 1 版　第 1 刷
　　　　2021 年 7 月 31 日　第 1 版　第 5 刷
著　者　ジェリー・ポラス、スチュワート・エメリー、マーク・トンプソン
訳　者　宮本喜一（みやもと・よしかず）
発行人　原田英治
発　行　英治出版株式会社
　　　　〒 150-0022 東京都渋谷区恵比寿南 1-9-12 ピトレスクビル 4F
　　　　電話　03-5773-0193　　FAX　03-5773-0194
　　　　http://www.eijipress.co.jp/
プロデューサー　秋元麻希
スタッフ　高野達成　藤竹賢一郎　山下智也　鈴木美穂　下田理　田中三枝
　　　　安村侑希子　平野貴裕　上村悠也　桑江リリー　石﨑優木
　　　　山本有子　渡邉吏佐子　中西さおり　関紀子　片山実咲
編集協力　和田文夫（ガイア・オペレーションズ）、阿部由美子
装　幀　重原隆
印　刷　シナノ書籍印刷株式会社

Copyright © 2007 Yoshikazu Miyamoto
ISBN978-4-86276-100-2　C0034　Printed in Japan

本書の無断複写（コピー）は、著作権法上の例外を除き、著作権侵害となります。
乱丁・落丁の際は、着払いにてお送りください。お取り替えいたします。